WORLDS IN PERIL
월드 인 페릴

제작: 카일 시몬스
디자인: 카일 시몬스, 아담 보사르주, 제이슨 포크
삽화, 소개 만화: 조나단 렉터
추가 채색: 아르만도 자스민 주니어
만화 레터링: 켈 누탈
교열: 존 아다무스

특별한 감사를 드립니다: 추가 내용을 제작해 준 프레드 힉스와 존스턴 메츠거; 만화 재작업을 도와 준 제이슨 루츠; 피드백을 준 알렉스 노리스와 SA 포럼의 다른 분들;시간을 내어 비평과 깊은 피드백을 준 아드리안 토엔, 팀 프란츠키, 크레이그 하그레이브스, 스티븐 펄라네토; 플레이테스트를 해 준 모든 분, 특히 시범용 비디오를 함께 만들어주신 그레고리 켄더, 제시카 데일즈, 토니 코건, 안나 미타워.

월드 인 페릴 한국어판
한국어판 편역: 오승한
한국어판 편집: 복희정
발행 주체 – 제작: 이야기와 놀이
　　　　　유통: TRPG Club
ISBN : ISBN_979-11-88546-01-5
2017ⓒ 이야기와 놀이

TRPG CLUB

정가: 36,000 원

목차

여는 글

월드 인 페릴은 함께 이야기를 만드는 RPG입니다. 플레이어들은 히어로가 되어 악당들과 싸우고 명성을(그리고 악명을) 쌓는 한편, 마스크를 벗을 때는 평범한 생활로 돌아가 일상적인 문제에 부딪히면서 주변 사람들과 관계를 쌓습니다.

히어로를 제작하고 플레이하면서 함께 세계를 만드세요. 월드 인 페릴은 슈퍼히어로의 세계를 실감 나게 구현할 수 있도록 역동적이며 재미있는 이야기를 만드는 규칙을 제공합니다. 좋아하는 작품을 본 따 박진감 넘치는 활극을 즐기세요. 큰 힘과 큰 책임 사이에서, 히어로의 삶과 일상생활 사이에서 균형을 잡으면서 펼쳐지는 드라마를 만드세요.

기원: 캐릭터가 어떻게 히어로가 되었는지를 나타내는 배경 요소와 관련된 액션을 모은 플레이북입니다.

상태: 히어로가 얼마나 다치고 무력해졌는지 나타냅니다.

상태 한계: 적이나 위험 요소를 플레이 중인 이야기 속에서 무력하게 만드는 데 필요한 상태 횟수입니다.

세션: 플레이를 하기 위해 모이는 시간입니다.

수정치: 히어로가 특정한 종류의 행동을 얼마나 잘할 수 있으며, 얼마나 성공할 수 있는지 나타내는 수치입니다. 플레이어는 히어로의 각 특성에 수정치를 배정합니다.

액션: 어떤 이야기가 나왔으며, 어떻게 흘러가는지 알기 위해 주사위를 굴리거나 선택지를 골라야 하는 규칙입니다.

열망: 캐릭터가 지금 히어로로 활동하는 동기를 나타내기 위해 관련 액션을 모은 플레이북입니다.

이슈: 미국의 코믹스, 즉 슈퍼히어로물 만화에서 각 화를 나누는 연재 단위입니다.

이야기: 월드 인 페릴에서 '이야기'는 플레이 동안 게임 세계에서 벌어지는 대화나 사건, 상황을 의미합니다..

이점: 기술이나 물품, 빌린 힘처럼 타고난 능력이 아닌 파워입니다. 히어로는 이점을 활용해 평소에 할 수 없는 일을 할 수 있지만, 적에게 이점을 빼앗기거나 파괴당할 수도 있습니다.

인연: 간단한 설명과 수치로 나타낸 히어로의 주변 관계입니다. 인연은 판정에 확실하게 성공하기 위해 소모하는 자원이자, 히어로의 일상생활에 갈등을 일으키는 요인이기도 합니다.

인연 점수: 히어로가 맺은 인연이 얼마나 깊은지 나타내는 수치입니다. 플레이어는 판정에 성공하기 위해 인연 점수를 소모할 수 있습니다.

캐릭터 시트: 히어로의 중요한 정보를 적은 종이입니다.

특성: 특성은 특정한 종류의 행동입니다. 각 특성에 붙은 수정치는 히어로가 해당 종류의 행동을 할 때 얼마나 성공할지, 얼마나 잘할 수 있는지 알려줍니다. 월드 인 페릴에서는 기교, 관찰, 보호, 영향, 무력을 특성으로 나타냅니다.

파워: 인간의 한계에 도달했거나 인간을 뛰어넘는 모든 능력과 특징을 일컫는 단어입니다. 이점과는 달리 파워는 히어로가 스스로 갖춘 능력입니다.

편집장: 대다수 RPG에서는 다른 플레이어들의 히어로들과 상호작용하는 세계나 인물들을 묘사하고 나타내며, 게임을 중재하는 역할을 맡는 플레이어가 있습니다. 이러한 역할을 맡은 플레이어는 다른 사람들과 구분하기 위해 던전 마스터, MC, 게임 마스터 등의 명칭을 얻습니다. 월드 인 페릴은 이러한 플레이어를 슈퍼히어로물 만화나 정기간행물의 편집 책임자처럼 편집장이라 부릅니다.

NPC: 편집장이 맡아 행동을 선언하고 묘사하는 캐릭터입니다. 비록 플레이어도 PC외의 다른 캐릭터에게 큰 영향력을 행사할 수 있지만, NPC의 동기나 목표, 그리고 무엇보다도 NPC의 행동은 편집장이 책임집니다.

PC: 편집장 외의 다른 플레이어들이 맡아서 행동과 대화를 선언하고 묘사하는 히어로로, 즉 '플레이어 캐릭터'의 준말입니다.

아포칼립스 월드 엔진: 월드 인 페릴은 세이지 라토라와 아담 코벌이 만든 던전 월드를 기반으로 만든 RPG로, 던전 월드의 원조 규칙인 빈센트 베이커의 아포칼립스 월드에서도 일부 액션을 차용해서 게임에 맞게 고쳤습니다. 던전 월드가 아포칼립스 월드를 고쳐 던전 탐사 RPG를 새로 만든 것처럼, 월드 인 페릴 역시 던전 월드를 고쳐 히어로 RPG를 만들었습니다.

아포칼립스 월드 엔진은 재미있는 이야기를 만들기 무척 좋은 규칙입니다. RPG플레이의 가장 중요한 부분인 '재미있는 대화'를 쉽게 끌어내는 데에 중점을 맞추었기 때문입니다. 아포칼립스 월드 엔진 기반 RPG를 플레이해 본 분들을 위해, 월드 인 페릴의 몇 가지 다른 점을 설명하겠습니다.

아포칼립스 월드 엔진 RPG의 숙련자 분들께

아포칼립스 월드, 던전월드, 몬스터 오브 더 위크Monster of the Week, 트레뮬러스 Tremulus, 사가즈 오브 디 아이슬란더즈 Sagas of the Icelanders, 몬스터하츠 등의 아포칼립스 월드 엔진 RPG에 익숙한 플레이어들은 지금이라도 당장 플레이를 시작하고 싶어 할지도 모릅니다. 물론 좋습니다! 하지만 다른 자매작들처럼 월드 인 페릴 역시 이 작품만의 특성과 플레이 방식이 있다는 사실을 알아 두세요. 특히 유념할 사항 몇 가지를 알려드리겠습니다.

1. **마스터마인드에 맞서 도시를 지키세요:** 물론 다른 슈퍼히어로물 이야기도 시도할 수 있지만, 월드 인 페릴은 히어로들이 사악한 음모를 꾸미는 마스터마인드와 싸워서 도시를 지키는 이야기를 기본으로 합니다.

2. **히어로들을 밀어붙이세요:** 월드 인 페릴의 편집장은 히어로들의 움직임에 맞춰 즉석에서 대응하기보다는 주로 미리 준비한 내용을 토대로 행동과 이야기를 묘사합니다. 편집장이 도시를 위협하는 여러 가지 위기상황을 만들면, 히어로들은 이에 맞서 싸워야 합니다. 휴식 시간에도 히어로들은 상태를 회복하고 다음 임무를 준비하기 위해 바쁘게 움직입니다. 편집장은 히어로들을 꾸준히 밀어붙이는 역할을 맡지만, 플레이어들은 각종 액션과 인연 점수로 이야기 흐름에 영향력을 행사할 수 있습니다.

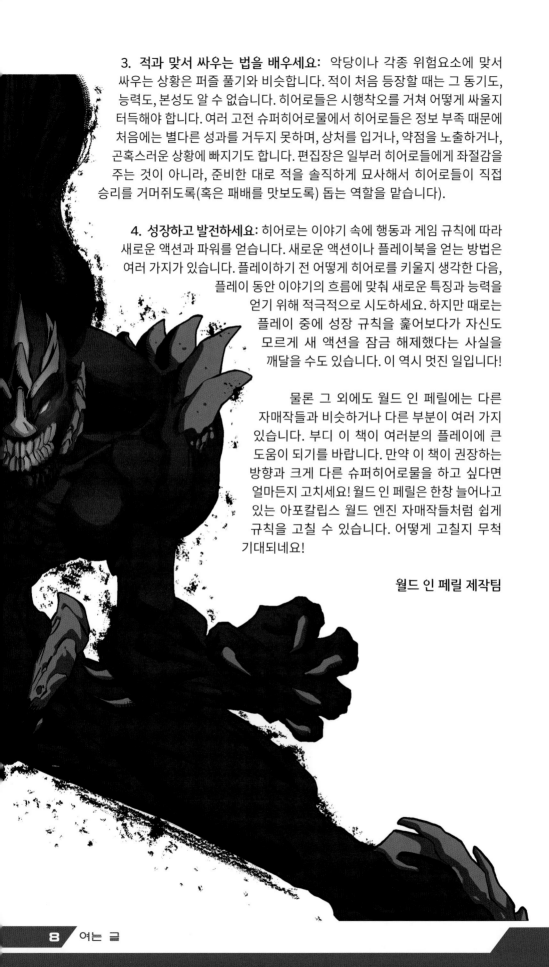

3. **적과 맞서 싸우는 법을 배우세요:** 악당이나 각종 위험요소에 맞서 싸우는 상황은 퍼즐 풀기와 비슷합니다. 적이 처음 등장할 때는 그 동기도, 능력도, 본성도 알 수 없습니다. 히어로들은 시행착오를 거쳐 어떻게 싸울지 터득해야 합니다. 여러 고전 슈퍼히어로물에서 히어로들은 정보 부족 때문에 처음에는 별다른 성과를 거두지 못하며, 상처를 입거나, 약점을 노출하거나, 곤혹스러운 상황에 빠지기도 합니다. 편집장은 일부러 히어로들에게 좌절감을 주는 것이 아니라, 준비한 대로 적을 솔직하게 묘사해서 히어로들이 직접 승리를 거머쥐도록(혹은 패배를 맛보도록) 돕는 역할을 맡습니다).

4. **성장하고 발전하세요:** 히어로는 이야기 속에 행동과 게임 규칙에 따라 새로운 액션과 파워를 얻습니다. 새로운 액션이나 플레이북을 얻는 방법은 여러 가지가 있습니다. 플레이하기 전 어떻게 히어로를 키울지 생각한 다음, 플레이 동안 이야기의 흐름에 맞춰 새로운 특징과 능력을 얻기 위해 적극적으로 시도하세요. 하지만 때로는 플레이 중에 성장 규칙을 훑어보다가 자신도 모르게 새 액션을 잠금 해제했다는 사실을 깨달을 수도 있습니다. 이 역시 멋진 일입니다!

물론 그 외에도 월드 인 페릴에는 다른 자매작들과 비슷하거나 다른 부분이 여러 가지 있습니다. 부디 이 책이 여러분의 플레이에 큰 도움이 되기를 바랍니다. 만약 이 책이 권장하는 방향과 크게 다른 슈퍼히어로물을 하고 싶다면 얼마든지 고치세요! 월드 인 페릴은 한창 늘어나고 있는 아포칼립스 월드 엔진 자매작들처럼 쉽게 규칙을 고칠 수 있습니다. 어떻게 고칠지 무척 기대되네요!

월드 인 페릴 제작팀

플레이 방법과 편집장의 역할

플레이어 중 한 명은 편집장을 맡습니다. 플레이어들은 각자 자신이 맡은 PC를 만들고 연기하며, 편집장은 플레이 중 대화를 중재하고 이야기 속 세계와 PC들 주변의 NPC들을 묘사합니다. 편집장은 플레이어들에게 이 세계에 어떤 일이 일어났는지 설명하고, 어떻게 대답할지, 무엇을 할지 묻습니다. 플레이어들이 대답하고 묘사하면 상황에 따라 액션이 발동하기도 합니다. 액션은 행동 결과가 어떻게 되었는지 알기 위해 주사위를 굴리는 판정입니다. 주사위는 이야기 속 특정 상황을 해결하기 위해 굴리며, 어떤 일이 일어났고 이야기가 어떻게 흘러갈지 영향을 줍니다.

주사위를 굴린 다음에는 계속 이야기가 이어지다가 어느 시점에 다다르면 다시 액션을 발동할 만한 사건이 일어나며, 결과를 알기 위해 주사위를 굴립니다. 이 과정은 계속 반복되지만, 플레이는 항상 언제나 이야기로 시작해 이야기로 끝납니다. 주사위는 오직 히어로가 무언가 액션을 발동할 만한 행동을 할 때만 굴립니다.

플레이 중에 누가 이야기할 권한이 있는지, 누구부터 먼저 이야기할지 정해진 규칙은 없습니다. 액션이 발동되어 규칙을 적용할 때까지는 이야기가 자유롭게 흘러갑니다. 액션은 곧 일어날 상황을 특정한 방식으로 해결하는 규칙이자 지침이며, 판정이 끝난 다음에는 다음 액션이 발동할 때까지 다시 제약 없이 자유롭게 이야기를 주고받습니다. 편집장이 무언가 이야기하면 플레이어는 이에 대응하며, 플레이어가 무언가 질문하거나 선언하면 편집장은 어떤 일이 일어났는지 알려줍니다. 때로는 대화를 주고받는 중 액션이 발동해서 규칙을 적용하기도 합니다. 이야기가 어떻게 흘러가는지, 다음에 무슨 일이 일어날지는 판정 결과에 따라 정합니다.

플레이 준비

월드 인 페릴은 친구 2~7명 정도가 즐길 수 있습니다(3~5명이 가장 적당합니다). 이 중 한 명을 편집장으로 뽑으세요. 나머지는 각자 위기에 빠진 세계를 구하는 히어로를 만들어 롤플레이합니다. 이 캐릭터들은 PC입니다. 플레이어들은 플레이 중 PC들이 어떤 행동을 하고, 말하며, 생각할지 묘사합니다. 편집장은 PC외의 나머지 캐릭터와 게임 세계를 묘사합니다.

월드 인 페릴은 한 번으로 끝나는 단편 플레이로도, 여러 번 이어지는 커다란 캠페인으로도 즐길 수 있습니다. 어떤 방식으로 하든 아래 준비물을 준비하세요:

- 공통 액션과 특수 액션 목록 몇 부.
- 기원/열망 플레이북 최소 한 부씩.
- 편집장 시트와 편집장 액션 시트 한 부씩.
- 필기도구, 각종 이야기 진행 상황을 그리거나 쓸 수 있는 인덱스카드와 종이.
- 6면체 주사위 최소 두 개. 플레이어마다 두 개씩 있으면 더욱 좋습니다.

책의 내용

곧바로 이어지는 2장 "게임 훑어보기"는 플레이어와 편집장이 어떻게 이야기를 주고받는지, 양측이 이야기를 주고받을 때 어떤 일이 일어나는지, 주고받은 내용을 모아 어떻게 흥미진진한 히어로 이야기를 만들 수 있는지 설명합니다.

플레이어 액션: 플레이어가 히어로의 행동을 묘사하면 액션이 발동할 수도 있습니다. 액션을 어떻게 발동하는지, 어떻게 사용하는지, 사용하면 어떤 결과가 나오는지 설명합니다. (p.29)

파워: 파워가 무엇인지, 월드 인 페릴은 다양한 종류의 파워를 어떻게 균형 있게 다루는지 간략하게 설명합니다. (p.32)

인연: 인연이 무엇인지, 흥미진진한 히어로 이야기를 만들기 위해 인연 규칙을 어떻게 사용하는지 간략하게 설명합니다. (p.33)

기본 액션: 기본 액션은 가장 자주 사용하는 액션입니다. 기본 액션을 어떻게 발동하는지, 기본 액션으로 어떻게 이야기를 만드는지 설명합니다. (p.36)

특수 액션: 특수 액션은 좀 더 드물게 사용합니다. 특수 액션에는 어떤 것이 있으며, 어떻게 발동하는지 설명합니다. (p.63)

3장 "히어로 만들기"는 플레이어들이 자신만의 히어로를 만드는 법을 설명합니다. 히어로를 만드는 과정은 몇 단계로 나눕니다.

팀 소개: 플레이어들은 히어로들이 처음부터 같은 팀인지 선택해야 합니다. 같은 팀이라면 어떤 사항을 정해야 하며, 결정한 사항이 무엇을 의미하는지, 어떤 결과가 따르는지 설명합니다. (p.78)

히어로 신상명세: 히어로를 만들 때 어떻게 살을 붙일지 설명합니다. (p.80)

기본 특성: 각 특성을 어떻게 사용하는지, 특성에 붙은 수정치가 무엇을 뜻하는지 설명합니다. (p.82)

핵심 파워와 목록 만들기: 몇 가지 파워를 만든 다음, 파워의 한계와 제한을 결정하는 법을 설명합니다. (p.84)

기원 플레이북: 기원은 PC가 어떻게 히어로가 되었는지 나타내는 배경 요소와 액션을 정하는 플레이북입니다. (p.92)

열망 플레이북: 열망은 PC가 왜 아직 히어로로 활동하는지, 현재 동기는 무엇인지 보여주는 플레이북입니다. 각 열망은 히어로의 이야기를 이끄는 목표와 액션으로 이루어졌으며, 플레이북 액션을 얻으려면 선결 조건을 충족시켜야 합니다. (p.103)

인연과 배경: 배경 요소를 만들기 위해 인연을 어떻게 사용할지, 다른 동료나 주요인물, 혹은 조직처럼 히어로가 원래 맺은 관계에 인연 점수를 어떻게 배정하는지 설명합니다. (p.117)

4장 "중요한 플레이어 규칙"은 플레이어가 알아야 할 규칙을 자세히 설명합니다.

- 히어로를 어떻게 성장시킬지(p.122)
- 언제 어떻게 인연을 소모하며, 그 결과 어떤 일이 일어나는지(p.124)
- 피해는 어떻게 받으며, 히어로에게 어떤 영향을 미치는지(p.127)
- 언제, 어떻게 피해를 회복하는지(p.130)
- 어떤 점을 명심하고, 어떻게 플레이해야 하는지(p.131)

5장 "편집장 되기"는 월드 인 페릴에서 편집장이 할 일과 알아야 할 규칙을 모아 자세하게 소개했습니다.

강령: 월드 인 페릴을 진짜 슈퍼히어로물 만화나 영화처럼 만들 수 있도록 추구할 방향과 목표입니다. (p.138)

원칙: 모든 플레이어가 이야기를 함께 만들고 플레이에 흠뻑 몰입할 수 있도록 따라야 하는 규칙입니다. (p.140)

편집장이 말을 할 때는: 함께 만든 세계와 플레이어, 편집장 자신에게 충실할 수 있도록 편집장이 따라야 하는 규칙입니다. (p.143)

편집장 액션: 새로운 사건이나 상황을 만들 때 편집장이 쓸 수 있는 다양한 수단을 소개하면서 각 액션을 언제, 왜 사용하는지 설명합니다. (p.144)

6장 "첫 이슈"는 첫 플레이에서 편집장이 무엇을 준비해야 하며, 어떻게 진행하는지 설명합니다. (p.154)

7장 "편집장 준비 사항"은 편집장이 플레이를 준비하는데 필요한 그 밖의 모든 사항과, 흥미진진한 슈퍼히어로물을 만들기 위해 플레이어들과 함께 내용을 채워 나가는 이야기의 개요를 어떻게 만드는지 설명합니다.

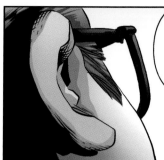

네 히어로기 얼미니 강력인지, 그리고 "일상" 생활에 얼미니 질 어울리는지는 제인으로 정해. 히어로기 지신의 피워니 생활 방식 때문에 님들과 어울리는데 어려움을 겪을수록 추기 인연 점수도 적게 받이.

음, 내 히어로는 일상생활에 어울리거니 시람들과 지니는 데에 '지주 어려움을 겪는디'고 일게. 피워기 폭주일끼 보 두려워서 늘 시람들과 거리를 두거든.

좋이, 그럼 추기 인연 점수는 5점이이. 피워 목록에는 긴딘힘 수준에 하니, 어려움 수준에 하니를 더 추기일 수 있어.

홈, 어떤 걸 적어야 힐지 모르겠는데.

모르겠으면 비워 놔. 플레이 중 뭔기 능력을 발휘일 때 채울 수도 있으니끼.

센티넬, 너링 킨논은 왜 여기에 니티닌 거이?

시실 원래부터 여기 오던 길이이. 미을의 이 구역에서 숨겨진 비밀 기지기 있디는 걸 피익히고 여기서 민니기로 했거든. 전날에 공격 계획을 짰지.

킨논, 팀을 결성힌 지는 오레됐어?

음… 이니. 우리는 이직 힘을 얻은 지 얼미 인 됐어. 이미도 지닌번 뉴욕에 딕친 위기 이후, 몇 번 더 민니 힘께 활동한 후에 팀을 결성했을 거이.

새로운 영웅들 도시를 구하다

킨논, 센티넬이 너를 여기 내렸을 때 근처 건물 칭문에서 붉은빛이 번쩍이더니 총일이 스쳐 지니긴 것을 봤어. 어떻게 힐레?

둘 디 시우디드에게 달려들었지만, 불현듯 몸이 더는 니이기지 않이!

킨은, 센티넬의 몸이 너인테 쾅 부딪히고...

둘 디 튕겨 니기면서 근처 시무실 건물을 뚫고 지니갔어.

이제 너밖에 인 남있는데...

네 히어로 이름은 뭐이? 지금 정히는 게 좋겠디. 인연이랑 같이 말이아.

싱횡이 어떻게 돌이기는지 보고, 원인디면 인연 점수 1점을 불테워서 획실히게 성공할 수 있어!

내 히어로 이름은 "퀠" 이아. 소빙복을 개조해서 민든 복징을 했어. 퀠은 정체를 김추기 위해 힝싱 미스크를 쓰고 목소리를 변조해서 너희들은 내기 여지인 줄 몰리.

좋이. 퀠은 처음부터 디른 플레이어들과 지동으로 인연을 1점씩 기지고 시직해. 그리고 피워를 제인힌 덕분에 추기 인연 점수를 5점 얻고.

좋이. 그럼 두 명인테 긱긱 1점씩 집어넣을게. 내 생긱에는 우리기 이직 정식 팀은 이닌 거 같이. 그저 믹 모여서 횔동을 시직힌 것뿐이지. 그러니 팀 소기 린은 비워두었디기 필요일 때 채울게. 그리고 니는 "뉴욕 소빙관들" 이 퀠과 중요인 관계리고 생긱하니끼 2점을 집어넣을게.

BONDS

Burn a bond to ensure success on a roll.
6+7-9, 7-9=10+, 10+=12+

THRESHOLD

CITY
BROTHER

LAW ENFORCEMENT

CONDITION

MODERATE

ORIGIN

MEMBER

BONDS TO BE RESOLVED

DIFFICULT

BORDERLINE

그리고 퀠은 도시를 헌신적으로 지키려고 히니끼 "도시" 에 2점을 집어넣고, 미지믹 1점은 퀠의 오삐외 인연을 민들게. 이름은 존이리고 히지. 둘은 뉴욕에서 힘께 살고, 존은 저닐리스트아.

이제 인연점수는 디 썼는데 이직 인연 린에 "시법 기관" 이 님있어. 이건 0점으로 시직하는 건기?

응. 시법 기관은 너를 좋이히지도, 싫어히지도 않이. 0점은 그 시림이 널 질 모르거니 너에게 무관심히디는 뜻이아.

그리서, 넌 어떻게 슈퍼히어로기 됐어?

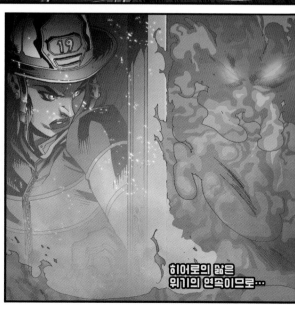

게임 훑어보기

자세한 내용을 설명하기 전, 우선 히어로가 활동할 세계가 어떤 모습인지, 플레이어로서 어떤 규칙을 사용할지 알아두면 좋습니다. 이번 장은 히어로가 된다는 것이 어떤 의미이며, 슈퍼히어로물에는 어떤 악당과 이야기가 흔히 등장하는지 간략하게 소개한 다음, 이 세계를 묘사하고 구현하기 위해 만든 게임 규칙을 설명합니다.

슈퍼히어로의 삶

히어로는 다양한 장소에서 모험을 펼칩니다. 세계 방방곡곡에서, 다른 행성이나 우주 너머, 이차원이나 과거, 미래의 시간선 같은 기이하고 새로운 곳에서, 혹은 바로 뉴욕 같은 큰 대도시에서 활동합니다.

도시에서

슈퍼히어로물은 보통 여러 히어로가 살아가고, 일하며, 순찰을 도는 도시에서 시작합니다. 히어로들은 끊임없이 일어나는 위협에서 세계를 안전하게 보호하는 한편, 평소에는 일상에 충실하기 위해 노력합니다. 플레이어들이 플레이할 도시는 크고 번화했으며, 풍경이 끊임없이 바뀌고 활력이 넘치는 장소입니다. 특히 뉴욕은 대도시의 상징이나 다름없는 유명한 장소이고, 잘 알려진 랜드마크 역시 여럿 있으며, 많은 슈퍼히어로물이 뉴욕이나 그와 비슷한 도시를 기본 무대로 하고 있다는 점에서 플레이를 시작할 "기본 도시"로 잘 어울리는 장소입니다. 플레이의 무대가 될 도시는 캠페인에 등장할 모든 히어로와 악당이 살기 충분할 정도로 크고, 문제가 발생했을 때 배경으로 쓰기 좋은 독특한 구역과 장소가 많아야 합니다. 많은 히어로는 특정한 구역을 정해 집중적으로 지키는 편이지만, 위험한 사건을 찾아서 도시 곳곳을 순찰하는 히어로도 적지 않습니다.

여기저기, 방방곡곡

때로 도시에서 시작한 탐색이나 문제가 곧 세계 곳곳에 있는 온갖 신기한 장소로 뻗어 나갈 수도 있습니다. 어떤 곳은 이탈리아나 도쿄처럼 잘 알려진 나라나 도시일 수도 있고, 올림푸스나 아틀란티스처럼 기존 작품이나 신화에서 차용한 장소일 수도 있으며, 즉석에서 만든 가상의 지역일 수도 있습니다. 어떤 종류의 이야기를 구현하고 싶은지에 따라 북극이나 화산, 깊은 바다나 열대 우림 같은 혹독한 환경 역시 쉽게 등장할 수 있습니다. 언제든 익숙한 장소를 떠날 준비를 하세요. 플레이어들은 편집장을 도와 흥미진진한 새 지역을 소개하고 적절한 등장 이유를 만드세요. 지하의 돌연변이 종족이나 신화에서 따온 신들의 왕국, 외계인과 미래에서 온 자들, 평행 세계와 거울 세계, 이차원과 다원 우주 등 어디든 이름만 대면 등장할 수 있습니다. 구태여 배경 세계를 폭 좁게 묘사하지 마세요. 플레이할 세계를 생생하게 묘사하고 싶나요? 가능한 한 일상적인 모습에서 멀리 벗어나 익숙했던 규칙과 고정관념을 깨뜨리세요. 그래야 히어로들이 일상생활로 돌아갈 때 그 차이가 더욱 크고 뚜렷하게 다가옵니다.

악당

히어로에게 사람들을 지키기 위해 맞서 싸워야 할 악당이 없다면 무슨 의미가 있을까요?

배트맨에게 조커가 있듯이, 데어데블에게 킹핀이 있듯이, 그리고 판타스틱 포에게 닥터 둠이 있듯이 히어로들은 세계를 지키기 위해 맞서 싸울 악당이 필요합니다.

악당의 종류는 하찮은 은행 강도나 불량배부터 전 세계, 또는 전 우주나 전 차원을 지배하려 드는 정복자까지 다양합니다! 얼마나 이상한 사건이 일어나든, 보통 그 뒤에는 더욱 크고 사악한 음모가 진행 중이라는 사실을 명심하세요. 훌륭한 악당은 히어로와 밀접하게 연결된 애증 어린 적수입니다. 이런 악당은 공감마저 드는 탓에 다른 상황이었다면 친구가 되었을지도 모르는 상대이지요. 훌륭한 마스터마인드나 히어로의 숙적, 하찮은 악당과 일상적인 위험요소를 만드는 방법은 "편집장 준비 사항"에서 자세히 설명합니다. 편집장은 흥미진진한 악당을 만들고 PC들을 괴롭힐 수 있는 악랄한 음모를 세우는 역할을 맡습니다. 플레이어는 편집장이 준비한 이야기 속에서 활약하면서 빈 부분을 채우고 자신의 이야기를 만들어야 합니다.

친구와 적

히어로는 늘 사람들의 모범이 되어야 합니다. 특히 같은 도시에 사는 시민들과, 이야기 속 사건과 히어로의 행동에 영향을 받는 사람들한테 더더욱 말이지요. 히어로와 다른 사람들의 관계는 인연으로 나타나며, 인연은 이야기 속에서도, 캐릭터 시트에서도 항상 이리저리 바뀝니다. 히어로를 좋아하거나 싫어하는 사람도 있을 수 있고, 심지어는 히어로를 제거하기 위해 온 인생을 바치는 사람도 등장할 수 있습니다. 편집장은 히어로들이 가는 길에 극적인 이야기와 갈등이 멈추지 않도록 인연을 최대한 활용해야 합니다.

세상

PC들은 대도시나 더 큰 세계에서 활동하는 히어로입니다. 이 세상에는 수많은 위험이 활개칩니다. 악당들과 외계인, 시간 여행자, 잃어버린 문명, 위험한 생물들, 형언할 수 없는 존재 등 위험의 종류는 무수합니다. 히어로들이 무엇을 선택하고 어떻게 할지에 따라 세상은 달라집니다. 선택의 순간은 끊임없이 다가옵니다. 범죄자를 죽이거나, 가두거나, 그냥 풀어 주었다면 그에 따른 결과가 발생합니다. 사랑하는 사람을 만나기 위해, 혹은 위험에서 구하기 위해 시간을 쓴다면 그동안 다른 수백 명, 혹은 수천 명이 위험에 빠질 수도 있습니다. 하지만 흥미진진한 슈퍼히어로물이 다 그렇듯, 히어로가 세상을 지키는 영웅의 역할과 좋은 배우자 (혹은 연인이나 가족)의 역할 사이에서 저울질하고 고뇌하는 과정에서 재미있고 긴장 넘치는 이야기가 태어납니다.

플레이어 액션

액션은 월드 인 페릴의 핵심요소로, 플레이어들이 갈등을 해결할 때 주로 사용합니다. 각 액션은 이야기 속에서 언제 발동하는지, 이야기에 어떤 영향을 미치는지에 따라 나눌 수 있습니다.

액션은 어떻게 발동하는가

모든 액션은 각각 발동 조건이 있습니다. 발동 조건은 이다음에 무슨 일이 일어날지 확인해야 하는 상황입니다. 액션이 발동하면 보통 발동한 플레이어가 주사위를 굴린 다음, 결과에 따라 이야기에 영향을 미치는 선택지를 결정합니다. 다음은 액션의 예입니다.

위험 돌파하기

눈앞에 닥친 위험을 감수하고 행동하거나 버티면, 어떻게 대처할지 설명하고 판정하세요. 편집장은 플레이어가 어떤 특성을 굴릴지 결정합니다. **10+이면** 히어로는 플레이어가 선언한 대로 위험을 피하거나 견딥니다. **7~9이면** 위험을 모면하지만 편집장은 덜 좋은 결과, 불리한 거래, 또는 어려운 선택을 제시합니다.

액션을 발동하려면, 히어로가 이야기 속에서 발동 조건을 충족시키는 행동을 해야 합니다. 조건을 충족시켰다면 액션은 반드시 발동하며, 히어로는 발동한 액션의 결과를(보통 주사위로 판정합니다) 무시한 채 행동할 수 없습니다.

예를 들어 플레이어가 악당을 공격하기 위해 자신을 가로막은 악당의 부하들을 이리저리 피하겠다고 선언하면, "**눈앞에 닥친 위험을 감수하고 행동하거나 버텼으므로**" 위험 돌파하기를 발동한 것입니다. 플레이어는 액션의 결과를 판정하지 않고 그냥 부하들을 피해 악당을 공격했다고 선언할 수 없으며, 마찬가지로 눈앞에 닥친 위험을 감수하고 행동하거나 버틸 필요가 없을 때는 액션을 발동할 수 없습니다. 액션과 이야기는 언제나 서로 맞물린 관계이며, 액션 발동 여부를 알려면 언제나 이야기가 먼저 시작되어야 합니다.

액션이 발동했는지 잘 모르겠다면 다른 플레이어들과 함께 이야기 속에서 특정한 액션을 발동할 만한 행동이나 선언이 나왔는지 논의하세요. 액션이 발동하지 않았다면 주사위를 굴리지 않고 대화를 계속 이어갑니다. 액션이 발동했다면 우선 어떤 액션인지 확인하고, 필요하다면 주사위를 굴린 다음 액션의 결과를 이야기에 반영하세요.

액션을 어떻게 해석하고 따라야 하는가

액션의 효과는 언제나 이야기 속 히어로에게 영향을 미칩니다. **제압하기**에서 **10+**이 나오면 단순히 규칙대로 효과가 발생할 뿐만 아니라, 히어로가 플레이어가 의도한 대로 행동합니다.

주사위를 굴린 다음, 어떤 효과를 낼지 정하고 다시 이야기로 돌아와 이야기 속에서 어떤 결과가 나왔는지 묘사하세요. 어떤 액션은…

…"상태를 줍니다(또는 상태를 회복합니다)" 라는 구절이 나옵니다. 상태는 게임 규칙상 피해나 손해를 뜻합니다. 상태를 줬다면, 목표에게 피해를 주거나 방해한 것입니다. 상태를 회복했다면, 상처를 치료하거나 얼음을 깨고 탈출하는 등 해당 상태를 제거해서 더 이상 영향을 받지 않는 것입니다. 상태는 종류에 따라 몇 가지 종류로 나뉘어집니다. P.128에서 자세한 내용을 참조하세요.

…"다음 판정에 +1 보너스를 받습니다"라는 구절이 나옵니다. 이는 다음 판정에 +1의 보너스를 받는다는 뜻입니다. 보너스가 +1보다 큰 경우도 있고, 때로는 보너스 대신 페널티를 받기도 합니다. 조건이 붙을 수도 있습니다. 예를 들어 "대답에 따라 행동할 때 다음 판정에 +1 보너스"라는 구절이 나오면 질문을 해서 받은 정보를 활용해야 +1 를 받는다는 의미입니다. 그 외 경우에는 보너스를 받을 수 없습니다.

… "계속 +1 보너스를 받습니다"라는 구절이 나옵니다. 이는 앞으로 행하는 모든 판정에 +1의 보너스를 받는다는 뜻입니다. 보너스가 +1보다 큰 경우도 있고, 때로는 보너스 대신 페널티를 받기도 합니다. "제압하기 판정에 계속 +1 보너스"처럼 조건이 붙을 수도 있습니다. 지속적인 보너스나 페널티가 끝나는 조건도 액션에 나옵니다. "상태에서 회복할 때까지"라거나 "피해를 받을 때까지" 같은 식입니다.

…"**예비**"를 줍니다. **예비**는 나중에 특정한 행동이나 선택을 할 때 쓸 수 있는 점수입니다. 특정 액션으로 얻은 예비는 그 액션에서 정한 대로만 쓸 수 있습니다.

…선택의 여지를 줍니다. 선택의 폭은 주사위 결과에 따라 정해지며, 선택 사항은 앞으로 이야기가 어떻게 흘러갈지 영향을 줍니다. 때로는 **예비**처럼 "써서" 결과에 영향을 주는 선택 사항을 받을 수도 있습니다. 다만 예비와는 달리 즉시 이야기에 반영해야 합니다.

…자기 히어로나 특정한 대상, 세계에 관해 말할 기회를 줍니다. 내용은 플레이어가 직접 만들 수도 있고, 편집장이 정보를 준 다음 히어로가 어떻게 알고 있는지 물어볼 수도 있습니다. 이러한 액션은 히어로가 이야기 속 역사나 대상을 설명할 때 발동합니다. 게임에 기여하고 이야기를 더욱 탄탄하게 쌓기 위해 이 기회를 활용하세요. 이미 정해진 사실이나 다른 플레이어가 말한 내용과 어긋나게 하지는 마세요. 그리고 모든 플레이어가 의도한 대로 이해했는지 대화를 나누세요.

액션이 시키는 대로 따르기

액션은 발동할 때마다 주사위 결과가 어떻게 나왔든 이야기에 영향을 미칩니다. 판정 결과가 6 이하면 플레이어는 행동 결과를 묘사할 권한을 잃습니다. 이때 편집장은

플레이어 대신 서술 권한을 얻어 히어로에게 어려운 선택을 제시할 수 있습니다. 따라서 플레이어는 판정 결과가 **7~9**나 **10+**일 때 특히 신경을 써야 합니다. 이때 플레이어는 서술 권한을 발휘해 특정한 방식에 따라 행동 결과를 정할 수 있습니다.

앞서 설명한 대로 히어로는 액션을 사용해 특정한 행동을 하거나, 이야기를 덧붙이거나, 나중에 쓸 수 있는 예비를 받거나, 선택 사항 중 하나를 지금 당장 고를 수 있습니다. **예비**는 나중에 써도 되지만, 선택 사항은 지금 당장 이야기에 반영해야 한다는 차이가 있습니다. 예를 들어 히어로가 눈앞에 닥친 위험을 해결하기 위해 **제압하기**를 발동해서 **7~9**나 **10+**이 나오면 상태 주기, 이점 제거, 장소 바꾸기, 무리 규모 줄이기, 피해 받지 않기 중에서 선택해야 합니다. 플레이어가 선택한 사항은 곧바로 반영되어 결과가 이야기에 즉시 나타납니다.

눈앞에 닥친 위험에서 사람이나 물건을 지킬 때 발동하는 "**보호하고 지키기**"처럼 **예비**를 주는 액션은 조금 다릅니다. **7~9**나 **10+**이 나오면 히어로는 **예비**를 받아서 보호 대상을 지키는 동안 언제든지 원할 때 쓸 수 있습니다. 당장 **예비**를 전부 쓸 수도 있고, 시간이 지나면서 적당한 때 쓸 수도 있습니다.

플레이어가 상황을 파악하거나 무언가를 안다고 선언하면 조사가 발동합니다. 플레이어는 정보를 좀 더 많이 얻기 위해, 또는 자기 생각을 규칙에 맞춰 이야기에 덧붙이기 위해 미리 정해진 질문 목록을 보고 편집장에게 물어볼 수 있습니다.

비교적 적게 사용하는 액션은 대신 이야기에 더 많은 영향을 끼칩니다. 플레이어는 정보 수집으로 중요한 정보를 얼른 찾을 수 있으며, 어울리기를 발동해서 평상시에 시간을 어떻게 보내는지 묘사하고 히어로에게 중요한 NPC들을 만나서 상처를 치료할 수 있습니다. 평범한 사람이라면 쓰러지고도 남을 상황에서 히어로가 어떻게 계속 싸울 수 있는지 이유를 만들려면 마지막 기회를 발동해야 합니다.

파워는 PC가 어떤 히어로이며 어떻게 행동하는지를 결정하는 중요한 도구입니다. 특성은 히어로가 특정한 방식으로 행동을 할 때 얼마나 뛰어난지 나타내지만, 파워는 히어로가 무엇을 할 수 있는지를 나타냅니다. 히어로가 특성(**무력**이나 **영향, 기교, 보호, 관찰**) 중 하나로 행동할 때, 파워를 어떻게 사용하는지 반드시 묘사하세요. 플레이어는 기원과 파워를 선택하고 특성에 수정치를 배정하면서 히어로가 어떻게 행동할지 알 수 있으므로 행동을 자연스럽게 묘사할 수 있습니다. 모든 히어로가 **무력**을 똑같이 +2로 가지더라도, 지닌 파워가 다르면 **무력**을 사용하는 방법도 다릅니다. 비록 판정의 성공 확률은 같아도 액션을 발동하는 상황은 다를 것입니다.

파워 사용은 아무 제한 없이 묘사할 수 있습니다. 물론 히어로의 행동이 얼마나 효과적인지는 각 특성에 배정된 수정치로 알 수 있지만, 이 캐릭터와 저 캐릭터가 악당을 때려눕히는 방식은 지닌 파워에 따라 달라질 것입니다.

플레이어가 파워를 사용하든, 파워를 사용하지 않고 평범하게 행동한다고 선언하든 액션의 효과나 발동 조건은 달라지지 않습니다. 또한, 히어로가 어떤 방식의 행동을 잘하는지도 파워와 상관없이 달라지지 않습니다.

또 한 가지 중요한 사항으로, 특정한 파워를 가진 히어로는 액션이 불가능한 상황에서도 액션을 발동할 수 있습니다. 이 경우, 파워는 평범한 사람이 할 수 없는 일을 가능하게 만드는 수단이 됩니다. 따라서, 상황에 따라 히어로마다 각각 액션 발동이 가능할 때가 있고 불가능할 때가 생깁니다. 예를 들어 평범한 사람이라면 밧줄에 묶인 채 방 너머에 있는 적을 공격할 수 없지만, 초능력을 사용할 수 있거나 눈에서 빔을 쏘는 히어로는 액션을 발동할 수 있습니다. 즉 파워는 히어로가 무엇을 할 수 있는지를 정하며, 특성은 히어로가 얼마나 잘하는지, 얼마나 자주 성공하는지를 정합니다.

무언가 사건이 일어났지만 액션을 발동해야 하는지 잘 모르겠다면, 무슨 일이 벌어졌는지 명확하게 정리하세요. 만약 플레이어가 액션을 발동하기를 원하지 않았거나 다른 액션을 발동하려 했다면, 모두가 결론에 동의할 수 있도록 이야기의 내용을 함께 의논하세요.

인연

인연은 히어로가 플레이 중 누구와 얼마나 중요한 관계를 맺었는지 나타냅니다. 히어로는 우선 같은 팀으로 함께 활약하는 다른 PC들과 서로 인연을 맺습니다. 서로 어떤 관계인지, 혹은 서로 어떻게 생각하는지 적으세요. 히어로는 또한 이야기 속에 등장하는 친구나 가족, 혹은 개인적으로 중요한 인물과 인연을 맺을 수도 있습니다. 마지막으로, 히어로가 거주하고 활동하는 도시나 도시 내의 사법 기관, 자주 접하는 단체나 사람들과도 인연을 맺을 수 있습니다.

인연은 단순히 관계만을 나타내지는 않습니다. 히어로는 인연을 소모해서 힘을 끌어올리거나, 살겠다는 의지를 불태우거나, 단단히 마음을 먹는 등 일시적인 장점을 얻을 수 있습니다. 이를 게임 규칙으로 반영하기 위해 월드 인 페릴의 히어로는 인연 점수를 1점 소모하면 판정에 확실하게 성공할 수 있습니다.

인연 점수를 소모할 때마다 히어로는 이야기 속 인물이나 단체와 관계가 나빠집니다. 플레이어는 히어로가 가진 인연 중 하나를 낮춰야 합니다. 관계가 어떻게 나빠졌는지도 결정하세요. 서로 맺은 관계가 위기에 처하고, 상대가 히어로에게 가진 신뢰가 흔들리거나 큰 상처를 입는 장면을 만드세요. 인연 점수를 소모한 결과는 지금 당장 나타날 수도 있고, 세션이 끝나기 전 어느 시점에선가 나타날 수도 있습니다.

히어로가 "도시"와 맺은 인연을 1점 소모했다면, 성공적으로 행동했지만 그 결과 도시에 큰 피해를 주거나 무고한 사람을 다치게 하여서 비난을 산 것입니다. 팀 동료와 맺은 인연을 소모했다면 무익한 경쟁심이 싹터서, 의심이나 의혹이 생겨서, 혹은 그저 성격이 서로 안 맞아서 관계가 나빠진 것입니다. "경찰"과 맺은 인연을 지나치게 소모한 히어로는 도시를 위협하는 인물로 알려져서 수배자가 될 수도 있습니다!

인연 점수를 소모해서 어떤 결과가 나오든 히어로의 개인사는 더욱 풍성해집니다. 인연 점수를 소모한 결과를 당장 이야기에 반영할 필요는 없습니다. 지금 당장 어떻게 반영할지 모르겠다면 시간을 두고 이 결과가 히어로에게 어떤 영향을 미칠지, 어떤 장면을 플레이하고 싶은지 생각하세요. 인연을 게임 규칙으로 어떻게 만들고 어떻게 소모하는지는 p.124를 참조하세요.

피해와 상태, 회복

월드 인 페릴은 피해나 상처를 상태로 나타냅니다. 물리적인 피해뿐만 아니라 정신이나 마음에 입은 상처, 행동을 방해하는 환경이나 각종 장애물 역시 상태로 나타낼 수 있습니다.

상태는 언제나 이야기에 맞춰 주고받습니다. 히어로가 적에게 피해를 주거나 적을 방해하기 위해 행동을 하면 상태를 주는 액션이 발동하며, 일정량 이상 상태를 받은 적은 쓰러집니다. 적 역시 다양한 수단으로 맞서 싸우며 히어로에게 상태를 줍니다. 하지만 상태는 직접 공격을 당하지 않고도 받을 수 있습니다. 지진으로 무너진 건물 밑에 깔린 히어로는 '돌무더기에 묻힘' 상태를 받을 것입니다. 특정한 종류의 방사선처럼 히어로가 가진 약점이나 급격히 변하는 환경, 마음을 찌르는 한 마디, 예상치 못한 상황 등도 히어로를 혼란스럽게 만들고 행동을 방해할 수 있습니다.

상태는 이야기 속에서 히어로가 어떻게 곤란을 겪는지를 나타내는 설명과 상태의 정도가 얼마나 심한지를 나타내는 정도를 합친 결과입니다. 상태의 설명은 "어지러움"이나 "돌 더미 아래 갇힘", "마음속에 초능력 벌레가 깊숙이 파고듦." 처럼 보통 히어로가 어떤 문제를 겪고 있는지를 묘사하는 몇 마디의 단어나 문장 하나면 충분합니다.

PC와 적은 서로 세 가지 정도의 상태를 주고받습니다. 상태의 정도는 **경미**, **큰, 심각**이 있습니다. **경미한 상태**는 쉽게 회복할 수 있지만, 내버려 두면 **큰 상태**로 악화되거나 회복할 때까지 계속 남아서 행동을 방해합니다. **큰 상태**는 특정한 행동에 지장을 줍니다. '예를 들어 부러진 팔'은 움직이기 어렵고, '얼어붙은 발'로는 빨리 뛸 수 없습니다. **심각한 상태**는 히어로의 모든 행동에 지장을 주며, 여러 번 받으면 죽을 수도 있습니다.

적 역시 상태 정도에 따라 피해와 회복하는 시간이 달라집니다. PC에게 당한 상태가 얼마나 심각한지, 그리고 얼마나 회복하기 어려운지에 따라 적의 행동도 영향을 받습니다. 상태 한계가 바닥난 적은 제압되거나, 도주하거나, 자비를 빌거나, 기절하는 등 더 이상 이야기 속에서 활약할 수 없습니다. 상태 한계는 어떤 정도의 상태를 주든 똑같이 낮아지지만, **경미한 상태**는 적 역시 큰 노력을 들이지 않고 쉽게 회복할 수 있습니다. **큰 상태**는 회복하는 데 얼마간의 노력이나 시간이 필요하며, **심각한 상태**는 회복하기 위해 특수한 능력을 사용하거나 각종 수단을 동원해야 합니다.

상태를 회복하려면 회복할 방법을 찾아서 해결해야 합니다. 어떤 상태는 회복하기 쉽습니다. '돌 속에 갇힘'은 돌을 헤치고 나오면 그만이며, '얼어붙은 팔'은 녹이면 됩니다. 어떤 상태는 회복하기 위해 좀 더 많은 노력이 필요합니다. **심각한 상태** 대부분은 오랜 시간을 들여 푹 쉬면서 회복해야 합니다. 초인적인 힘을 가진 악당에게 얻어맞은 상처는 몇 시간 쉰다고 해서 쉽게 치료할 수 없을 것입니다.

이점 제거하기

이점은 소유주가 지니지 않은 힘과 능력을 주는 물건이나 장비입니다. 이점은 광선총이나 제트팩일 수도 있고, 만능 벨트나 꺼져가는 별의 불길 속에서 벼린 다음 마법을 부여한 신들의 망치일 수도 있습니다. 이점은 히어로가 원래 지닌 파워나 능력과는 달리 망가지거나, 파괴되거나, 빼앗길 수도 있습니다. 그러므로 때로는 그저 직접 공격하기보다는 상대가 가진 이점을 제거하는 편이 더욱 유용할 수도 있습니다. 심지어 역장이나 갑옷, 다른 차원에서 가져온 기괴한 장비 같은 이점으로 피해를 막는 적도 있습니다.

플레이어는 액션을 사용해 적의 이점을 빼앗거나, 피해를 주는 대신(혹은 피해를 주면서) 이점을 제거할 수 있습니다.

기본 액션

기본 액션은 모든 플레이어가 가장 많이 발동하는 액션입니다. 게임 속에서 히어로들이 처하는 상황은 대부분 기본 액션으로 해결할 수 있습니다. 기본 액션의 목록은 다음과 같습니다.

- 제압하기
- 장악하기
- 무리하기
- 보호하고 지키기
- 주변 환경 이용
- 위험 돌파하기
- 돕기/방해하기
- 살피기

제압하기

눈앞에 닥친 위험요소를 제압하려고 시도하면, 어떻게 대처할지 설명하고 판정하세요. 편집장은 플레이어가 어떤 특성을 굴릴지 결정합니다. **10+ 면** 다음 중 세 가지를 선택합니다. **7~9면** 두 가지를 선택합니다.

- 상태를 줍니다(선택 1: **경미**, 선택 2: **큼**, 선택 3: **심각**).
- 이점을 제거합니다(선택 2 필요).
- 장소를 강제로 바꿉니다(선택 1: 편집장이 장소를 선택합니다, 선택 2: 플레이어가 장소를 선택합니다).
- 무리 규모를 1 줄입니다.
- 피해를 받지 않습니다.

제압하기 분석
위험요소를 누르거나 처리할 때는 **제압하기**를 발동할 수 있습니다. 제압 방법에 따라 알맞은 특성을 사용하세요. 직접 완력을 쓴다면 **+무력**을, 대화로 진정시키거나 혼란스럽게 만든다면 **+영향**으로 판정합니다. 몰래 기습을 하거나 속임수를 써서 적을 불리한 상황에 빠뜨린다면 **+기교**가, 그저 적이 히어로를 공격하다 제풀에 지치거나 힘을 바닥내도록 유도한다면 **+보호**가 어울릴 것입니다. 적의 약점을 찾고 면밀한 계획을 세워서 공격하거나, 적의 목적과 동기를 추측하여 영향력을 행사할 수 있는 수단을 찾는다면 **+관찰**로 적을 제압할 것입니다.

제압하기를 발동하려면 반드시 눈앞에 닥친 위험요소가 있어야 합니다. 예를 들어 기진맥진한 채 의자에 묶인 평범한 불량배는 위험요소가 될 수 없습니다. 상태 주기는 실제 피해라기보다는 상대가 이야기 속에서 행사할 수 있는 영향력과 존재감을 줄이는 공격이므로, 히어로들에게 아무것도 할 수 없는 불량배는 아직 죽지 않았어도 위협적인 존재라고 할 수는 없습니다. 더 이상 위험요소가 되지 못하는 적은 게임 규칙에서 상태 한계가 바닥난 NPC입니다. 반대로, 초인 악당이 의자에 묶여 있다면 어떨까요? 이 악당은 초인적인 힘을 지니고 있으며, 독가스를 내뿜을 수 있습니다. 이 적은 여전히 위협적인 존재이므로, 제압하기의 대상이 됩니다. 하지만 이 악당의 상태 한계가 바닥났다면 마찬가지로 위험요소가 될 수 없습니다. 플레이어는 상대가 여전히 위협적인 대상인지 아닌지 알 수 없지만, 편집장은 필요한 때가 되면 알려 주어야 합니다. 하지만 위험요소를 제압하더라도 상대가 반드시 히어로들을 고분고분하게 따른다는 보장은 없습니다. 모든 NPC는 각자 동기와 성격을 가졌습니다. 오직 편집장만이 NPC가 무엇을 생각하는지 알고 있으므로, NPC가 어떻게 반응할지는 편집장이 선택할 몫입니다.

스컬: 라이트웨이브의 관자놀이에 총을 겨누고 말할게요. "그자들이 어디 있는지 말해!" 직접 무력을 사용하니까, +무력으로 제압하기죠?

> 편집장: 실제로 힘을 쓰는 대신 위협만 하는 거니까 +영향이 더 적당해 보이네요. 어느 쪽이든 가능한 것 같지만, 신경 쓸 필요는 없어요. 라이트웨이브는 싸움에서 패해서 꽁꽁 묶였으니까 전혀 위험하지 않아요. 다만 라이트웨이브는 이 정도 위협은 밥 먹듯이 겪은 악당이고, 당신이 히어로라는 사실을 잘 알고 있어요. 그래서 별로 겁먹은 것 같지 않네요. 얼마나 독하게 손을 쓸래요? 어떻게 할래요?

판정에 성공하면 몇 가지 선택을 할 수 있습니다. 10+면 세 가지를, 7~9면 두 가지를 선택합니다. 제압하기로 선택한 사항은 예비와는 달리 당장 사용해서 이야기에 반영해야 합니다.

상태를 줍니다: 히어로는 적에게 직접 피해를 주거나, 속도와 민첩함을 활용해 적을 불리한 상황에 빠뜨리거나, 재치 있는 말로 적을 도발하고 혼란에 빠뜨릴 수 있습니다. 상태를 줄 때는 상태의 정도도 같이 선택해야 합니다. 상태는 제압하기를 할 때마다 하나씩만 줄 수 있으므로, 플레이어는 선택을 얼마나 써서 정도를 높일지 결정해야 합니다(선택 1: 경미, 선택 2: 큼, 선택 3: 심각)

이점을 제거합니다: 히어로는 총을 빼앗아 망가뜨리거나, 타이밍 맞게 광선을 쏴서 방사선 방출기를 파괴하거나, 폭탄을 던져 탄약으로 가득 찬 창고를 날려버리는 등 적의 이점을 제거할 수 있습니다. 이점은 총이나 무기, 각종 첨단 장비나 기계처럼 소유자에게 원래 없는 능력을 부여하지만, 적에게 파괴당하거나 빼앗길 수 있는 물건이나 장비입니다. 플레이어는 상황에 어울리는 수단이나 방법을 사용하면 선택 2를 사용해 적의 이점 하나를 없앨 수 있습니다. 플레이어는 이점을 단순히 못 쓰게 만든 것인지, 완전히 파괴한 것인지 제안할 수 있지만 현재 상황에서 자연스럽게 나올 수 있는 결과여야 하며, 최종 결정은 편집장이 내립니다.

장소를 강제로 바꿉니다: 히어로는 무고한 시민들을 보호하기 위해 적을 폐창고로 날려 보내거나, 적을 정신세계 속으로 끌어들여 싸우거나, 교묘하게 화살을 쏴서 적을 겁주거나 도망치게 만드는 등 장소를 강제로 바꿀 수 있습니다. 선택1을 사용하면 적은 장소를 다른 곳으로 옮겨야 하지만, 어디로 갈지는 편집장이 정합니다. 선택2를 사용하면 상황에 어울리는 한도 내에서 적이 어디로 갈지 플레이어가 정할 수 있습니다. 플레이어는 적을 속이거나 꾀어서 제 발로 걸어 나오게 할 수도 있고, **무력**을 써서 강제로 옮길 수도 있습니다. 상황에 어울리도록 방법을 선택하세요.

무리 규모를 1 줄입니다: 히어로는 정신 칼날을 휘두르면서 세뇌된 기술자들을 뚫고 나가거나, 감동적인 연설로 성난 군중을 달래거나, 전자파를 터뜨려 드론 무리를 멈추는 등 무리의 규모를 줄일 수 있습니다. 무리는 여러 명이 함께 모여 움직이는 큰 적 집단입니다. 무리 하나하나는 쓰러뜨리기 쉽지만, 뭉치면 강해집니다. 이 선택지를 고르면 무리 규모를 1 줄일 수 있습니다. 무리의 규모는 무리가 얼마나 강한지, 수가 얼마나 많은지에 따라 정해집니다. 따라서 편집장은 플레이어들에게 얼마나 더 공격해야 무리가 제압되는지 알려주어야 합니다. 플레이어는 이 선택지를 여러 번 고를 수 있습니다.

피해를 받지 않습니다: 히어로는 주위를 파악하고, 모든 가능성을 계산하고, 반격을 대비하는 등 준비를 철저하게 해서(혹은 그저 운이 좋아서) 제압하는 동안 피해를 받지 않을 수 있습니다. 만약 플레이어가 이 선택지를 고르지 않으면 히어로는 피해를 받습니다. 히어로는 무모한 공격을 하거나, 적의 공격을 보지 못하거나, 허를 찔리거나, 피해받을 것을 각오하고 행동한 것입니다. 히어로가 행동의 결과로, 혹은 행동 중 어떤 피해를 받을지는 편집장이 결정해서 플레이어에게 말합니다. 편집장은 a) 히어로가 피해를 받을 염려 없이 공격할 수 있는 특수한 경우 미리 이야기해서 플레이어가 선택지를 낭비하지 않도록 도와야 하며, b) 다른 경우 플레이어가 이 선택지를 선택한다면 상태의 정도를 한 단계 줄일 수 있다고 알려주어야 합니다 (**심각한 상태**는 **큰 상태**로, **큰 상태**는 **경미한 상태**로, **경미한 상태**는 아예 피해를 받지 않습니다).

플레이어는 여러 가지 선택지를 선택해 서로 섞을 수 있습니다. 예를 들어 플레이어는 적에게 상태를 주면서 사무실 건물로 날려버리거나(장소 강제로 바꾸기), 졸개들에게 버스를 던져서 규모를 줄이는 한편 거리로 나오지 못하도록 막거나, 제트팩을 빼앗아 이점을 제거하면서 적들을 특정한 장소로 몰아넣을 수 있습니다.

예시 1

편집장: 사람들이 혼란에 질렸습니다. 아래쪽 교차로에서 이글이글 타오르는 불꽃이 넘실대네요. 공기는 뜨겁고, 맨홀 뚜껑 사이로 김이 마구 치솟습니다. 무럭무럭 피어오르는 연기 속에서 주황색 불꽃이 폭발하듯 분출되면서 센티넬이 내려다보는 건물 아래를 휘감습니다. 창틀이 진흙처럼 녹아버리네요. 연기 속에서 어느 형체가 걸어 나오는데, 눈이 붉게 번득입니다. 그 존재만으로도 무척 압박감이 드네요. 어떻게 할래요?

센티넬: 강화복의 컴퓨터 시스템을 가동해 연기를 뚫고 상대의 위치와 움직임을 파악합니다. 그리고 앞으로 달려나가 미사일을 일제 발사하고 끈끈이탄을 쏴서 적을 행동불능에 빠뜨리겠습니다.

편집장: 좋아요. 제압하기 같군요. 그리고 직접 공격을 했으니 +무력으로 굴리는 게 맞는 거 같습니다. 어떤가요?

센티넬: 물론이죠. 9가 나왔네요. 선택지 두 개를 고르겠습니다. 아주 좋아요. 무엇보다도 저 괴물을 시민들로부터 떼어낸 다음, 발을 묶거나 행동을 방해해서 시간을 벌고 싶어요. 우선은 첫째 선택으로 괴물이 있는 장소를 강제로 바꾸겠어요. 길거리로 날려 버려서 여기 주변에 있는 사람들의 안전을 확보하고 싶네요. 남은 선택 하나로 **경미한 상태**를 줄 거에요. 끈끈이 탄으로 몸을 묶어서 괴물이 다른 걸 하기 전에 우선 이거부터 떼는 데 신경을 쓰게 만들고 싶네요. 상태 이름은 "끈끈이 탄에 붙음" 정도로 하겠습니다.

편집장: 좋네요. 옥상 끝자락에서 내려다보니 사람들이 위험에 빠졌어요. 그래서 당신은 미사일을 일제 발사해서 괴물을 공격했고, 미사일에 맞은 괴물은 근처 편의점으로 튕겨 날아갔습니다. 로켓 몇 개가 더 날아가서 괴물을 끈끈이로 뒤덮네요. 편의점 안에서 김이 무럭무럭 피어오릅니다. 괴물은 명백하게 화가 난 것 같고, 끈끈이가 흐물흐물 녹아서 편의점 밖으로 흘러나와요. 마치 용암이 녹는 것처럼 김이 솟아오르네요. 그때, 앉아 있던 건물이 흔들리네요! 아까 분출된 불꽃 때문에 건물 기반이 피해를 받은 것 같습니다. 건물이 요동치고, 앉아 있던 끝자락도 무너졌네요. 센티넬은 옥상에서 뛰어내려 강하게 착지합니다. 건물은 곧 완전히 무너질 거 같네요. 피해받지 않는 선택은 하지 않았죠? 그러니 경미한 상태로 "오른발 부위가 고장남" 을 받으세요. 어떻게 할래요?

예시 2

편집장: 텅 빈 줄만 알았던 경기장 안에 느닷없이 수많은 무리가 나타나 짐에게 몰려옵니다. 다들 기이한 문양이 그려진 가면을 쓰고 있어요. 이 중 하나는 제트팩을 등에 메고 날아옵니다. 무척 크고 위험하게 보이는 대포 같은 걸 장착하고 말이지요. 다른 사람들 역시 금방이라도 발사할 듯이 번득이는 광선총으로 무장했습니다. 사람들이 사방에서 밀려들어요. 아무것도 안 하면 완전히 포위될 것 같습니다. 어떻게 할래요?

짐: 좋아요. 저기 날아오는 녀석은 좀 위험해 보이기는 하지만 분명 두목이겠죠. 저자를 제압해 보겠습니다!

편집장: 어떻게요? 이자는 제트팩을 장착했어요. 짐처럼 땅 위만 뛰어다니는 히어로에게는 좀 골치 아픈 상대죠.

짐: 그런 꿍꿍이가 있었군요! 제트팩이 골칫거리라는 거죠? 날지 못하게 만들면 되겠네요. 이렇게 해 보겠습니다. 우선 팽이처럼 빙빙 돌아 회오리바람을 만들어서 졸개들을 휩쓸어 버릴게요. 그리고 휩쓸려 오는 졸개 중 하나를 붙잡아서 마구 돌렸다가 저 날아다니는 녀석한테 대포알처럼 쏘겠습니다!

편집장: 좋아요. 멋진 계획이네요. 어서 굴려 보세요. 제압하기 판정이고, +기교로 판정합니다. 잘 나오나 결과를 보죠!

짐: 오, 대단해... **기교**를 더하니까 12가 나왔어요!

편집장: 끝내주네요. 이제 세 가지 선택으로 뭘 고르고 싶어요? 그냥 졸개들한테 피해를 주고 제트팩을 맨 적을 공격하고 싶나요?

짐: 음... 좋아요. 저 녀석이 목표에요. 우선 주변을 돌아서 회오리바람을 만들어서 모든 졸개를 감쌀게요. 선택 1을 선택해서 무리 규모를 1 낮추겠습니다.

편집장: 알겠습니다. 10명이 제압됐어요!

짐: 좋습니다. 나머지 선택 두 개로... 휩쓸린 졸개 한 명을 잡아서 계속 돌다가 날아다니는 녀석한테 던지겠습니다. 그래서 선택 2로 이점 하나, 저 제트팩을 제거하죠!

편집장: 재미있네요. 좋습니다. 짐이 만든 회오리가 앞장서서 달려오던 졸개들을 강하게 빨아들였습니다. 바람에 휩쓸린 적들은 폭풍의 눈인 짐 쪽으로 끌려들어 오다가, 다시 사방으로 뿔뿔이 흩어져서 벽이나 경기장 의자 등으로 나동그라졌습니다. 그리고 짐은 바람에 날리는 부하 중 한 사람을 붙잡아서 두목에게 던졌습니다. 날아오던 두목은 부하와 부딪히기 전에 얼른 제트팩의 끈을 풀고 아래로 떨어졌습니다. 가엾은 부하는 그대로 제트팩에 부딪혀 폭발했고요. 두목은 몇 미터 아래로 착지한 다음, 머리 위에서 폭발이 일어나는 가운데에서도 성큼성큼 걸어와 대포를 발사해서 짐을 거세게 벽으로 내팽개쳤습니다. 두목의 목소리가 들립니다. 여자네요. "파울 볼!" 안타깝네요, 짐. 벽에 부딪혔기 때문에 경미한 상태 "살짝 뇌진탕이 일어남"을 받으세요. 다시 싸움에 뛰어들려면 잠시 가만히 있어야 할 거예요.

예시 3

편집장: 우주의 신은 마나트를 마치 개미 보듯 내려다봅니다. 입을 여니 도시 전체가 뒤흔들리네요. 차의 경보기가 요란하게 울리고, 동물들은 모두 숨어버립니다. 사람들은 신음을 지르며 도망가고요. 마나트가 무슨 수단을 쓰든 저 신에게는 상처 하나도 주지 못할 거 같네요. 이제야 마나트가 거기 있다는 걸 알았다는 듯이 신이 말합니다. "너는 누구냐? 이 강대한 힘을 보고도 두려워하며 숨지 않는 너는 누구냐?"

마나트: 젠장. 내 공격은 전혀 먹힐 것 같지 않다고 했나요? 상태 세 개를 다 써서 **심각한 상태**를 골라도 말이죠? 그럼 작전을 바꿔보죠. "주위를 둘러보세요! 나뿐만이 아닙니다! 우리는 고향을 지킬 것입니다! 보호해야 할 사람이 있으니까! 당신도 그래왔지 않았습니까! 당신이 한때 얄마아인들의 신이었다는 사실을 알고 있습니다! 지금처럼 파괴를 부르는 존재가 아니라!"

편집장: 신은 고개를 돌려 당신을 바라봅니다. 신의 눈이 마치 별들이 명멸하는 것처럼 환하게 타오릅니다. 마나트, 달 기지에서 알아낸 사실을 사용하는 거죠?

마나트: 예. 저 신의 인간성… 그러니까 외계인성에 호소해 보겠습니다.

편집장: 아주 재미있는 방법이네요. 좋습니다. 그럼 +영향으로 굴려보죠. 얼마나 흔들리는지 보겠습니다.

마나트: 10! 선택 세 개 모두를 상태 주기로 쓰겠습니다. 또 언제 이런 기회가 오겠어요. "정체성의 위기"라고 부르죠. 보아하니 과거를 기억하지 못하는 것 같으니까요. "기억합니까, 세티아?"

편집장: 당신이 그 이름을 부르는 순간, 압도적인 힘이 당신을 덮칩니다. "무어라!" 목소리만으로도 당신은 뒤로 나동그라집니다. 귀에서 피가 뚝뚝 흐르네요. 큰 상태를 받으세요. "감각이 마비됨"입니다. 귀가 징 울리고, 눈은 타오르듯 뜨겁네요. 마치 숨막힐 듯한 느낌입니다. 세티아가 무어라고 말하는지는 모르겠지만, 그 거대한 손이 이쪽으로 뻗어옵니다. 어떻게 할래요?

예시 4

편집장: 센티넬, 상대는 매번 공격을 맞을 때마다 더 강해지는 것 같아요. 몸도 점점 더 좋아지고요. 상대의 근육이 부풀어 오르기 시작하고, 태도도 더 거만해졌습니다. 당신 주먹의 힘을 마치 스펀지처럼 흡수한 것 같네요. 칸논, 당신은 아직 그늘 속에 숨어있고, 아직 들키지는 않았어요. 이 유리한 상황을 어떻게 활용할 건가요?

칸논: 음... 저 자가 맞기 전에는 뼈만 앙상한 모습이었죠? 그리고 무언가 에너지를 방출할 때마다 몸이 쪼그라든다고 했고. 이렇게 해보겠습니다. 저자를 계속 붙잡고만 있을게요. 손 네 개를 모두 써서 꼭 붙들겠습니다. 저 자가 주먹을 휘두르든, 뭘 하든 힘을 다 써버릴 때까지요.

편집장: 알겠습니다. 제압하기를 시도한다는 거죠. 상대를 단단히 누르면서 발악을 견디는 거니까... +보호로 굴리세요. 공격을 참으면서 악당을 제압하는 방식은 보기 드문데, 아주 멋지군요.

칸논: 좋았어! 성공했네요. 어느 정도는 말이지요. 8입니다. 두 개를 선택할게요. 우선 붙잡는 동안 피해를 받고 싶지는 않으니까 피해받지 않기를 선택하겠습니다. 다른 하나는 몸을 조르면서 **경미한 상태**를 주는 거로 하죠. "으스러지게 껴안기!" 이 정도면 명확한가요?

편집장: 아주 좋아요. 칸논은 그늘 속에서 뛰어나와 상대가 반응하기도 전에 단단히 붙습니다. 팔 네 개로 꼭 감싸서 완전히 움직이지 못하게 만들었고요. 상대가 몸부림을 치면 칠수록 몸이 쪼그라드는 게 눈에 띌 정도입니다. 하지만 경미한 상태일 뿐이고, 아까 에너지를 많이 흡수한 덕분에 상대는 손 하나를 어떻게든 자유롭게 푼 다음에 칸논을 후려치기 시작합니다. 칸논은 계속 꿋꿋이 버티지만, 상대의 한 손이 빛나기 시작하네요. 아무래도 에너지파를 쓰려는 것 같습니다. 무언가 하지 않으면 바로 눈앞에서 에너지파를 맞을 거 같아요. 센티넬, 칸논을 도와주고 싶나요? 어떻게 할래요?

상태의 정도는 이야기 속에서 어떤 일이 일어났는지 규칙상 효과를 줄 뿐만 아니라, 히어로가 얼마나 효과적으로 공격했는지를 나타내기도 합니다. 이는 상태를 줄 때 알아야 할 가장 중요한 사항입니다. 플레이어는 제압하기를 할 때 '상태 주기' 선택지를 선택해서 상태 정도를 높일 수 있지만, 모든 적이 항상 상태 효과를 최대로 받지는 않습니다. 예를 들어 전기 파워를 사용하는 악당에게 전기로 공격한다면, 선택지 세 개를 모두 '상태 주기'로 선택해 심각한 상태를 준다고 하더라도 원하는 효과를 얻기는 어렵습니다. 피해를 아예 주지 못할 수도 있고, 잘해봤자 경미한 상태를 줄 뿐입니다. 물론 머리 위로 건물을 무너뜨리거나, 약점을 파악하기 등은 얼마든지 가능합니다.

때로 히어로들은 악당들과 싸우면서, 우선 효과적인 수단이 무엇인지 찾은 다음 이야기 속에서 여러 가지 방법을 시도해야 합니다. 시도한 방법 중 일부가, 혹은 전부가 제압하기를 발동할지도 모릅니다. 하지만 모든 시도가 항상 효과적일 것이라는 보장은 없습니다. 히어로들은 상대에게 어떤 상태를 얼마나 강하게 주어야 효과가 있는지 알아낼 수도 있고, 알아내지 못할 수도 있습니다. 알아내지 못하더라도 좋습니다. 늘 효과적으로 싸우는 것은 생각보다 재미없으니까요.

장악하기

다른 캐릭터와 특정한 목표나 물건을 두고 겨루면, 머리로든, 힘으로든, 속도로든, 그 외의 어떤 방법으로든 상대를 어떻게 이길지 설명하세요. 편집장은 플레이어가 어떤 특성을 굴릴지 결정합니다. **10+면** 다음 중 두 가지를 선택합니다. **7~9면** 한 가지를 선택합니다:

- 겨루는 목표나 대상을 손에 넣습니다.
- 피해를 받지 않거나 불리한 처지에 놓이지 않습니다.
- 상대를 불리한 상황에 빠뜨립니다.

장악하기 분석
장악하기는 무언가를 얻거나, 되찾거나, 지배권을 다투는 등 주도권을 두고 겨룰 때 발동하는 액션입니다. 상대가 가진 무언가를 강제로 빼앗으려고 할 때도 **장악하기**가 발동합니다. 두 캐릭터가 귀중한 보물을 서로 차지하려 달려들거나, 무고한 시민을 인질로 잡지 못하도록 테러리스트와 겨루거나, 초능력으로 타인의 정신에 침입하거나, 체스 시합을 하거나, 과학자들이 서로 머리싸움을 하는 것도 모두 **장악하기**로 나타낼 수 있습니다.

장악하기를 발동할 때는 반드시 목표나 대상이 무엇인지 명확해야 하며, 캐릭터들이 이를 두고 겨뤄야 합니다. 사람의 마음인가요? 옥상 끝까지 누가 먼저 도달하는지 겨루는 시합인가요? 혹은 팔씨름인가요? 아니면 고양이 무리를 부하로 세뇌해서 처음에는 인터넷을, 결국에는 세상 전부를 지배하려는 악당 펠린이 손을 쓰기 전에 불타는 건물 속으로 들어가 고양이 스파클을 구출하는 것인가요?

장악하기는 a) 히어로와 상대 둘 다 같은 것을 손에 넣으려고 겨룰 때, b) 저항할 능력이 있는 상대의 소유물을 강제로 빼앗으려고 겨룰 때 발동합니다. 물론 상대가 히어로의 소유물을 강제로 빼앗으려고 할 때도 마찬가지입니다.

장악하기는 넓은 의미로 해석할 수 있지만, 반드시 위의 두 상황 중 하나여야 합니다. 예를 들어 플레이어가 강도를 편의점에서 쫓아내기 위해 **장악하기**를 사용하겠다고 선언했다고 칩시다. 판정에서 이기면 히어로는 편의점을 장악하고, 강도는 밖으로 쫓겨나거나 어떤 방식이든 플레이어가 원하는 대로 될 것입니다. 하지만 사실 강도는 편의점이 어떻게 되든 신경 쓰지 않겠지요. 아닌가요? 강도는 그저 돈을 챙겨서 빨리 빠져나가기를 바랄 뿐이지, 편의점을 자신의 요새로 만들려고 하지는 않을 것입니다. 따라서 이 경우 **장악하기**는 아무 의미가 없습니다. 플레이어는 장소를 장악했지, 강도를 장악한 것이 아니니까요. 하지만 만약 강도가 계산대 뒤로 몸을 날려 점원을 인질로 붙잡으려 할 때 초고속 능력을 갖춘 히어로가 먼저 인질을 구출하려 든다면 **장악하기**가 발동합니다. 또한, 히어로가 강도의 총을 빼앗으려고 시도할 때 강도가 저항할 경우에도(물론 강도가 저항할 능력이 있다면) **장악하기**가 발동합니다.

판정에 성공하면 몇 가지 선택을 할 수 있습니다. **10+면** 두 가지를, **7~9면** 한 가지를 선택합니다. **장악하기**로 고른 선택은 **예비**와는 달리 당장 사용해서 이야기에 반영해야 합니다.

겨루는 목표나 대상을 손에 넣습니다: 상대의 정신에 파고들거나, 상대가 플레이어의 정신에 파고들려 했나요? 플레이어가 정신을 차지합니다. 마법 물품을 잡으려고 상대와 동시에 뛰어들었나요? 플레이어가 손에 넣습니다. 결승점을 향해 질주를 했나요? 플레이어가 결승점에 먼저 도착합니다. 말싸움을 했나요? 플레이어가 결정적인 발언을 하거나 재치 있게 이깁니다.

피해를 받지 않거나 불리한 처지에 놓이지 않습니다: 히어로는 대결이 끝난 후에도 위태로운 상황에 놓이지 않습니다. 이 선택을 고르지 않는다면 위태로운 상황에 빠지기 쉽습니다. 예를 들어 지붕 위에서 상대와 동시에 뛰어들어 총을 먼저 잡았어도 미끄러져서 처마 끝에 매달린다든가, 심지어 곧바로 추락할 수도 있습니다. 혹은 상대방과 말싸움을 해서 이기더라도 다른 사람들에게 비난을 받거나, 오해를 살 것입니다.

상대를 불리한 상황에 빠뜨립니다: 총을 먼저 잡기 위한 대결에서 이 선택을 고르지 않았다면, 상대는 플레이어가 먼저 총을 잡을 것이라 직감하고 얼른 몸을 빼서 엄폐물 뒤로 숨을 것입니다. 하지만 이 선택을 골랐다면 총을 잡은 다음 곧바로 상대에게 겨눌 수 있습니다. 말싸움이라면 상대는 굴욕을 받거나, 다른 사람에게 심한 비난을 듣거나, 무언가를 해명해야 할 것입니다. 옥상에서 중요한 물건을 두고 다툰다면 상대는 균형을 잃고 옥상 가장자리에 매달리거나 떨어질 것입니다.

예시 1

편집장: 도시는 산산이 조각나고 있습니다. 빅 배드 울프가 내뿜는 공포의 기운이 도시 전체로 뻗으면서 사람들이 하나둘씩 광포한 늑대처럼 날뛰기 시작해요. 책상 위에 있는 계획을 보니, 코넌드럼이 제조한 가스가 곧 이 효과를 가속할 거 같네요. 앞에 있는 컴퓨터를 통해 코드를 입력하면 도시 전역에 가스가 방출될 것입니다. 그런데 갑자기 화면에 명령 프롬프트 창이 열리고, 명령어가 입력되면서 무수한 스크립트가 눈 깜짝할 사이에 주르륵 내려갑니다. 무슨 일인지 알겠죠? 누군가가 원격으로 이 컴퓨터에 접속해서 초읽기를 시작했네요. 아마 가스가 방출되도록 코드를 입력하는 중인 것 같습니다. 어떻게 할래요?

마나트: 물론 컴퓨터를 써서 멈출 거예요!

편집장: 키보드를 건드리자 화면이 깜깜하게 변하더니, 프로그램 코드들이 이리저리 움직여서 코넌드럼의 얼굴로 바뀝니다! "안 되지 안돼. 마법의 주문을 외어야지." 말이 끝나자 화면이 정지되면서, 패스워드를 입력하라고 나오네요.

마나트: 젠장! 초읽기가 끝나기 전에 해킹을 시도하겠습니다.

편집장: 좋아요. 코넌드럼이 그리 쉽게 해킹을 허용할 거 같지는 않으니까, 장악하기를 시도하는 것 같네요. +관찰로 굴려보세요. 아마 패스워드는 수수께끼의 답인 것 같습니다. 화면에서 목소리가 나옵니다. "몸이 두 개인데 하나로 합쳐졌고, 가만히 서 있을수록 더 빨리 달리는 건 무엇?"

마나트: 어휴, 답은 전혀 모르겠지만, 판정 결과는 7입니다. 신이여 감사합니다. 선택 하나를 수수께끼 해답에 써서 초읽기를 막겠습니다!

편집장: 좋아요! 답을 풀었군요! 당신은 수수께끼를 곰곰이 생각해보면서 가스 폭탄이 터질 중심 지점을 살펴봤습니다. 물론 코넌드럼이 항상 드나드는 장소인 헬스 키친에 있습니다. 그가 보유하다가 다른 사람에게 넘긴 장소 같아요. 재미있게도, 그 장소의 이름은 모래시계 술집입니다. 머릿속에 퍼뜩 생각이 떠오르네요! 당신은 얼른 키보드를 두들겨 모-래-시-계를 입력했습니다. 그러자 초읽기가 멈추고 화면이 정지하네요. 잠시 후 무언가 폭발음이 들리고 땅이 흔들리기 시작합니다. 어떻게 할래요?

마나트: 당장 여기서 나갑니다. 최대한 빨리 뛸게요!

예시 2

편집장: 빅 배드 울프는 잔햇더미 위에 우뚝 서 있습니다. 주위에는 시민들이 호위하듯 빙 둘러쌌습니다. 빅 배드 울프가 절대적인 지배력을 행사해서 경찰들과 싸우라고 명령하는 것 같네요. 그가 어떻게 사람들을 장악한 것인지는 모르겠지만, 목소리를 들으니 마치 말 하나하나가 마음속에 파고들어서 무겁게 짓누르는 것 같습니다. 빅 배드 울프의 의지에 맞서서 정신을 집중하기가 무척 힘듭니다. 어떻게 할래요?

센티넬: 사람들한테 외칩니다. "뉴욕 시민 여러분! 당장 멈추고 지금 자신이 뭘 하는지 보십시오! 여러분은 지금 이 도시를 파괴하려는 악당을 지키기 위해 여러분을 보호하려는 사람들과 싸우고 있습니다!" 이렇게 말하면서 빅 배드 울프의 강화복에서 나오는 주파수를 검색해봅니다. 아마 무언가 파장을 사용해 신호를 보내는 것 같습니다. 아마 빅 배드 울프가 가진 마법의 물체가 그걸 증폭하는 거겠죠. 저자가 저를 노리더라도, 일단 사람들을 조종하는 걸 막고 싶어요!

편집장: 좋습니다. 빅 배드 울프는 당연히 사람들을 계속 제어하려 할테니, 당신의 주파수 가설이 맞는지 한번 봅시다. 이번 판정에서는 시민들이 당신의 말에 실제로 흔들리는지를 아는 것보다는 주파수를 탐지하고 분석하는 거에 중점을 두었으니 +관찰로 굴려보죠.

센티넬: 알겠습니다. 맞는 말이네요. 야호, 10! 당연히 시민들의 통제권을 장악한 다음 빅 배드 울프를 불리한 상황에 빠뜨리겠습니다. 시민들은 무슨 일이 일어나는지 깨닫는다면 당연히 등을 돌리겠지요. 주파수를 차단한 다음 효과를 없애기 위한 반대 신호를 보내겠습니다.

편집장: 괜찮은 계획 같습니다. 당신은 소리를 지르는 동시에, 계속 사람들을 지배하려 드는 빅 배드 울프의 신호를 차단해서 사람들에게 정신을 차리게 합니다. 그렇게 애를 쓰는 동안 빅 배드 울프가 점점 가까이 옵니다. 그러면서도 강화복을 계속 만지작거리네요. 아마 당신이 한 행동에 어떻게든 대응하려는 것 같습니다. 그런데 갑자기 사람들이 몇 초 동안 비틀거립니다. 마치 현기증을 느낀 것처럼 보이지만, 곧바로 몸을 일으켜 세우네요. 이제 더는 혼란스러워 보이지 않습니다. 사람들은 마치 뭘 해야 하냐고 물어보듯이 일제히 당신을 쳐다봅니다. 이 정도면 빅 배드 울프가 크게 불리한 상황에 빠졌다고 할 수 있겠죠. 어떻게 생각하나요?

무리하기

파워 목록에 없는 능력을 무리해서 발휘하면, 간단함, 힘듦, 한계선 중 어느 수준의 능력을 발휘하려는지 확인한 다음 수정치 없이 판정하세요. 10+면 능력을 사용한 다음 파워 목록에 추가합니다. 7~9면 능력을 사용할 수 있지만 파워 목록에 추가할 수는 없으며, 편집장은 불리한 거래나 어려운 선택을 제시합니다. 또한, 히어로는 사용한 능력의 수준이 간단함이면 경미한 상태, 힘듦이면 큰 상태, 한계선이면 심각한 상태를 얻습니다. 6-면 7~9와 같이 상태를 받을 뿐만 아니라 편집장이 액션을 합니다.

무리하기 분석
무리하기는 파워 목록에 없는 능력을 발휘할 때 발동하는 액션입니다. 이미 파워 목록에 있는 능력을 발휘할 때는 이 액션을 발동할 필요가 없습니다. 원래 가진 능력으로 어떻게 가능한지 설명할 수 있다면 그냥 사용하세요. 파워 목록에 없는 능력을 발휘하려면, 우선 지금 할 일이 정말로 히어로의 파워로 가능한 일인지 확인합니다(히어로의 파워나 이점에 어울리는 일인가요? 지금 당장 벌어지는 상황에 어울리나요?). 가능한 일이라면 기존 파워 목록에 있는 비슷한 능력과 비교해서 간단함, 힘듦, 한계선 중 어느 수준의 파워를 사용해야 하는지 결정합니다. PC가 어떤 히어로이며 얼마나 강력한지를 고려해서 지금 할 일이 a) 이전에 해 보지는 않았지만 별 노력 없이 쉽게 할 수 있는 일인지, b) 시간이 좀 들거나, 노력을 많이 기울이는 등 어느 정도 수고를 들여야 할 수 있는 일인지, c) 가능은 하지만 한계까지 자신을 밀어붙여야 하며, 몇 날 며칠이 지난 다음에도 후유증을 느낄 만큼 어려운 일인지 정하세요. 이는 히어로가 짜낼 능력이 간단함, 힘듦, 한계선 중 어느 수준인지 알아야 할 뿐만 아니라, 판정 결과가 9 이하일 때 히어로가 **경미(간단함일 때), 큼(힘듦일 때), 심각(한계선**일 때) 중 어느 상태를 받을지도 결정해야 하기 때문입니다.

무리하기를 발동해 상대에게 상태를 주려 한다면 어떻게 해야 할지 편집장에게 물어보세요. **무리하기**에 성공했다면 히어로가 행동에 성공했음을 의미하므로, 판정 결과가 이후 행동에 반영됩니다. 예를 들어 히어로가 **무리하기** 행동으로 불덩어리를 던져 악당에게 피해를 주려고 한다면, 판정에서 **10+**이 나올 경우 **제압하기**에서 10을 굴린 것처럼 효과를 받습니다.

무리하기에는 아무 수정치도 더하지 않습니다. 파워를 원래 능력 이상 짜내는 노력은 절대 쉽지 않습니다(이번 판정이 얼마나 중요한지, 무엇이 걸렸는지에 따라 인연 점수 소모도 생각해 볼 만 합니다)

10+면 히어로는 단순히 원하는 대로 파워를 발휘했을 뿐만 아니라, 새로 사용한 능력을 파워 목록에 추가합니다. 즉, 이후에 같은 행동을 다시 하려고 할 때는 **무리하기**를 다시 발동할 필요가 없습니다. 히어로는 이제 파워를 지금 방식으로 사용하는 법을 숙달했기 때문에 똑같은 행동을 반복하더라도 충분히 해낼 수 있습니다.

7~9면 히어로는 파워를 발휘했지만, 원래 계획대로 되지는 않습니다. 파워를 제어하지 못했거나, 생각보다 약하게, 또는 강하게 발현되었거나, 예상치 못한

부작용이 생긴 것일지도 모릅니다. 즉, 히어로는 새로 사용한 능력을 파워 목록에 추가하지 못합니다. 원하는 대로 파워를 사용하기 위해 여전히 더 연습이 필요한 것입니다. 그래서 히어로는 파워를 제대로 발휘하지 못했을 뿐만 아니라, 불리한 거래나 어려운 선택도 감수해야 합니다("원하는 대로 할 수 있습니다. 하지만…" 또는 "원하는 대로 하려면…"). 이에 더해서, 히어로는 얼마나 어려운 능력을 시도했는지에 따라 **경미한 상태(간단함), 큰 상태(힘듦), 심각한 상태(한계선)** 중 하나를 받습니다.

6-면 어떤 일이 일어났는지 편집장이 정하세요. 히어로는 시도한 능력의 수준에 따라 상태를 받을 뿐만 아니라, 편집장에게 행동 결과를 전부 맡겨야 합니다. 히어로가 성공했는지, 파워의 제어에 실패했는지, 부작용이 생겼는지, 다른 일이 일어났는지는 모두 편집장 마음입니다.

> **편집장:** 좋아요, 칸논. 당신은 잔햇더미 아래 깔렸습니다. 잔해 사이로 희미하게 빛줄기가 비추는 것을 보니 아주 깊숙이 묻힌 것 같지는 않습니다. 하지만 바위가 무척 무거워요. 마치 건물 전체가 당신 위로 무너진 것처럼 느껴지네요. 무게가 어마어마합니다. 당장 무언가를 하지 않으면 방금 구한 사람이 질식해서 죽을 겁니다. 바위에 너무 눌려서 숨을 못 쉬는 것 같네요. 어떻게 할래요?

> **칸논:** 음. 몸을 최대한 바깥쪽으로 벌려서 바위를 밀어내보겠습니다. 그러니까 몸의 형태를 일부 바꾼 다음, 내 무게와 근력을 사용해 이 지역 전체에 있는 잔해들을 한꺼번에 밀어내고 싶네요.

> **편집장:** 이전에 해 본 일인가요? 그러니까, 당신이 사지를 몸 여기저기로 이동시키는 능력이 있는 건 저도 알지만, 몸의 형태를 바꿀 수도 있나요?

> **칸논:** 아직은 못하죠. 그래도 해보려고 노력 중이었던 일이기는 해요. 제 파워의 한계 내에서 충분히 할 수 있는 능력입니다. 힘듦 수준 정도라고 생각해요. 아직 실제로 해 본 적은 없으니까요. 나중에도 계속 활용하고 싶으니까 여기서 익히겠습니다. 그래서 인연 점수를 소모할게요. 제 종족인 논나이트들과 맺은 인연을요. 이걸 어떻게 플레이 내에서 나타낼지는 아직 잘 모르겠지만, 전투가 끝난 다음 막간에 좀 생각해 볼게요.

> **편집장:** 좋습니다. 굴리세요!

> **칸논:** 완벽하네요! 7이 나왔지만, 인연 점수를 소모했으니까 10+입니다. 선언한 대로 네 개의 팔 중에서 나머지 두 팔을 등 뒤로 쭉 늘린 다음 비행기 캐노피처럼 벌려서 등 위에 있는 잔해를 힘껏 밀어 올립니다. 그리고 이 능력을 파워 목록에 있는 '힘듦' 수준에 적겠습니다.

보호하고 지키기

눈앞에 닥친 위험에서 사람이나 물건, 장소를 지키면, **+보호**로 판정하세요. **10+면 예비**를 3점 받습니다. **7~9면** 1점 받습니다. 보호 대상을 지키는 동안 **예비**를 사용하면…

- 보호 대상 대신 자기가 공격을 받습니다.
- 공격의 효과나 상태의 정도를 줄입니다(**예비** 1점을 소모할 때마다 한 단계씩 낮춥니다)
- 공격자에게 빈틈을 만들어 지정한 아군이 그 공격자에 대한 다음 판정에 보너스를 받습니다(**예비** 1점을 소모할 때마다 보너스 +1씩 받습니다)
- 지키는 대상과 새로운 인연을 맺습니다. 이미 인연이 있다면 1점 올립니다.

보호하고 지키기 분석
보호하고 지키기는 피해를 각오하고 자신 외의 사람이나 물건, 장소 등을 지키는 액션입니다. **보호하고 지키기**를 발동하면 판정 결과에 따라 **예비**를 받습니다. **예비**는 지금 당장 사용해도 되고 나중에 사용해도 되지만, 그동안은 보호 대상을 지켜야 합니다. **보호하고 지키기**는 자신에게 닥친 위험에 대처하는 **위험 돌파하기**와 다릅니다. 간단히 설명하자면, **위험 돌파하기**는 자신을 지킬 때 발동하지만 남을 도울 때는 발동할 수 없습니다. **위험 돌파하기**는 판정 결과와 편집장의 생각에 따라 다른 사람을 위험에 빠뜨릴 수도 있습니다.

　　보호하고 지키기를 할지, **제압하기**를 할지는 지금 당장 무엇을 히어로가 무엇을 하려는 지에 따라 달라집니다. 몸으로 누군가를 지키려고 하나요? 아니면 상대를 쓰러뜨리려 하나요? **보호하고 지키기**는 위험을 해결하는 데는 도움이 되지 않습니다. 적을 쓰러뜨리려면 **제압하기**를 선택해야 합니다. 하지만 **제압하기**를 선택하면 위험에서 보호 대상을 지킬 수는 없습니다(물론 위험을 처리한다는 측면에서 본다면 또 다른 보호이지만). 그러므로 **제압하기**의 결과로 보호 대상에게 위험한 일이 일어날 수도 있습니다.

　　때로는 **보호하고 지키기**를 한 다음 곧바로 적에게 **제압하기**를 시도할 수도 있습니다. 이런 방법이 가능한지는 이야기 상황과 편집장의 생각에 달렸습니다. 동료들과 함께 움직인다면 사람들을 지키면서 적들과 싸우기 위해 서로 역할을 번갈아 가며 협력해야 할지도 모릅니다. 때로는 홀로 움직이면서 더욱 어려운 선택을 해야 할 것입니다. **보호하고 지키기**로 얻은 **예비**는 다음과 같이 사용할 수 있습니다:

　　보호 대상 대신 자신이 공격받습니다: 예비 1점을 사용하면 보호 대상을 노린 공격이나 광범위한 공격이 전부 히어로에게 집중이 됩니다. 히어로는 공격의 대가를 모두 받아야 합니다.

　　공격의 효과나 상태의 정도를 줄입니다: 예비 1점을 사용할 때마다 공격의 효과를 낮추어서 피해의 심각성을 줄입니다. **심각한 상태**를 주는 공격을 **예비** 1점을 사용해서 효과를 낮추었다면 **큰 상태**로 낮아집니다. 마찬가지로 **큰 상태**는 **경미한 상태**로, **경미한 상태**는 아예 효과를 없앱니다. 편집장은 **예비**를 써서 공격의 효과를 줄일 수 있는지, 줄일 수 있다면 **예비**를 몇 점이나 사용해야 효과를 없앨 수 있는지 플레이어가 묻는다면 알려주어야 합니다.

예를 들어 적 정신능력자가 친구의 정신에 침투해서 정보를 빼내려 한다면, 역시 정신능력자인 히어로는 **예비**를 사용해 정신 장벽을 치거나 정신 손상을 줄일 수 있습니다. 이 경우 적은 단편적인 정보만 얻거나, 다시 조사하지 않으면 의미를 파악할 수 없는 영상만 얻을 것입니다. 또한 외계 정신체에게 완전히 정신지배를 당하는 상황과 의식은 남아있어 저항을 시도할 수 있는 상황 사이에는 큰 차이가 납니다.

때로는 상태의 심각성을 줄이는 대신 다른 방식으로 공격 효과를 낮출 수도 있습니다.편집장은 플레이어가 적절하게 방법을 제시한 다음 **예비**를 사용하면 공격의 효과를 낮추세요. 건물에 미사일이 떨어진다면 어떤 방법을 쓰든 건물의 상당 부분이 부서지겠지만, **예비**를 사용해 폭발 지점을 바꾸면 시민들을 보호하거나 건물 구조에 가해지는 피해를 줄일 수 있습니다. 이와 같은 상황에서 플레이어는 **예비**를 사용하기 전 편집장에게 **예비** 사용이 얼마나 큰 효과가 있는지 물어볼 수 있습니다.

공격자에게 빈틈을 만들어 지정한 아군이 그 공격자에 대한 다음 판정에 보너스를 받습니다: 예비를 1점 사용할 때마다 지정한 아군은 그 공격자에 대한 다음 판정에 +1 보너스를 받습니다. 2점을 사용하면 +2, 3점을 사용하면 +3을 받습니다. 적은 공격이나 행동을 할 때 빈틈을 노출하거나, 히어로가 허를 찔러서 불리한 상황에 놓입니다.

지키는 대상과 새로운 인연을 맺습니다. 이미 인연이 있다면 1점 올립니다: 예비를 사용하면 지키는 대상은 몸을 바쳐 자신을 보호한 히어로와 관계가 깊어지거나, 새로운 관계를 맺게 됩니다. 언제나 그렇듯 이야기 속에서 타당한 이유를 만들어야 합니다. 다른 PC를 보호하고 이 선택을 하면 다른 PC도 함께 서로 인연을 1점 올릴 수 있습니다. 하지만 이는 해당 PC의 플레이어가 선택합니다(인연을 올리기 거부했다면, 동료는 PC의 행동에 큰 의미를 부여하지 않은 것일 수도 있습니다. 혹은 PC 자신만 일방적으로 동료와 인연이 더 깊어졌다고 믿는 것일지도 모릅니다).

특정한 액션으로 얻은 예비는 다른 행동에 사용할 수 없습니다. 즉, **보호하고 지키기로** 얻은 예비는 보호하고 지키기 위해서만 사용할 수 있습니다.

편집장: 절반은 인간, 절반은 기계인 사이보그가 갑자기 앞으로 뛰어갑니다. 기어와 모터가 윙윙대며 돌아가네요. 사이보그는 센티넬에게 곧바로 달려갑니다. 센티넬은 지금 귀엽고 깜찍한 고아들을 건물에서 내보내느라 정신이 없어요. 아이 중 몇 명은 역시 귀여운 새끼 고양이를 안고 있네요. 사이보그는 기계 부분을 제외하더라도 최소 150kg 정도는 되어 보이는 근육 덩어리인데, 놀랄 만큼 빠른 속도네요. 어떻게 할래요, 퀠?

퀠: 이런! 센티넬은 저 사이보그가 오는 걸 모르죠? 앞으로 뛰어들어서 보호하겠습니다!

편집장: 보호하고 지키기를 발동한 것 같네요. 맞죠?

퀠: 맞습니다. 와, 정확히 10이네... 좋아요. 사이보그가 충돌하면 무척 아플 테니, 예비 2점 정도면 피해를 완전히 없앨 수 있나요?

편집장: 몸을 아직 회전하지 않았으니까, 빨리 끼어들면 예비 1점으로 공격을 흡수할 수 있습니다.

퀠: 훌륭해요! 좋습니다. 그럼 다른 예비 1점으로는 센티넬과 인연을 1점 올리겠어요. 센티넬이 좋다고만 하면...

센티넬: 당연하죠!

퀠: 그리고 마지막 예비로는 사이보그의 빈틈을 만들어서 센티넬이 U튜브에 새끼 고양이 동영상 올리는 일이 끝난 다음 무언가 멋진 걸 하도록 도울게요.

센티넬: 억울해! 고양이 동영상 올리는데 정신이 팔린 사람으로 만들다니! 고아들을 구하느라 바쁜 건데!

편집장: 좋아요, 어디 제가 잘 이해했나 봅시다. 기어와 모터 소리를 요란하게 내면서 사이보그가 앞으로 돌진합니다. 퀠은 이를 알아차리고 속력이 붙기 전에 얼른 끼어들었습니다. 지금 수준으로도 충분히 건물을 무너뜨릴 만한 힘이네요. 퀠이 사이보그를 가로막자 방출된 에너지 때문에 지면이 갈라졌지만, 대부분 에너지는 퀠이 흡수했어요. 센티넬은 그제야 이쪽을 봅니다. 퀠도 센티넬이 무사한지 고개를 돌려 보았습니다. 투명한 HUD 안으로 보이는 센티넬의 이마가 땀으로 흠뻑 젖었네요. 올리던 U튜브 화면은 멈췄네요. 센티넬도 알다시피 퀠한테 빚을 졌어요. 사이보그가 허를 찔려서 당황한 사이에 퀠은 사이보그의 팔을 후려쳐서 위로 쳐들게 했습니다. 몸통이 완전히 비었네요. 이 정도면 괜찮아요?

퀠: 옙!

편집장: 좋습니다. 센티넬, 어떻게 할래요? 사이보그는 무방비입니다.

주변 환경 이용

목적에 맞게 주변 환경을 이용하면, 편집장은 다음 중 한 가지 이상을 플레이어에게 알려주세요.

- 곧 부서집니다. 사용할 수 있을 때 얼른 사용하세요.
- 위험합니다. 편집장은 어떻게 위험한지 알려주세요.
- 효과가 무척 강력합니다. 편집장은 어떻게 유용한지 알려주세요.
- 사용할 수는 있지만, 부작용이 따릅니다. 편집장은 어떤 부작용인지 알려주세요.

주변 환경 이용 분석

주변 환경 이용은 주변 환경이나 사물을 특정 목적으로 이용할 때 발동합니다. 히어로는 도로를 산산조각내거나, 차를 던지거나, 가로등을 야구방망이처럼 휘두를 수 있습니다. 어쩌면 공사 현장으로 적을 유인해서 콘크리트 반죽에 빠뜨릴 수도 있고, 철골이나 전선으로 적을 묶을 수도 있으며, 전기가 흐르는 전선으로 장비를 충전하거나 소화전을 사용해 추적하는 졸개들을 쓰러뜨릴 수도 있습니다. **주변 환경 이용**은 판정을 하지 않는 독특한 액션입니다. 이야기에 어울리게 설명만 할 수 있다면 얼마든지 가능합니다(초인적인 속도나 근력, 지능, 특수한 파워 등을 활용하세요). 히어로가 주변 환경을 이용해서 무언가를 하면, 편집장은 히어로가 무엇을 이용하는지, 그 결과 무슨 결과가 일어날지 다음 중 한 가지 이상을 선택해 알려줍니다.

곧 부서집니다: 아스팔트 조각이나 벽돌, 그 외의 약한 재료로 만든 사물은 한 번만 사용할 수 있는 사물입니다. 물이나 전기, 콘크리트 같은 환경은 시간이 지날수록 효과가 약해집니다(물의 수압은 곧 약해지고, 전기는 바닥나며, 콘크리트는 굳습니다).

위험합니다: 어떤 환경이든 이용하는데 위험이 따를 수 있습니다. 물이나 전기는 얼마 이용하지 못할 뿐만 아니라, 흡수하거나 제어할 때 위험이 발생할 수도 있습니다. 어쩌면 히어로나 다른 동료가 피해를 받을 수도 있고, 건물에 큰 피해를 주거나 그 외의 각종 위험한 상황이 발생할지도 모릅니다.

효과가 무척 강력합니다: 히어로는 무척 뛰어난 계획을 세웠거나, 큰 수수께끼를 풀었거나, 적들의 이점이나 병력을 없애버릴 방법을 찾았을 수도 있습니다. 적의 기술이나 신체가 전기, 물, 방사능, 철골 등에 무척 취약한 것일지도 모릅니다. 이는 플레이어에게 좋을 수도 있고 나쁠 수도 있습니다. 원래 의도 이상으로 효과가 강력할 수도 있기 때문입니다. 예를 들어 히어로가 특정한 부분만을 노리고 정확하게 공격을 하더라도, 실제로는 빌딩 전체가 무너지거나 적이 모두 죽을 수도 있습니다. 물론, 플레이어가 정확히 생각한 대로 효과가 일어날 수도 있습니다!

사용할 수는 있지만, 부작용이 따릅니다: 히어로가 의도하지 않은 다른 부작용이 일어날 수도 있습니다. 기둥을 뽑아서 적에게 던지면 건물 전체가 붕괴할 수 있으며, 도시의 전기를 끌어다 쓰면 구역 전체가 정전이 일어날 수 있습니다. 문을 떼어내 적에게 휘두르면 집 안에 숨은 가족이 위험에 노출될 것입니다.

편집장: 좋아요, 파일라. 당신은 철골에 세게 부딪힌 다음 일어났습니다. 철골은 충격을 받고 구부러졌네요. 건설현장 인부들은 그 자리에서 장비나 차량 등을 버려두고 얼른 달아납니다. 곧 폭력배 여러 명이 당신을 뒤쫓아 건설현장에 도착해서 못 발사기를 들어서 쏘네요. 못 몇 개가 픽, 소리를 내며 날아오고, 깜짝 놀란 당신 머리 바로 옆에 박힙니다. 적들은 살벌하게 씩 웃네요. 어떻게 할래요?

파일라: 레미콘 트럭 뒤를 활짝 열어서 콘크리트로 적들을 뒤덮어 버립니다. 그다음에 하늘 높이 날아올라 빠져나가죠.

편집장: 좋은 계획 같네요. 파일라에게는 무척 쉬운 일입니다. 그래서 할 수는 있지만 콘크리트가 굳으려면 몇 분 정도 걸릴 거에요. 그동안 적들은 회색빛 콘크리트 반죽 속에서 허우적대면서도 몇 발 정도 더 쏠 수 있습니다.

파일라: 문제없어요. 진짜 싸움이 일어나는 장소로 돌아가는 동안 저들 행동을 지연시키기만 하면 충분합니다.

위험 돌파하기

눈앞에 닥친 위험을 감수하고 행동하거나 버티면, 어떻게 대처할지 설명하고 판정하세요. 편집장은 플레이어가 어떤 특성을 굴릴지 결정합니다. **10+면** 히어로는 플레이어가 선언한 대로 위험을 피하거나 견딥니다. **7~9면** 위험을 모면하지만 편집장은 덜 좋은 결과, 불리한 거래, 또는 어려운 선택을 제시합니다.

위험 돌파하기 분석

위험 돌파하기는 위험에서 벗어나는 모든 행동을 포괄하는 액션입니다. **위험 돌파하기**는 자신을 지키거나 자신에게 닥친 위험을 피하는 액션이지만, **보호하고 지키기**는 남을 지키기 위해 위험을 대신 떠안거나 감수하는 액션임을 알아두세요. 즉, **위험 돌파하기**는 자신이 처한 위험을 다루며, **보호하고 지키기**는 다른 사람이 처한 위험을 다룹니다. **위험 돌파하기** 판정을 하기 전 반드시 어떤 위험이 닥칠지, 어떤 위험을 무릅쓰고 돌파해야 하는지 명확하게 정하세요. 그저 무슨 일이 일어날지도 모른다고 해서 **위험 돌파하기**를 하지는 않습니다. 이야기 속에서 위험이 실제로 분명하게 일어날 때, 그리고 눈앞에 닥칠 때 **위험 돌파하기**를 하세요.

때로 편집장은 히어로가 **경미한 상태**를 무시하고 무언가 행동한다면, **위험 돌파하기**를 요구해서 판정에 실패했을 때 큰 상태로 악화시킬 수 있습니다. 히어로가 다른 행동을 하기 전 먼저 무언가를 해야 할 때나 위험부터 피해야 하는 경우에도 **위험 돌파하기**가 필요할 수 있습니다. 예를 들어 히어로가 눈 앞의 적 부하들을 따돌리고 곧바로 악당을 공격한다면, 부하들 뒤에 있는 악당을 공격해서 제압하기로 상태를 주기 전 부하들을 제대로 지나쳤는지 확인하기 위해 **위험 돌파하기**를 판정해야 할 것입니다.

눈앞에 닥친 위험의 종류로는 밟고 지나가야 하는 무너질듯한 복도부터 악당이 쏜 우주 방사능 광선, 혹은 히어로의 비밀이 들통날 가능성까지 다양합니다. 히어로가 눈 앞에 닥칠 위험을 피할지, 어떻게 위험을 감수하고 행동할지, 어떻게 위험에 버티고 대처할지는 플레이어에게 달렸습니다. 편집장은 플레이어의 선언에 따라 판정에 사용할 특성을 선택합니다. 편집장이 고른 특성이 플레이어가 바라던 것이 아니거나 예상과 어긋난다면 서로 논의해서 히어로가 무엇을 하고, 플레이어가 무슨 효과를 기대하는지 명확하게 잡으세요.

- **10+면**, 히어로는 플레이어가 선언한 방식대로 위험을 모면합니다.
- **7~9면**, 히어로는 위험을 모면하지만 덜 좋은 결과, 불리한 거래, 또는 어려운 선택을 감수해야 합니다. 상대가 원래 의도한 효과보다 피해를 덜 받거나 히어로가 위험을 피하거나 제거하기 위해 시도한 노력이 생각보다 효과를 거두지 못했다면 덜 좋은 결과이며, 당장의 위험을 모면하기 위해 거래나 선택을 해야 한다면 불리한 거래입니다(거래를 거부할 경우 위험을 모면할 수 없습니다). 편집장이 제시하는 여러 가지 선택지 중 하나를 골라야 하면 어려운 선택입니다.

즉 **7~9면** 정도는 약하지만 여전히 위험이 발생해서 나쁜 일이 일어나거나, 위험에 대처하더라도 결국 곤란한 지경에 빠집니다. 어쩌면 위험을 돌파했지만 다른 나쁜 일이 발생한 것일 수도 있습니다. 아니면 그저 위험을 처리한 후 편집장이 약한 액션을 하는 것일지도 모릅니다(약한 액션은 p.145를 참조하세요). 어떤 일이 일어날지는 언제나 이야기에 따라야 하며, 눈앞에 닥친 위험 때문에 생긴 결과여야 합니다.

예시 1

편집장: 알겠어요, 마나트. 레드 스타랑 계속 주먹을 주고받을 건가요? 지금은 둘 다 힘들어 보이지만, 당신은 날카로운 공격을 얻어 맞고 주로 쓰는 오른팔에 경미한 상태를 받았죠. 어떻게 할래요?

마나트: 어떻게 할 거 같아요? 그래도 장갑에 힘을 축적한 다음 한 방 날립니다!

편집장: 정말요? 그럼 위험 돌파하기를 해야 합니다. 만약 주먹이 잘못 맞으면 팔이 부러질 위험이 있으니까요. 버틸 수 있는지부터 봅시다. 굴려 보세요. 공격을 버티다가 고통을 참고 공격하는 거니까 +보호로 굴립니다.

마나트: 문제없어요. 부러진 팔 따위는 보고 싶지도 않고 성공도 확실히 하고 싶으니 인연 점수를 소모하겠습니다. 게다가 스승인 레드 스타와 싸우는 거니까 당연히 레드 스타와 가진 인연을 1점 깎는 게 그럴듯하겠지요. 좋아. 9가 나왔지만, 인연 점수를 소모한 덕분에 10+입니다. 이제 제압하기도 굴릴까요?

편집장: 아뇨. 인연 점수도 썼는데 그냥 무슨 일이 일어났나 이야기해주는 건 어때요? 레드 스타에게는 큰 상태를 주겠습니다. 이 정도면 괜찮나요?

마나트: 물론이지요. 멋지네요! 좋아요. 레드 스타는 제가 지금 오른팔을 쓰면 성하지 못할 걸 알 테니 방심할 겁니다. 그래서 좀 더 가까이 와서 계속 잽을 날려요. 레드 스타가 저를 로프로 몰아붙였다고 생각하게 만든 다음, 아직 상태가 좋지 않은 제 오른팔을 붙잡도록 유도합니다. 그리고 바로 그때, 몸을 왼쪽으로 틀면서 오른손을 들어 레드 스타를 후려치겠습니다! 레드 스타는 제 주먹을 보지도 못합니다!

편집장: 멋져요! 레드 스타에게는 "눈에 띄게 당황하다" 라는 상태를 주겠습니다. 누가 더 센지 보여줬으니까요. 이제부터 레드 스타는 좀 더 방어에 치중할 겁니다. 그래서 당신은 숨 돌릴 틈을 벌었고요. 레드 스타는 예상하지 못했던 맹렬한 공격에 허를 찔렸고, 어쩌면 그 순간 당신이 자신을 능가했다는 사실을 깨달아서인지 심리적으로도 위축된 것 같습니다.

예시 2

편집장: 칸논, 사우다드는 지금 당신만을 노려봅니다. 사우다드 주변에는 길거리에서 볼 수 있는 잡동사니 파편들이 맴돌고 있고, 점점 속도가 빨라집니다. 갑자기, 파편 몇 개가 엄청난 속도로 날아옵니다. 그중 하나는 오토바이고, 나머지는 무척 큰 잔햇더미입니다. 어떻게 할래요?

칸논: 저 중에 하나라도 맞으면 절대 좋은 꼴을 보지 못할 거 같네요. 달려들어서 맞기 전에 파편들을 모두 주먹으로 때려 부수겠습니다!

편집장: 좋아요. 당연히 위험 돌파하기지요. +무력으로 굴리세요.

칸논: 이런, 8밖에 나오지 않았네요. 무슨 일이 벌어지나요?

편집장: 좋아요, 당신은 자신에게 날아오는 파편 일부를 산산조각내면서 피해를 줄였지만, 완전히 막지는 못했네요. 당신은 눈앞에 날아오는 할리 데이비슨을 부수다가 대형 쓰레기통에 거세게 맞아 벽으로 날아가 꼼짝달싹하지 못합니다. 하지만 강철 같은 피부가 이럴 때 참 좋죠. 타박상 같은 건 입지 않고 그저 "대형 쓰레기통과 벽 사이에 끼다"라는 가벼운 상태를 받습니다.

칸논: 허, 완전히 반죽이 되어 인도 위에 너부러지는 것 보다는 낫네요!

돕기/방해하기

인연을 맺은 다른 사람을 돕거나 방해하면, +인연으로 판정하세요. **10+면** 다음 목록에서 두 가지를 선택합니다. **7~9면** 한 가지를 고르지만 우선 극복해야 할 문제가 생깁니다. 또한, 히어로는 위험에 처하거나, 보복을 당하거나, 편집장이 제시하는 어려운 선택에 부딪쳐야 합니다.

- 위험한 상황이나 경로를 안전하게 만듭니다.
- 히어로는 해를 입지 않습니다.
- 상대의 다음 판정에 +1이나 -2를 줍니다.

돕기/방해하기 분석

돕기/방해하기는 다른 캐릭터의 행동을 돕거나 방해할 때 발동합니다. 히어로는 상대가 원활하게 행동하도록 도울 수도 있고, 반대로 행동을 어렵게 만들거나 아예 행동을 못 하게 막을 수도 있습니다. **10+면** 아래 목록에서 두 가지를 선택합니다. **7~9면** 아래 목록에서 한 가지를 고를 수 있지만 히어로는 위험이나 피해에 노출되거나, 원하는 행동을 하기 위해 편집장이 제시하는 여러 가지 선택지 중 하나를 골라야 합니다.

위험한 상황이나 경로를 안전하게 만듭니다: 히어로는 위험한 장소나 위치, 상황을 안전하게 만듭니다. 동료가 무사히 길을 지나가도록 전자 충격파로 전자기기나 지뢰를 무력화시킨 것일 수도 있고, 동료가 위험에 처하지 않고 행동할 수 있도록 적을 교란하거나 유인했을 수도 있습니다.

히어로는 해를 입지 않습니다: 히어로는 상대를 돕거나 방해하는 동안 자신에게 닥칠 수도 있는 공격이나 위험에서 아무 해를 입지 않습니다. 히어로는 공격을 피하거나, 미리 교란책을 준비했거나, 적의 사선에서 멀리 떨어지거나, 혹은 단순히 운이 좋은 것입니다.

상대의 다음 판정에 +1이나 -2를 줍니다: 히어로가 상대를 돕거나 방해하는 모든 행동을 포괄합니다. 히어로의 행동 결과 상대는 판정에 +1 보너스를 받거나 -2의 페널티를 받습니다. 이야기 속에서 벌어지는 돕기나 방해하기는 대부분 이 결과에 포함됩니다.

편집장: 상황을 살펴보니, 뒤집어진 전차 뒤에서 병사 몇 명이 모여 있는 게 보입니다. 주변에서 계속 폭발이 일어나서 군인들이 발이 묶인 것 같아요. 칸논은 군인들과 같이 있으면서 가까이 날아오는 박격포탄을 모두 쳐내고 있지만, 상황이 별로 좋지 않습니다. 생명의 위험을 무릅쓰지 않고서는 이쪽으로 올 수 없을 거 같아요. 그때, 당신이 기절시킨 경비병들이 정신을 차리고 뒤쪽으로 오는 소리가 들립니다. 마나트, 당신도 이제 안전하지 않아요.

마나트: 좋아요. 칸논에게 통신을 하겠습니다. "맨홀 뚜껑 보여? 거기로 내려가! 여기 하수도 설계도가 있어, 병사들과 안전하게 올 수 있도록 안내할 게. 어서 가!"

편집장: 돕기 같네요. 칸논과 인연이 얼마나 되죠?

마나트: 1밖에 안 돼요. 없는 거보다는 낫죠. 좋아요. 8이 나왔습니다. 아주 나쁘지는 않군요.

편집장: 칸논과 병사들이 기지로 대피하도록 경로를 확보하는 거죠? 그러기 위해서는 해를 입을 수도 있어요. 그리고 동료들이 돌아올 수 있게 무언가 문제를 해결해야 합니다. 괜찮나요? 예를 들어, 아까 이야기한 경비병들처럼요. 게다가 이들은 통신기를 가졌어요.

마나트: 물론이죠.

편집장: 좋아요. 칸논이 바닥을 부수고 하수도로 내려가는 동안, 당신은 길을 안내하기 시작했습니다. 그런데 갑자기 통신기가 찌지직거리더니, 칸논이 방향을 알려달라고 당신에게 지르는 소리밖에 들리지 않네요. 곧 칸논의 목소리도 뚝뚝 끊기더니 수신도 불안정해졌습니다. 마나트, 갑자기 당신은 눈앞이 깜깜해지면서 앞으로 데굴데굴 굴렀습니다. 목 뒤에 강한 충격을 받아서 거의 의식을 잃을 뻔했어요. 몸을 돌려보니, 진홍빛 갑옷을 잎은 토스카가 등 뒤에 보이네요. 헬멧에는 무언가 빛이 번쩍거립니다. 분명히 이 장치를 사용해서 통신을 차단한 것 같네요. 토스카가 그리 쉽게 당할 것 같았나요?

마나트: 휴, 쉽게 넘어가는 일이 없네요.

살피기

상황이나 사람을 세심히 살펴보면, +관찰 판정을 하세요. **10+면** 다음 목록에서 세 가지를 선택해 편집장에게 질문하세요. **7~9면** 한 가지만 선택해서 묻습니다. **살피기**로 얻은 대답에 의지해서 행동하면 다음 판정에 +1보너스를 받습니다.

- 여기서 최근 무슨 일이 일어났나요?
- 무슨 일이 일어나려 하나요?
- 어떤 위험에 주의를 기울여야 하나요?
- 여기서 나에게 유용하거나 값진 것은 무엇인가요?
- 이 상황을 누가 지배하나요?
- 여기서 겉보기와 다른 것은 무엇인가요?

살피기 분석

사물이나 사람에 관해 더 많은 정보를 얻은 다음, 얻은 답에 의지해 행동하기를 원한다면 **살피기**를 발동합니다. **살피기**로는 지역이나 무리, 조직, 외계 종족 등 어느 것이든 조사할 수 있지만, 보통 어느 정도 시간과 정성을 쏟아서 관찰해야 합니다.

질문 목록에서 볼 수 있듯 **살피기**는 의미가 있고, 중요하며, 큰 그림을 볼 수 있는 정보를 얻기 위해 사용하거나 앞으로 이야기 속에 등장할 주제(외계 종족과 기술, 새로운 조직 등)에 관해 미리 정보를 확보하는 수단으로 사용할 수 있습니다. 혹은 그저 관심 가는 문제를 알기 위해 사용해도 됩니다. 편집장은 플레이어의 질문에 숨김없이 솔직하게 답해야 합니다. 하지만 편집장은 얼마든지 플레이어에게 어떻게 생각하는지, 어떤 것을 바라는지 되물어서 내용을 명확하게 정리할 수 있고, 심지어는 플레이어의 답변 일부나 전부를 그대로 정보로 활용할 수도 있습니다.

살피기는 적이 어떤 약점과 이점을 가졌는지, 눈앞에 보이는 것이 실제로 존재하는지, 또는 플레이어의 직감이 맞는지, 적이 매복을 하고 있는지, 혹은 배후에서 조종하는 사람이 있는지 확인하기 위해 사용할 수 있습니다. 때로는 쓸만한 정보가 (현재 진행 중인 음모나 매복 중인 적 같은) 없을 수도 있습니다. 이 경우 편집장은 정직하게 답변해 주어야 합니다. 하지만 플레이어가 **살피기**를 하는 이유는 조사한 결과 무언가 재미있는 일이 일어나기를 바라거나, 근사한 아이디어가 머릿속에 떠올랐기 때문일 수도 있습니다. 그러므로 편집장은 무슨 일이 일어날지 스스로 되물어서 그 대답이 배경 세계의 다른 부분이나 이미 나온 정보와 어울린다면 새로운 정보를 즉석에서 만들 수도 있고, 혹은 무슨 일이 벌어지길 바라는지 적극적으로 플레이어들에게 질문해서 재미있는 시나리오를 함께 만들 수도 있습니다.

예시 1

편집장: 달 표면은 잠잠하고 조용합니다. 그다음 언덕에 오르니 일종의 진지 같은 구조물과 분명 대포처럼 보이는 첨단 장비가 눈에 띄네요. 그을린 자국이 좀 있지만 얼마나 오래됐는지는 모르겠습니다. 당신은 이런 장비를 본 적이 있습니다. 무척 친숙하네요. 요전에 지구를 침략한 외계인 종족의 무기 같아요. 기억을 되짚어보면, 칸논의 동족 중 일부가 이 것과 비슷하지만 좀 더 작은 무기를 휴대했습니다.

파일라: 이게 무슨 일이에요? 이 무기가 왜 여기 있는 거죠? 심상치 않은데요…

편집장: 무언가 정보를 찾기를 바라나요, 아니면 그냥 생각나는 대로 이야기하는 건가요?

파일라: 흠… 좋아요. 한번 그쪽으로 가서 대포를 조사한 다음, 무슨 정보를 얻을 수 있을지 보겠습니다. 정보를 얻으려면 관찰로 판정하죠?

편집장: 당연하죠. 굴리세요.

파일라: 음, 7이네요. 최소한 한 가지 질문은 할 수 있겠군요. 그럼… "여기서 최근 무슨 일이 일어났는가?"

편집장: 당연히 이 무기는 좀 더 강력한 대포입니다. 그뿐만이 아니라 발사한 흔적도 있어요. 목표를 조준한 지는 거의 40년 정도 됐네요. 이게 여기서 가장 최근에 일어난 일인 것 같습니다.

예시 2

편집장: 연구실에 들어서자, 누군가가 급히 도망간 것처럼 구식 장비들이 여기저기 흩어졌네요. 50년 전에는 최신 장비였을 법한 컴퓨터와 진단 장비입니다. 그 위에는 먼지가 두껍게 쌓였고요. 방 한가운데에는 덩치 큰 사람이 들어갈 수 있는 캡슐 모양의 기이한 장비가 있습니다.

마나트: 시간을 들여서 이 방을 조사하고 싶습니다. 특히 캡슐을요. 물론 다른 장비도 조사합니다. 그럼 먼저 판정을 해 보겠습니다… 6! 젠장. 아무것도 못 알아내나요?

편집장: 보아하니 무언가 아이디어를 가지고 있는 것 같은데, 뭘 기대했는지 알고 싶네요. 행동한 다음에 질문을 하나 하면 저도 편집장 액션을 하겠습니다.

마나트: 좋아요. 전 이곳이 아마 아버지, 그러니까 블루 스틸로 알려진 분이 일했거나 생체실험을 받은 곳이라고 생각해요. 어쩌면 여기서 파워를 얻었을지도 모르죠. 그래서 이 질문을 하고 싶어요. "여기서 나에게 유용하거나 값진 것은 무엇인가?"

편집장: 감이 좋네요! 당신은 아버지가 실험실에서 전기화된 성간 광선을 쬐는 실험 과정을 담은 자료 화면을 몇 개 찾았습니다. 하지만 이 영상이 당신한테 중요한 이유는, 바로 반갑지 않은 사실이 드러났기 때문이죠! 당신은 화면에서 윌리엄 윌슨을 발견했습니다. 이 실험 과정을 증폭하는 기술을 개발했고, 당신 아버지가 슈퍼히어로로 변했지만 결국 자아를 잊고 우주의 수호자 중 하나가 되어버린 이후에 당신을 키운 바로 그 억만장자입니다. 그가 조수의 시선을 다른 데로 돌린 다음 컴퓨터에 마지막 명령어를 입력하는 모습이 화면에 찍혔네요. 아주 확실하지는 않지만, 당신은 프로그래밍에 익숙한 덕분에 윌리엄이 악의적인 코드를 입력하는 것을 알 수 있어요. 어쩌면 이 계획에서 손을 뗀 후 아버지에게 닥친 재앙은 이 때문일지도 모릅니다. 이 사실을 찾은 당신한테 "마음이 심하게 흔들리다" 상태를 줄게요. 이 상태는 아버지에게 어떤 일이 일어났는지 완전히 알아낼 때까지, 혹은 다른 방법으로 문제를 해결할 때까지 계속 남습니다.

마나트: 말 되네요. 분명히 전 이 사실에 충격을 받았습니다. 다음 갈 곳은 윌슨 타워입니다.

특수 액션

특수 액션은 기본 액션만큼 자주 사용하지 않으며, 좀 더 특수하고 한정된 상황에서만 쓰는 액션입니다. 히어로들은 보통 전투와 모험이 끝난 다음 자신들이 벌인 행동의 결과를 수습하고 일상생활로 돌아가야 할 때 특수 액션을 사용합니다.

불사르기

절박한 상황에서 누군가 목숨의 위기에 처했을 때, 상대를 구하기 위해 파워를 쏟아 마지막 시도를 하면, +인연으로 판정하세요. 10+면 이전에 하지 못했던 무언가에 성공할 수 있지만, 자신의 파워로 가능한 일이어야 합니다. 히어로가 무슨 능력을 발휘할지 다른 사람들에게 이야기한 다음, 해당 능력을 알맞은 파워 목록에 추가하세요. 히어로는 파워를 끌어올린 후 기진맥진하게 되어 휴식을 취하고 회복할 때까지 간신히 움직이면서 몇 마디 하는 것 외에 아무 행동도 하지 못합니다(히어로는 **심각한 상태** 3개를 받습니다). 또한, 히어로는 자신이 구조한 사람과 인연을 1점 올립니다(구조한 사람과 인연이 0 미만이었을 경우, 0으로 초기화합니다). **7~9면** 10+과 같지만, 파워를 쏟아낸 다음 **마지막 기회** 판정을 합니다. **6-면** 히어로는 원하는 대로 성공하지만 당분간 죽습니다(**당분간 죽음** 판정을 합니다).

불사르기 분석

불사르기는 "사랑하는 사람이 죽을 수도 있어!" 같은 상황에서 히어로가 모든 힘을 쏟을 때 발동합니다. **불사르기**는 판정 결과 극적인 이야기가 나와야만 발동하며, 히어로가 파워 목록의 **잠재능력** 수준까지 사용할 유일한 기회입니다(혹은 다른 수준의 새로운 능력을 **무리하기**처럼 계발할 수도 있습니다). 다만 **불가능** 수준은 사용할 수 없습니다. 어떤 능력을 쓰든, 히어로는 **불사르기**를 한 다음 무조건 **심각한 상태**를 3개로 늘립니다(히어로가 **심각한 상태** 하나를 더 버틸 수 있도록 성장했다면 4개로 늘립니다).

　　10+면 히어로는 사용한 능력을 알맞은 파워 목록에 추가하며, 목숨을 구한 사람과의 인연을 1점 올립니다. 만약 **불사르기**를 하기 전에 인연이 0 미만이었을 경우, 0으로 초기화하고 새로 관계를 시작합니다.

　　7~9면 히어로는 10+처럼 원하는 목표를 이루지만 죽을 수도 있습니다. **마지막 기회** 판정을 하세요.

　　6-면 히어로는 10+처럼 원하는 목표를 이루지만 죽습니다. **당분간 죽음** 판정을 하세요.

> **편집장**: 폭탄 파편이 타임스퀘어 방방곡곡으로 흩어집니다! 광고판은 우당탕 떨어지고 잡동사니가 사방으로 날아가네요. 여기 있는 사람들은 모두 위험에 빠졌습니다. 동료들도 말이지요. 짐, 주어진 시간은 찰나에 불과하지만, 당신은 시간 감각이 남다른 덕분에 그동안 여러가지 행동을 할 수 있어요. 어떻게 할래요?

> **짐**: 모두를 구할래요.

편집장: 물론 이 찰나가 당신한테는 긴 시간이지만, 아까 말했듯이, 지금 폭탄 파편이 사방으로 흩어지고, 위에서는 광고판이랑 유리가 떨어지는 데다가, 건물이 무너지면서 돌조각과 잡동사니가 사방으로 날아가는 중이에요. 모두를 구할 방법은 없어요. 한 사람을 구하는 것도 어려운 일일 것 같네요. 뭘 하고 싶나요?

집: 폭주해 보겠습니다. 지금까지 했던 것보다 훨씬 더 파워를 끌어올릴 거에요. 우선 몸속에 축적된 잠재된 힘을 모두 방출해 마치 주위의 시간이 정지된 것처럼 만들고 싶어요. 그리고 사람들이 지금 어디 있는지, 내가 뭘 해야 하는지 되새길게요. 만약 지금 내가 구하지 않으면 동료들은 죽을지도 모르고, 시민들은 확실히 죽겠죠. 이제 힘을 한계까지 끌어올릴게요.

편집장: 이전에 해 보지 않은 능력을 발휘하는 거네요. 불가능 수준인 "빛의 속도보다 빠르게 달린다"에 근접했지만 가능하다고 치겠습니다. 그러니 잠재능력이네요. 구하려는 사람들 중 누군가와 맺은 인연을 더해서 굴려보세요.

집: 해볼만 하네요… 아, 이런. 인연 점수를 쓸 걸. 5가 나왔습니다.

편집장: 괜찮아요. 결과가 어쨌든 원래 하려던 일은 성공하니까 어떻게 성공했는지 선언해보세요. 다만 그 결과 죽는다는 사실만 명심하세요. 그다음에는 당분간 죽음 판정을 해서 돌아올 수 있나 보겠습니다.

집: 걱정하지 마세요. 부활하지 못한다고 해도 멋진 이야기가 될테니까요. 그래서 시간이 멈춥니다. 빛의 입자마저도 느릿느릿 움직이면서 완전히 깜깜해진 가운데 전 누가 어디에 있고, 내가 무엇을 해야 하는지 되새깁니다. 어느 때보다도 훨씬 기분이 좋아요. 마치 몸 전체가 한껏 충전되어서 바깥으로 쏟지 않으면 터질 거 같습니다. 그래서 여기저기 뛰어다니면서 문제를 하나하나 해결할게요. 폭탄 파편을 치우고, 무고한 시민들을 옮기고, 손을 휘둘러 바람을 일으켜 허공에 떠다니는 광고판과 잡동사니를 안전한 장소로 치웁니다. 모든 걸 완벽하게 정리했다는 생각이 들면, 다시 시간을 정상적으로 가속하고 아무도 다치지 않도록 바람의 궤도를 확실하게 바꿉니다. 해냈다는 자신감이 들고 시간이 다시 빨라지면서, 저는 마치 전기가 바닥난 배터리처럼 탈진합니다. 몸 안 세포 하나하나에 축적된 모든 잠재력을 모두 다 쏟아버렸으니까요.

집: 이제 몸이 쇠약해지고 삐걱대는 걸 느끼면서, 다이애나한테 걸어 가서 사랑한다고, 그리고 미안하다고 말할래요. 다른 사람들에게 눈 깜짝할 순간에 일어난 그 모든 일을 마친 다음, 무언가 알 수 없는 말을 중얼거리며 거리 위에 쓰러집니다. 사람들이 정신을 차리고 내려다보면, 여든 살 노인처럼 늙어버린 집이 헐렁해진 히어로 복장을 한 채 수척하고 근육 하나 없는 앙상한 모습으로 쓰러져 있습니다.

정보 수집

실마리가 모두 바닥났을 때, 어떤 방안이든 자유롭게 내놓고 판정하세요. 만약…

- 사람들을 강제로 수색하고 손봐주는 등 무력을 행사한다면, **+무력**으로
- 갈 수 없는 장소로 들어가 몰래 정보를 얻는다면, **+기교**로
- 조사하고, 생각을 정리하고, 토의와 분석을 한다면, **+관찰**로
- 개인의 매력과 사교술을 동원한다면, **+영향**으로
- 연줄을 사용해서 부탁을 한다면, **+인연**으로

10+면, 아래에서 하나를 선택해 묻습니다. **7~9면** 첫 번째로 동원한 방안은 실패합니다. 다른 PC의 도움을 받거나 다른 방안으로 해결해야 합니다. **6-면** 문제를 파헤칠 필요 없습니다. 문제가 히어로를 덮치니까요. 편집장은 히어로가 무엇을 하려 했는지 질문한 다음, 어떤 문제가 발생했는지 알려줍니다.

- ➤ 내가 알고 싶은 것을 누가 말해줄 수 있나요?
- ➤ …를 어디에서 찾을 수 있나요?
- ➤ …에 관해 어떤 소문이 도나요?
- ➤ …를 가장 언짢아하는 사람은 누구인가요?
- ➤ …덕분에 가장 이득을 보는 사람은 누구인가요?

정보 수집 분석

정보 수집은 히어로가 특정한 문제나 사람, 장소나 조직을 찾거나 관련 정보를 얻을 때 발동합니다. 새로운 정보를 얻는 방법은 여러 가지가 있습니다. 누군가를 취조하든, 옥상에서 떨어뜨리든, 정보를 분석하고 정리하든, 관련 시설로 침투하든, 사람들을 홀려서 교묘하게 정보를 캐내든, 지인들에게 부탁하든, 어떻게 할지는 히어로 하기 나름입니다.

10+면, 플레이어는 편집장에게 질문 하나를 할 수 있습니다. 어떤 정보를 얻든 한 발자국 더 나갈 수 있다는 의미입니다. 얼마나 큰 음모가 배후에 있는지, 그리고 얼마나 얻기 어려운 정보인지에 따라 플레이어가 얻은 정보는 결정적 단서일 수도, 다음 단서로 이어지는 과정 중 하나일 수도 있습니다. 또한 **10+**이 나온 결과 히어로가 결국 어떻게 정보를 얻게 되었는지는 편집장이 정합니다. 불량배들을 만나 정보를 얻었다면 단순히 이들을 손봐서 어디로 가야 할지 입을 열게 만든 것일 수도 있고, 품 속에서 정보가 있는 금고를 여는 열쇠를 찾은 것일 수도 있으며, 휴대폰을 조사해 몇 가지 정보를 파악한 것일 수도 있습니다. 즉, 판정에 성공했다고 해서 NPC들은 정신 조종을 당하지도, 혹은 성격이나 동기를 바꾸지도 않습니다. 히어로는 그저 (편집장이 정한대로) 어떻게든 정보를 얻은 것뿐입니다.

오직 물어본 질문만 답변을 얻을 수 있다는 사실을 명심하세요. **7~9면**, 히어로는 다른 동료에게 도움을 요청해서 원하는 정보를 함께 찾거나, 아예 다른 방법으로 정보를 얻어야 합니다.

6-면, 편집장은 히어로가 어떻게 정보를 얻으려 했는지 물은 다음, 이 때문에 히어로가 어떤 문제에 부딪혔는지 알려줍니다. 편집장에 따라 히어로는 정보는 얻었지만 위험한 처지에 빠졌을 수도 있고, 정보도 얻지 못한 채 위험해졌을 수도 있습니다. 이는 편집장 마음입니다.

편집장: 좋아요, 마나트. 당신은 지붕 위에서 마침내 정신을 차렸지만, 수수께끼의 닌자는 어디론가 사라졌어요. 하지만 그 사람은 닌자이고, 당신은 그 사람이 썼던 복면을 손에 넣었어요. 어쨌든 이제 휴식 시간으로 넘어가죠. 다들 뭐 하고 싶나요? 마나트?

마나트: 안 돼요! 도망가게 내버려 둘 수 없어요. 그자를 뒤쫓겠습니다! 이 복면을 가지고 입의 일족에게 가서 부탁하겠습니다. 그 교활한 닌자가 어느 일족인지 알려주겠죠.

편집장: 뭐라고요? 손의 일족도 있고, 발의 일족도 있고, 이번에는 입의 일족... 아니에요. 알겠습니다. 좋아요. 그럼 나머지 사람들은요? 다들 마나트처럼 그 닌자를 잡으려고 혈안이 됐나요?

나머지 히어로: 집에 갈래요!

마나트: 내 눈에 흙이 들어갈 때까지는 그 녀석을 가만히 지켜보지 않을 거예요! 내 장갑 한 짝을 훔쳐갔다고요. 닌자가 내 장갑을 어디에 숨겼는지 찾고 싶습니다. 잇포한테 부탁을 하죠.

편집장: 좋습니다. 정보 수집을 시도하는 것 같네요. 잇포와 쌓은 인연을 판정에 더하세요.

마나트: 10입니다! 훌륭하네요. "내가 알고 싶은 것을 누가 말해줄 수 있는가?"

편집장: 잇포한테 물어본 거죠? 잇포는 그런 복면은 절대로 본 적이 없다고 부인하고, 당신은 그 말을 믿을 수 없어서 얼마 동안 입씨름을 했어요. 하지만 당신은 문밖으로 나간 다음 떠난 척하고 문 안 쪽으로 귀를 기울였습니다. 당연히 잠시 후, 잇포는 어디론가 전화를 합니다. 잇포가 누르는 다이얼 소리를 듣고 당신은 전화번호를 알아냈지만, 나중에 추적해보니 그런 번호는 없다고 합니다.

마나트: 그렇다면.... 센티넬. 나 좀 도와줄래? 날 도와줄 만한 머리랑 기술력을 갖췄잖아? 어떻게 할래?

센티넬: 좋아. 그러지. 하지만 나한테 빚진 거다. 마나트를 도와 어디 전화번호인지 확인해 보겠습니다.

편집장: 어떻게 확인하나요?

센티넬: 당연히 컴퓨터로요. 그리고 과학으로요!

편집장: 좀 더 자세하게 묘사해주세요. 굳이 아주 그럴싸할 필요는 없지만 무언가 이야기를 만들 거리를 주세요.

센티넬: 알았어요, 알았어요. 잇포의 일반 전화선을 복제한 다음 잇포의 전화번호로 그쪽에 걸겠습니다.

편집장: 좋아요! 사실 저도 그렇게 생각했어요. 전화벨이 몇 번 울리더니, 누가 받네요. 전화선 너머로 들리는 목소리는 꽤 익숙합니다. "이번엔 뭐요!"

어울리기

휴식 시간을 갖고 일상생활로 돌아가 새로운 인연을 만들거나 기존 인연을 더욱 굳게 다지면, 히어로가 집중할 인연을 선택한 다음 **+인연**으로 판정하세요. **10+면** 상대와 맺은 인연 점수만큼의 상태를 제거한 다음 해당 인연을 1점 올립니다. **7~9면** 10+과 같지만, 해당 인연과 보내는 일상생활을 위협하는 문제를 해결해야 합니다. 우선 장면을 구상하고 평상시처럼 플레이하세요. 편집장은 선택한 위험요소를 장면에 곧장 등장시킵니다.

어울리기 분석

어울리기는 오랜 시간을 들여 치료하고 휴식을 해야 치료할 수 있는 부상이나 상태를 회복할 때 사용할 수 있는 유일한 액션입니다. **어울리기**를 발동하려면 히어로의 일상생활이 어떤 모습인지, 무엇을 할지, 누구와의 인연에 초점을 맞출지, 이야기 속에서 어떻게 보일지 서술하세요. 간단하게 무슨 일이 벌어졌다고 선언해도 좋고, 자세하게 장면을 구상한 다음 다른 플레이어들이나 편집장과 함께 장면을 연출해도 좋습니다. 히어로가 상태를 어떻게 회복할지 이야기를 알맞게 만들 수 있다면 상태의 정도가 경미하든, 크든, 심각하든 상관없이 상태를 제거할 수 있습니다. 예를 들어 "우주 방사선에 오염되다."라는 상태를 받았다면 그저 한숨 푹 잔 것만으로 회복할 수는 없습니다. 대신 과학자들과 전문가에게 가서 각종 실험을 받으면서 치료해야 할 것입니다. 반대로 "땅속에 파묻히다" 같은 상태는 휴식 시간이 되기 전에도 해결할 수 있을 것입니다. 그저 다른 사람들에게 도움을 청하거나 직접 흙을 파고 나오면 상태를 제거할 수 있으니까요.

　　어울리기는 히어로가 다른 사람들과 어울릴 수 있는 상태임을 가정합니다. **어울리기**를 하지 않고 상태를 제거하려면 상태를 직접 처리하는 방법밖에 없습니다. 어떤 상태는 별다른 액션 없이 제거할 수 있지만(돌 밑에 깔리다, 혼란을 겪다, 잠시 눈이 멀다 등), **어울리기**를 하지 않고는 제거할 수 없는 상태도 있습니다(보통 오랜 시간을 들여 휴식을 취하거나 회복을 해야 하는 **심각한 상태**입니다. 예를 들어 부러진 뼈, 정체성의 위기, 자상, 출혈 등)

　　10+면 좀 더 이야기를 덧붙일 필요 없이 상태를 회복하고 인연을 1점 올립니다. **7~9면** 편집장은 플레이어의 서술 중에, 또는 서술이 끝난 다음 끼어들어 히어로의 일상생활을 위협하거나 꼬이게 만드는 위험요소를 등장시켜서 직접 해결하도록 만듭니다.

편집장: 분명히 말하자면, 저는 후한 편집장입니다. 휴식 시간 동안 뭘 하고 싶나요? 파일라?

파일라: 휴, 끝났네요. 엄청 두들겨 맞았어요. 좋습니다. 박물관에 돌아가야겠어요. 저번에 인연 점수를 1점 소모한 후, 저는 전시회 준비를 제시간에 못해서 이사진한테 단단히 미움을 샀어요. 이제 박물관에 돌아가 최고의 전시회를 열어서 다시 인연을 쌓겠어요. 그리이이고 7이 나왔네요.

편집장: 훌륭해요. 어서 뭘 전시할지 말하세요. 전 도중에 끼어들어서 위험요소를 등장시키겠습니다.

파일라: 좋네요. 알겠습니다. 우선 윗분들께 가서 사과하죠. 최고의 전시회를 열어서 잘못을 만회하겠다고 하겠습니다. 그런 다음 밤을 새워 공룡 뼈를 짜 맞춰서 어디에서도 볼 수 없는 가장 근사한 전시물을 만들겠습니다.

편집장: 아침이 되자 근사한 작품이 완성됐습니다. 전시회가 시작되고 아이들이 부모들과 신나게 몰려들었네요. 전시회를 보러 온 박물관 이사진들은 무척 감명을 받았습니다.

파일라: 정말요? 별로 위험해 보이지는 않는데요?

편집장: 그때 어디서 비명이 들리네요. 어떤 아이가 엄마한테 달려가요. 정말 신나 보이네요. "엄마, 엄마, 살아있는 티라노사우루스 쇼를 보러 가요! 공룡 뼈가 살아서 막 여기저기 돌아다녀요!"

파일라: 드디이이어 나타났군요. 그냥 티라노사우루스는 아니죠?

편집장: 똑똑하군요.

마지막 기회

네 번째 심각한 상태를 받은 다음에도 계속 싸우려면 수정치 없이 판정하세요. **10+** 면 계속 싸울 수 있습니다. 히어로는 비록 많이 다쳤지만 여전히 싸울 수 있으며, 방금 얻은 심각한 상태를 취소합니다. **7~9면** 히어로는 계속 싸울 수 있지만 가까운 사람이 위험에 처하거나, 적과 계속 대화를 나누어야만(아래 질문 중 한 가지를 질문해서 답을 얻어야 합니다) 버틸 수 있습니다. **6-면** 운명의 시간이 옵니다. 히어로는 눈앞이 어두워지며 더는 싸울 수 없습니다. 편집장은 무슨 일이 일어나는지 말합니다. 히어로는 당분간 죽습니다.

➤ 어떻게 해서 악당의 길로 빠져들었나요? 어떤 상처를 받았나요?
➤ 왜 일반인과 다른 왜곡된 세계관을 가지게 되었나요?
➤ 왜 현 상황에 분개하나요?
➤ 음모가 성공한다면, 머릿속에 그리는 세계는 어떤 모습인가요?
➤ 지금 대화를 나누는 히어로나 다른 히어로와 어떤 연결점이 있나요?

마지막 기회 분석

네 번째 **심각한 상태**를 받으면 히어로는 죽을 위험에 처합니다. **마지막 기회**에서 **10+**이 나와 계속 싸운다면, 히어로는 정말로 대단한 터프가이입니다. 자랑스러워 하세요! 하지만 **10+**이 나오더라도 히어로는 여전히 **심각한 상태**가 세 개이며, 모든 판정에 페널티를 받습니다(최대 -3). **7~9면** 히어로는 여전히 버틸 수 있지만 가까운 사람이 위험에 처하거나(히어로와 인연을 가진 사람이 죽거나 심하게 다칠 위험에 빠집니다), 적과 대화를 나누어 몇 가지 정보를 얻을 수 있어야 합니다. 둘 중 어느 쪽이라도 선택했다면, 축하합니다! 히어로는 여전히 죽을 위기에 놓였지만, 운명이 아직 완전히 끝나지는 않았습니다. **심각한 상태**가 세 개인 채 플레이를 계속하세요.

규칙상 히어로는 7-9가 나올 때마다 적과 계속 대화를 나눌 수 있지만, 아직 적이 밝히지 않은 뒷이야기나 음모가 있어야 합니다. 무엇보다도 악당이 얼마나 자신의 속마음을 털어놓을지는 편집장이 얼마나 관대한지, 그리고 악당이 그럴만한 인물인지에 따라 달라집니다. 적이 더는 대화를 거부한다면, 오직 가까운 사람이 위험에 처해야만 버틸 수 있습니다. 즉, 7~9가 나오면 보통 더 버틸 기회가 한두 번밖에 없습니다. 소중한 기회를 아깝게 날리지 마세요!

편집장: 당신은 연타를 얻어맞습니다. 주변 땅은 더욱 더 넓게 패입니다. 사방으로 부스러기가 튀고, 당신 코에서는 피가 줄줄 흐릅니다. 사람들은 모두 벌벌 떨면서 아무리 슈퍼히어로라고 하더라도 어떻게 저렇게까지 맞고도 버틸 수 있는지 놀라워합니다. 정말로 계속 싸울 수 있는지 한번 굴려보세요.

짐: 젠장. 7입니다. 최소한 죽지는 않겠네요. 다이애나가 여기 있죠? 기자니까요. 다이애나는 최신 기사를 얻으려고 항상 저를 따라 다닙니다.

편집장: 가엾은 다이애나! 당신이 저승에서 기어 나오는 모습을 다이애나가 몇 번이나 봐야 하는 거예요?

짐: 알았어요, 알았어요. 이번에는 오지 말라고 경고한 거로 해 두죠. 그럼 대화를 나누겠습니다. 콘크리트 위에 피를 퉤, 뱉고 말하죠. "넌 이 나라를 지배할 자격이 없어, 레드 스타. 너를 따르는 사람조차 제대로 이끌지 못하는 주제에 무슨 자격이 있다는 거야?"

편집장: 좋아요. "왜 일반인과 다른 왜곡된 세계관을 가지게 되었나?"를 묻는 거죠?

짐: 예! 레드 스타가 말을 마치면 정말로 세게, 세게 후려칠 겁니다.

편집장: "무슨 자격이 있냐고? 그래, 딱 내가 말하려는 내용이군. 너희 미국인들은 신을 믿지. 안 그런가? 바로 그 신이 나를 이렇게 만들었다. 이토록 강하게 만들었지. 마음껏 살고, 무엇이든 얻을 힘을 주었다고!"

짐: "신이 그렇게 만든 게 아니야! 널 보라고! 그깟 장비랑 도구만 없으면 넌 하찮은 악당이야! 강화복 없으면 아무것도 못하는 주제에! 네 아버지였다면 나랑 맨몸으로 맞서 싸웠을 거다!"

편집장: "내가 이 강화복에 의존한다고 생각하나? 이건 아무 것도 아니야. 그저 거추장스러운 짐일 뿐이지!"

짐: 좋아요! 이제 충분하죠? 레드 스타가 강화복을 벗을 때까지 기다렸다가 때려눕힐래요!

편집장: 좋아요. 하지만 명심하세요. 당신은 아직 심각한 상태가 세 개입니다. 뭘 하든 어려울 겁니다!

당분간 죽음

네 번째 심각한 상태를 받고 죽으면 수정치 없이 판정하세요. **10+면** 히어로는 어떻게든 살아남거나 부활해서 다음 이슈에 돌아옵니다. **7~9면** 몇 이슈 뒤에 돌아오지만 아래 목록에서 문제점을 하나 선택합니다. **6-면** 편집장이 원하는 대로 문제점을 선택해 언제 돌아올지 선택합니다. 문제점은 다음과 같습니다:

- 골칫거리를 안고 부활합니다.
- 모든 파워를 잃어버립니다.
- 파워가 이전과는 조금 다릅니다.
- 파워가 강해지거나 약해졌습니다.
- 이전에 몰랐던 파워를 발현합니다.
- 원래의 그 자신이 아닙니다.
- 숨겨온 비밀이 드러납니다.
- 역사나 기원이 새로 바뀝니다. 새 기원을 선택하세요.
- 다른 시간선이나 평행 세계에서 왔습니다.
- 특별한 목적이나 임무를 띠고 부활했습니다.
- 아무것도 기억하지 못합니다.
- 자신이 싫어하는 누군가에게 빚을 집니다.
- 부활의 대가로 육체가 영구히 변형되었습니다.
- 알던 사람이 모두 떠났습니다(모든 인연을 초기화합니다).
- 파워와 감정을 조절하는데 어려움을 겪습니다.

당분간 죽음 분석

당분간 죽음은 히어로가 네 번째 **심각한 상태**를 받고 죽었을 때 발동합니다. **10+**면 걱정하지 마세요. 히어로는(플레이어가 원한다면) 어떤 방법으로든 부활합니다. 보통 다음 화까지는 등장할 수 없지만, 이야기에 어울리고 편집장이 유난히 자비를 베푼다면 좀 더 일찍 돌아올 수도 있습니다. **7~9면** 히어로는 부활하지만, 얼마 동안은 편집장의 손안에 있습니다.

당분간 죽음은 플레이어가 히어로의 부활을 원해야만 판정합니다. 플레이어가 부활을 원하지 않는다면 대신 히어로가 죽었다고 선언할 수도 있습니다. 부활을 원한다면 편집장과 의논해서 어떤 방식으로 어떻게 돌아올지, 어떤 문제점을 선택할지 의논하세요. 히어로가 어떤 방식으로 얼마나 일찍 돌아올지는 편집장과 명확하게 결정해야 합니다.

이슈 한 화가 게임 내 시간으로 얼마나 되는지는 구체적으로 정할 필요가 없습니다. 보통 적당한 시간이 소요되거나 흐르고, 극적 중요도가 적당히 드러나면 히어로는 돌아온다는 의미입니다. 반드시 몇 세션이 지난 다음에야 무덤에서 돌아올 필요는 없습니다. 단지 플레이 스타일과 분위기, 현재 이야기에 어울려야 합니다. 이는 편집장이 결정할 일이지만, 플레이어 자신이 언제, 어떤 방법으로 플레이에 복귀할지 아이디어를 가지고 있다면 서로 의논해서 히어로의 복귀 방법과 시기를 결정하세요.

편집장: 러시아인에게 건방지게 군 결과입니다.

집: 이번 일은 더 이야기할 게 없겠네요.

편집장: 아무리 운이 좋더라도 마지막 기회 판정 결과가 항상 잘 나올 거라고 기대하지는 마세요.

집: 좋아요. **당분간 죽음** 판정을 하겠습니다… 6이네요. 완벽해요. 이렇게 집 블라인드사이드가 죽는 거군요.

편집장: 걱정 마세요. 훨씬 멋지게 부활시킬 겁니다. 생각해 둔 거 있어요? 레드 스타는 아마 집을 본거지로 데려가서 개조하고 세뇌할 겁니다.

집: 설상가상이군요. 러시아어 억양으로 말해야 하나요?

편집장: 그럴 리가요. 세뇌당했다고 다 그럴 필요는 없어요. 그래도 무언가 멋진 방안이 필요합니다.

히어로 만들기

이번 장은 플레이어가 게임에서 플레이할 PC, 즉 슈퍼히어로를 만드는 과정을 담았습니다. 월드 인 페릴에서 히어로 만들기는 히어로의 외모와 이름, 사용하는 파워에 관해 아이디어를 모으는 단계부터 시작합니다. 우선 책 뒷면의 캐릭터 시트를 복사하세요(이야기와 놀이 블로그에서 받을 수도 있습니다). 히어로 만들기 과정은 다음과 같습니다.

1) 현재 히어로들이 왜 같이 활동하는지, 팀이 어떤 과거를 지녔는지 다른 플레이어들과 의견을 주고받으면서 팀 소개 항목을 채우세요.

2) 히어로가 어떤 파워를 가졌는지, 파워로 무엇을 할 수 있고 무엇을 할 수 없는지 자세하게 정하세요.

3) 히어로가 어떻게 히어로의 길을 걷게 되었는지 이유를 담은 기원을 선택하세요.

4) 히어로의 현재 목표와 동기를 열거한 열망을 선택하세요.

5) 인연 점수를 배분해서 캐릭터가 주변 사람들과 시민들, 경찰 등과 어떤 관계를 맺었는지 정하세요.

반드시 캐릭터 시트를 먼저 준비하세요. 시트에 어떤 내용이 있는지 눈여겨본 다음, 히어로 소개와 팀 소개부터 차근차근 따르면서 만드세요.

우선 팀부터 만드세요. 월드 인 페릴은 무엇보다도 슈퍼히어로들이 팀을 이루어 플레이하는 RPG입니다. 편집장과 플레이어가 일대일로 플레이할 생각이 아니라면, 캐릭터 만들기 과정 동안 플레이어들이 모여서 생각을 맞추어야 가장 좋은 결과가 나옵니다.

물론 팀을 결성하지 않았거나 막 히어로가 된 PC로 시작하고 싶을 때도 있습니다. 하지만 보통은 팀으로 행동하는 편이 훨씬 재미있습니다. 편집장의 수고도 덜고, 각 히어로들에게 비추는 스포트라이트를 배분하기도 편하기 때문입니다. 모든 히어로가 같은 목적을 이루기 위해 노력하거나, 최소한 같은 장소에 모이면 플레이어들이 모두 이야기에 적극적으로 참여해서 만들 수 있습니다. 물론 각자 단독으로 활동하다 때때로 협력하는 플레이나, 히어로 한두 명이 좀 더 개인적이며 깊이 있는 이야기를 만드는 플레이도 분명 재미있습니다.

플레이어들은 각자 히어로를 만들기 전에 서로 질문을 주고받으면서 어떤 팀을 만들고 싶은지 정하세요. 캐릭터 시트에 있는 팀 소개 항목에는 아래 내용을 채우세요.

이전 명칭: 팀이 이전에 갈라진 적이 있거나, 명칭을 바꾸거나, 구성원이 달라졌나요?

첫 등장: 팀이 언제 결성됐나요?

임무: 무슨 목적으로, 무엇을 하기 위해 팀을 결성했나요?

장소: 어느 도시에서 활동하나요?

기지: 히어로들이 모이는 공간이 있나요? 어디에 있으며, 어떤 모습인가요?

기지 자원: 임무를 완료하는 데 도움이 되는 특별한 운송수단이나 자금원 등의 자원이 있나요?

이전 구성원: 팀에서 떠나거나 쫓겨난 히어로가 있나요?

각 질문의 답변에 따라 팀이 어떤 모습이며, 어떤 종류의 이야기를 만들지 크게 달라집니다. 월드 인 페릴은 플레이를 시작할 때 PC들이 새로 등장한 히어로임을 전제로 합니다. 히어로들이 도시나 경찰, 다른 PC들과 어떤 관계를 맺었는지는 아직 확실하게 정해지지 않았습니다. 히어로들은 앞으로 해야 할 일도, 알아야 할 일도 많습니다. 즉, 플레이 중 필요에 따라 채울 때까지 많은 부분은 공백으로 남는다는 의미입니다.

어쩌면 플레이어들은 완전히 틀이 짜이지 않은 팀이나 특정한 문제를 처리하기 위해 모집한 팀, 혹은 목적이 같은 히어로들이 우연히 만나 즉석에서 만든 팀을 플레이하기 원할 수도 있습니다. 그렇다면 우선 플레이어들이 원하는 방식으로 플레이를 시작하세요. 히어로 한 명이 다른 히어로들을 모으거나, 힘을 합쳐 해결할 공통의 위험요소를 등장시키세요.

히어로 만들기 과정은 새로운 히어로들이 새로운 팀을 만드는 것을 전제로 하지만, 플레이어들은 원한다면 서로 의견을 제시하고 아이디어를 모아 히어로 가족이나 백전노장 히어로들의 모임, 베테랑 팀 등 어떠한 모습으로든 팀을 만들 수 있습니다.

히어로 소개

어떤 팀을 만들고 어떤 플레이를 할지 의견을 모았다면, 이제 각자 히어로를 만들 시간입니다. 팀 소개 항목과 마찬가지로 각 항목에 필요한 내용을 채우세요. 특히 기원과 열망은 나중에 선택하세요. 각 기원 플레이북에는 히어로가 가질 법한 적수가 있습니다.

히어로명: 아무도 진짜 정체를 모른다면, 히어로는 어떤 가명으로 활약하나요?

실명: 출생증명서와 신분증에 적힌 실제 이름은 무엇인가요?

플레이북: 어떤 기원과 열망을 선택했나요? 히어로는 어떻게 파워를 얻었으며, 무엇을 위해 활동하나요?

숙적: 각 기원 플레이북마다 히어로가 가질 법한 적수가 소개되어 있습니다. 숙적을 가질지는 그저 권장사항이지만, 숙적이 있다면 히어로의 배경을 재미있게 만들 수 있으며, 편집장 역시 이야기를 다채롭게 만들 수 있습니다. 물론 다른 항목과 마찬가지로, 이야기가 전개되면서 플레이 도중에 숙적을 만들 수도 있습니다.

현재 복장: 플레이북의 내용을 적는 시트 항목에 히어로의 모습을 그릴 수 있는 빈칸이 있습니다.

> 저는 최근 <애로우>를 열심히 본 덕분에, 비슷한 히어로를 플레이하고 싶습니다. 첨단 기술을 활용하거나 하늘을 나는 능력 같은 것은 없지만 뛰어난 신체 능력으로 멋지게 활약하는 히어로로 말입니다. 이 히어로의 이름은 애로우…헤드입니다. 안될 거 있나요? 애로우헤드로 정하겠습니다. 애로우헤드는 막 히어로 활동을 시작했으므로 예전 히어로명 같은 것은 없습니다. 진짜 이름은 스코트 스타킹즈로 하지요. 숙적이나 복장, 기원과 열망은 아직 정하지 않았습니다. 이 부분은 히어로를 좀 더 만든 다음에 선택하겠습니다.

히어로가 어떤 파워나 능력을 갖출지 머릿속에 그리지 않았다면 코드네임이나 복장을 정하기 어려울 수도 있습니다. 걱정하지 말고 다음 항목으로 넘어가서 히어로가 어떤 일을 잘할지 결정하기 위해 특성을 정하세요. 히어로가 어떤 종류의 일을 할 수 있는지 이미 정했다면 파워부터 만들어도 됩니다.

히어로를 어떻게 만들지 잘 모르겠다면, 히어로들이 흔히 갖출 법한 다음 몇 가지 유형을 참조하세요. 이를 거꾸로 뒤집어도 좋고, 하나하나 검토할 필요 없이 이런 사항이 있다는 것을 알기만 해도 괜찮습니다. 물론 전형적인 히어로를 만든다고 해서 나쁠 것은 없지만, 특색 있는 히어로와 이야기를 만들고 싶다면 다음 사항을 어떻게 활용할지 고려해보세요.

종교나 정치 성향: 슈퍼히어로물의 히어로 대부분은 독자들을 고려해 특정한 종교를 찬양하거나 정치적인 색을 띠지 않습니다. 하지만 플레이어의 히어로는 굳이 그럴 의무가 없습니다. 다만 플레이어들 모두가 재미있게 즐길 수 있는지 확인하세요.

성과 이름의 첫 알파벳이 같습니다: 꼭 그럴 필요는 없지만, 이름을 지을 때 참고할 수 있습니다.

잘 생겼습니다: 슈퍼히어로물의 히어로는 대부분 외모가 빼어나며 신체조건도 완벽하지만, 반드시 그럴 필요가 있을까요? 흉측한 히어로는 세상을 어떻게 볼 것이며, 세상은 이런 히어로를 어떻게 볼까요?

사명감을 빨리 가집니다: 슈퍼히어로물의 주인공 대부분은 히어로가 되겠다는 사명감을 빨리 가집니다. 때로는 초인적인 파워를 손에 넣은 직후에 말이지요. 히어로는 얼마나 빨리 걸렸나요? 어떤 계기로 사명감을 가지게 되었나요? 여전히 망설이나요?

범죄와 싸우는 법을 빨리, 쉽게 터득합니다: 많은 히어로들은 자신의 능력을 자유자재로 활용합니다. 초인적인 파워는 물론이고, 곡예나 싸움처럼 보통 사람들이 쉽사리 익힐 수 없는 기술까지 말이지요. 플레이어의 히어로는 때때로 실수를 저지르나요? 아직 능력을 터득하는 중이라면 실수를 저질러서 실패하더라도 용납할 수 있을 것입니다.

불편하거나 어려운 문제가 따르는 파워: 슈퍼히어로물의 히어로는 파워를 쓸 때 보통 아무런 부작용을 겪지 않습니다(초인적인 근력은 때때로 불편할 때가 있지만). 하지만 만약 파워 때문에 주변 사람들의 시선이 달라지고, 매일매일 생활에 어려움을 겪고, 어쩔 수 없이 일상을 바꾸고 적응해야 한다면 어떨까요?

부모: 슈퍼히어로물의 히어로 대부분은 회상이나 가슴 아픈 사망 장면을 제외하고는 부모와 관계를 맺는 일이 거의 없습니다. 플레이어의 히어로들은 부모와 어떤 관계를 맺었나요? 여전히 부모의 비중이 큰가요? 부모에게 자식의 비중은 얼마나 큰가요?

직접 돈을 벌기보다는 재산을 물려받습니다: 하지만 플레이어의 히어로는 열심히 일해 돈을 벌지도 모릅니다. 파워를 사용해 경제적인 이득을 얻는 행위는 얼마나 나쁜 짓인가요?

보통 사람들보다 부유합니다: 하지만 플레이어의 히어로는 주변의 가난한 사람들과 비슷한 수준일 수도 있습니다. 어쩌면 가난한 집안이나 가난한 동네에서 태어났을지도 모릅니다.

소수 집단: 슈퍼히어로물에서도 점점 더 다양한 배경의 히어로들이 등장하고 있지만, 플레이어들은 평상시 제대로 다루지 않았던 소수 민족이나 집단을 월드 인 페릴에서 주역으로 등장시킬 수 있습니다.

기본 특성

월드 인 페릴의 히어로는 다섯 가지 특성을 사용합니다. 각 특성에 판정 수정치로 사용할 숫자를 배정하세요. 파워가 게임에서 무엇을 할 수 있는지 나타낸다면, 특성은 특정한 종류의 일을 얼마나 잘하며, 얼마나 자주 성공하는지 나타냅니다.

무력은 적 기지의 벽을 부수거나, 철장을 구부려서 동료를 구하거나, 앞을 가로막는 적 부하를 강제로 돌파하는 등 무언가 직접 강압적인 행동을 하거나 힘을 행사할 때 사용합니다.

영향은 범죄자를 말로 누르거나, 다른 사람을 같은 편으로 끌어들이거나, 경비병에게 통과시켜 달라고 설득하는 등 다른 사람의 마음을 움직여서 원하는 것을 얻을 때 사용합니다.

기교는 환풍구를 통해 몰래 건물로 잠입하거나, 부하들을 피해 곧바로 적 우두머리를 공격하거나, 필요할 때 원하는 장소에 가는 등 은밀하거나, 빠르거나, 교묘한 행동을 할 때 사용합니다.

보호는 적의 정신 공격에서 정신을 지키거나, 떨어지는 파편에 맞지 않도록 민간인을 보호하거나, 습격을 받고 몸을 지키거나, 닥쳐오는 공격에서 마음을 다잡거나, 고통을 견디는 등 무언가 보호하고 지키는 행동을 할 때 사용합니다.

관찰은 특정한 장소를 조사하거나 사물을 관찰해서 정보를 얻거나, 임무에 필요한 도구를 만들거나, 여러 증거를 모아서 사건을 해결하는 등 추리와 추론을 활용하고 논리와 지식을 펼칠 때 사용합니다.

수정치는 히어로가 특정한 행동을 얼마나 잘하는지 나타내며, -1부터 +2까지 일련의 숫자가 미리 정해져 있습니다. 히어로는 각 특성에 수정치를 하나씩 배정받습니다.

히어로가 무언가 액션을 발동할 만한 행동을 하면, 플레이어는 해당 액션을 발동할 때 사용하는 특성의 수정치를 판정에 더합니다. 특성의 수정치가 낮거나 음수라고 해서 반드시 히어로가 서투르다거나 그 행동을 못 한다는 의미만은 아닙니다. 단지 해당 행동을 할 때 문제나 돌발상황이 많이 발생할 뿐입니다. 히어로가 어떻게 행동하는지는 플레이어의 묘사에 달렸습니다.

다음은 특성에 배정할 수정치입니다: -1, 0, +1, +1, +2.

각 특성(무력, 영향, 기교, 보호, 관찰)을 보고 히어로가 어떤 행동을 잘하고 못할지 결정하세요. 보통 무력은 싸움이나 직접적인 힘, 근력을 발휘하는 일에 씁니다. 영향은 사회적인 상황을 처리할 때, 기교는 무언가 속도나 은밀함이 필요한 일을 할 때 씁니다. 보호는 누군가를 지킬 때, 관찰은 이성을 활용하거나 지적인 활동을 할 때 씁니다. 어떤 행동을 잘한다는 것은 그만큼 해당 방식을 선호한다는 의미이기도 합니다. 즉, 어느 특성이 높은지를 보면 히어로의 성격도 어느 정도 파악할 수 있습니다. 무력에 높은 수정치를 배정한 히어로는 직설적이고 잔인할 정도로 솔직하거나, 여러 상황에서 거칠게 행동하는 히어로일 것입니다. 기교가 높은 히어로는 노련한 닌자거나, 도둑 출신 히어로일지도 모릅니다.

특성은 히어로의 성격이나 배경을 만들기 위한 좋은 출발점입니다. 당연히 모든 히어로를 특성에 맞춰 만들 필요는 없지만, 어떻게 만들지 잘 모르겠다면 특성부터 정하는 것이 유용합니다.

기본 액션의 판정에 각 특성의 수정치를 더한다는 사실도 잊지 마세요. 히어로가 무언가 행동을 할 때는 대부분의 경우 해당 액션에 알맞은 특성의 수정치를 판정에 더합니다. 기본 액션에 사용하는 특성은 다음과 같습니다:

- **제압하기** (어느 특성이든 가능. 하지만 주로 무력을 사용)
- **장악하기** (어느 특성이든 가능. 하지만 주로 무력이나 기교를 사용)
- **무리하기** (특성 사용하지 않음)
- **보호하고 지키기** (보호)
- **주변 환경 이용** (특성 사용하지 않음)
- **위험 돌파하기** (어느 특성이든 가능, 기교를 사용하는 경우가 조금 더 많음)
- **돕기/방해하기** (인연)
- **살피기** (관찰)

물론 이 목록만 보고 곧이곧대로 따르지는 마세요. 히어로들은 적이나 장애물, 수수께끼, 그 외 여러 가지 형태의 도전을 맞이합니다. 히어로들은 맞닥뜨리는 도전마다 서로 다른 방식으로 대처해야 합니다. 특성은 바로 도전을 해결하는 다양한 방식을 나타냅니다. 특성을 정할 때는 이 점을 꼭 명심하세요.

그래서 얼핏 보기에는 무력이 그다지 유용한 특성처럼 보이지 않을 수도 있습니다. 어떤 특성으로든 **제압하기**나 **장악하기**, **위험 돌파하기**를 발동할 수 있으니까요. 심지어 **주변 환경 이용**은 판정할 필요도 없습니다. 하지만 어느 특성을 사용하든, 반드시 이야기 속에서 특성을 실제로 활용하기에 적합한 수단이 있어야 한다는 사실을 명심하세요. 즉, 그 특성을 사용하기 어울리는 상황이어야 합니다. 액션에 따라 어떤 특성은 사용하기 쉽고, 어떤 특성은 어렵습니다. 예를 들어 **제압하기**는 보호보다는 무력으로 판정할 상황이 훨씬 많습니다. 무력을 사용하려면 그저 얼굴에 주먹을 날린다고 선언하면 그만이고, 대부분의 경우 충분히 말이 되니까요. 무력은 그저 강력한 힘을 휘두르기만 하면 되므로 이야기 속에서 사용하기 가장 쉬운 특성일 것입니다.

반대로 보호를 사용해서 적 졸개들을 쓰러뜨리기는 무척 어려울 것입니다. 자신이 입는 피해를 버티거나 사람들을 보호한다고 해서 적들이 쓰러지는 상황은 거의 없을 테니까요.

특성에 배정한 수정치는 히어로가 해당 방식으로 문제를 해결할 때 얼마나 잘 성공할지를 나타내지만, 오직 플레이어가 이야기 속에서 해당 특성으로 액션을 발동할 수 있도록 행동을 선언해야 사용할 수 있습니다.

저는 애로우헤드가 재빠르고 날쌘 히어로면 좋겠습니다. 그래서 기교에 가장 높은 수정치인 +2를 배정했습니다. 저는 또한 애로우헤드가 매력적이면서 사교적인 인물이면 좋겠습니다. 그리고 단서도 잘 찾고 연구나 조사도 잘하기를 바랍니다. 그래서 영향과 관찰에 각각 +1을 배정했습니다. 하지만 애로우헤드는 고독한 늑대처럼 홀로 활동하는 야경단원이므로 보호에는 -1을 배정하는 편이 좋을 것 같습니다. 마지막으로 무력에는 0을 배정했습니다.

파워

이제 히어로를 초인답게 만들 세부 사항을 만들 차례입니다! 히어로는 왜 특별한가요? 어떤 일을 할 수 있나요? 플레이어는 어떤 능력이든 원하는 대로 만들 수 있습니다. 월드 인 페릴의 가장 흥미진진한 특징이지요. 히어로는 다양한 파워를 지닐 수 있으며,

핵심 파워는 "이 일을 할 수 있나요?" 에 관한 답변입니다.

처음에는 어떤 능력을 발휘할 수 있을지 자신조차 잘 모릅니다! 파워를 만들 때는 우선 어떤 파워를 지녔는지 폭넓게 잡은 다음, 점점 구체적으로 좁히세요. 즉, 우선 히어로가 지닌 파워를 포괄적으로(변신, 초인적인 근력 등등) 정한 다음, 파워 목록을 만들어 구체적으로 무엇을 할 수 있는지 묘사하고, 어떤 일이 간단한지, 힘든지, 혹은 불가능한지 수준을 정하세요.

핵심 파워

핵심 파워는 히어로가 무슨 능력을 발휘할 수 있을지 포괄적으로 적는 항목입니다. 장차 발휘하고 싶은 능력을 반드시 모두 적으세요. 히어로는 비록 처음부터 모든 능력을 발휘할 수는 없지만, 이후 초인적인 반사신경이나 괴력을 발휘하거나, 금속을 조종하거나, 하늘을 나는 등 각종 능력을 발휘할 때는 핵심 파워를 보고 이야기 속에서 가능한 일인지 정합니다. 구체적으로 무엇을 할 수 있는지 폭을 좁히는 대신, 최대한 넓게 개념을 잡고 어떤 능력을 발휘할 수 있는지 정하세요. 인간의 한계를 넘는 능력은 모두 핵심 파워로 적어야 합니다. 다음은 히어로가 지닐만한 몇 가지 초인적인 파워입니다:

- 동물 능력 모방 (곰의 힘, 송골매의 비행 능력, 매의 눈 등)
- 기존 파워의 강화 (초인적인 능력 부여나 증폭, 다른 사람의 파워를 모방하거나 차단하기 등)
- 신체 조종 (물체 통과, 밀도 조작, 신체 신축, 초인적인 감각이나 근력, 민첩성, 내구력, 불로, 불사 능력, X선이나 전파, 음파 탐지 등 특수한 시각)
- 사람 외의 다른 존재를 만들고 대화를 나누거나 조종하는 능력 (기술, 기계, 식물, 곤충 등)
- 정신 능력 (텔레파시, 감정 탐지, 예지, 정신 조종, 빙의, 정신파, 염동력, 영체 투사 등)
- 변신이나 둔갑술 (동물, 다른 사람, 괴물, 외계인으로 변하는 능력 등)
- 특수한 힘이나 에너지 전환, 조종, 흡수 (빛, 원소, 자기력, 질량, 극초단파, 분자, 확률, 방사능, 소리, 시간, 중력, 행운 등)
- 이동과 관련된 특수 능력 (초인적인 속도, 순간 이동, 차원문, 시간 여행, 차원 여행, 추진력, 비행 등)

파워를 가지고 구체적으로 무엇을 할 수 있을지 잘 모르겠다면, 우선 파워를 어떻게 얻었는지 시작해서 다음 질문에 답해보세요. 파워의 형태를 정하는 데 도움이 될 것입니다. 어쩌면 히어로의 배경을 만드는 데에도 도움이 될지도 모릅니다!

- 무언가 동력원이나 연료를 사용하는 파워인가요?
- 자신의 힘을 끌어오는 파워라면, 기를 조종하거나, 마법이나 의식을 사용하나요?
- 히어로는 돌연변이가 되어 파워를 얻었나요? 아니면 처음부터 인간이 아닌

존재인가요? 다른 세계나 시간대에서 오거나, 다른 종족인가요?
- 정신력이나 초능력을 사용하는 파워인가요?
- 인간의 한계를 뛰어넘도록 도와주는 기술이나 장비, 도구를 사용하나요?

위 질문에 답하면서 구체적인 파워의 형태를 생각해 보세요. 예를 들어 얼음의 정령에게 힘을 받은 히어로와 주위의 열을 빼앗는 능력을 갖춘 돌연변이 히어로는 똑같이 추위를 조종하는 파워를 가지더라도 사용하는 방법과 약점이 서로 다를 것입니다.

비록 눈에서 내뿜는 광선이나 어마어마한 괴력, 총알보다 빠른 속도처럼 "초인적인" 파워가 없는 히어로를 만들고 싶더라도, 히어로가 어떤 점에서 평범한 사람을 뛰어넘는지 자세하게 정하세요. 초인적인 파워나 특출한 신체능력이 없는 히어로도 이점을 활용하면 다가오는 위험에서 세계를 지키는 데 한 몫 보탤 수 있습니다.

파워는 빼앗거나 파괴할 수 없는 타고난 능력입니다. 어쩌면 약점이나 에너지 충전 필요 같은 제한이 있을 수도 있지만, 파워는 히어로의 일부나 마찬가지이므로 언제든지 사용할 수 있습니다.

히어로는 이점으로도 특정한 능력이나 행동을 할 수 있는 파워를 얻을 수 있지만, 이점은 히어로의 일부가 아니며, 영구적인 파워를 주지도 않습니다. 도구 벨트나 화살, 전투복, 각종 기술이나 장비처럼 부서지거나 빼앗길 수 있는 것은 모두 이점입니다. 즉, 히어로가 다른 아무 도움도 없이 맨몸으로 사용할 수 있는 파워는 파워 항목에 적어야 하며, 기술이나 장비 등으로 사용하는 파워는 이점 항목에 적어야 합니다.

핵심 파워를 마음에 들게 정했다면, 이제 파워 목록으로 넘어갈 차례입니다. 파워 목록에는 파워를 가지고 발휘할 수 있는 능력을 구체적으로 적습니다. 최소한 지금 가능한 일을 말이지요. 핵심 파워와 이점은 히어로가 어떤 파워를 가졌는지 모두 적는 항목이며, 파워 목록은 편집장이 "이거 할 수 있나요?"라고 물을 때 들여다볼 항목임을 명심하세요.

파워 목록

파워 목록은 히어로가 가진 파워로 실제 무엇을 할 수 있으며, 얼마나 쉽게 할 수 있는지 자세하게 적는 항목입니다. 우선 히어로가 발휘할 수 있는 능력을 수준마다 한 가지씩 적으세요. 무슨 일을 정말 쉽게 할 수 있나요? 반드시 현란한 초인적인 능력이 아니더라도 지붕 사이를 뛰어넘는다든가, 200미터 바깥의 목표를 맞추는 등 히어로의 운동 실력이나 사격술 등을 활용할 수 있는 능력을 포함할

> 히어로가 무엇을 할 수 있는지 핵심 파워로 결정한 다음, "이야기 속에서 이 능력을 발휘하려면 얼마나 어려운가요?"에 관한 답을 파워 목록으로 정하세요.

수도 있습니다. 파워 목록에 적은 능력은 **무리하기**를 발동할 필요 없이 사용할 수 있습니다. 처음에는 수준마다 능력을 하나씩만 넣을 수 있지만, 플레이하면서 점점 파워 목록을 채울 수 있습니다. 파워로 발휘할 수 있는 구체적인 능력을 적으세요.

- **간단함** – 자주, 쉽게 발휘하는 능력은 무엇인가요?
- **힘듦** – 자주 실행하지만, 집중과 노력이 필요한 능력은 무엇인가요?
- **한계선** – 목숨의 위험에 처했거나 한계에 다다랐을 때 발휘한 능력은 무엇인가요?
- **잠재능력** – 지금까지 발휘한 능력을 보아 장래에 아마 할 수 있거나, 아니면 딱히 불가능하다고 단정 짓지 않은 능력은 무엇인가요?
- **불가능** – 어떤 노력을 하든 불가능한, 한계 바로 너머의 능력은 무엇인가요?
- **상실** – 과거에는 발휘할 수 있었지만 더는 불가능한 능력이 있나요? 모든 히어로가 잃어버린 파워를 가질 필요는 없지만, 캐릭터 시트에 집어넣기에 좋은 배경 정보가 될 수 있습니다.

특별한 초인적 파워를 가지지 않은 히어로 역시 파워 목록을 정해야 합니다. 타고난 파워를 사용하든, 돌연변이든, 기술을 활용하든, 파워 목록 항목에는 태양광선, 화살, 눈에서 열광선 쏘기, 도구 벨트 사용하기 등 자주 발휘하는 능력을 적으세요.

저는 애로우헤드가 화살로 여러 가지 종류의 일을 할 수 있기를 바랍니다. 그래서 필요할 때 원하는 능력을 발휘할 수 있도록 핵심 파워의 폭을 넓게 잡았습니다. 물론 처음부터 모든 능력을 발휘할 수는 없을 테니, 은밀성이 필요한 능력부터 몇 가지 선택하겠습니다.

핵심 파워: 올림픽 수준의 운동선수, 백발백중의 사격 실력

이점: 특수 화살을 담은 화살집. 여러 가지 상황에 필요한 모든 종류의 화살을 담았습니다.
간단함: 간단한 경보장치나 전자 감시 장비 피해서 가기
힘듦: 아주 멀리 있는 적을 쓰러뜨림
한계선: 특수 화살 한 발로 방에 있는 적들을 모두 쓸어버림(한 번에 여러 명의 적을 맞춤)
잠재능력: 어떤 물건이든 모두 치명적인 발사 무기로 사용함.
불가능: 두 구역 너머에 있는 목표를 맞춤.

시트에 적은 능력 외의 행동을 하려면 **무리하기**를 발동하세요. 타고난 파워를 사용하든, 이점을 사용하든, 파워 목록에 없는 행동은 **무리하기**를 해야 가능한 능력입니다. 히어로는 이 같은 방식으로 기존 방식에서 벗어나 처음에 정한 파워 목록에 구애받지 않고 행동할 수 있습니다.

이야기 속에서 파워를 사용할 상황이 왔을 때, 파워 목록에 있는 능력으로 해결할 수 있다면 **무리하기**를 발동하지 않아도 됩니다. 히어로는 이런 일을 이미 해본 경험이 있고, 다시 어떻게 처리할지 잘 아니까요. 하지만 파워로 아직 시도해보지 않은 일을 도전한다면 **무리하기**, 또는 어쩌면 특수 액션인 **불사르기**를 발동해야 할 수도 있습니다. 어느 쪽이든 발휘할 수 있는 능력을 넓히려는 히어로는 심각한 대가를 각오해야 합니다. 하지만 이미 할 줄 아는 일이더라도(그래서 **무리하기**를 발동할 필요가 없더라도) 모두 쉽게 할 수 있는 것은 아닙니다. 오직 **간단함** 수준의 능력만이 별다른 구실을 만들지 않고 할 수 있습니다. **힘듦**이나 **한계선**, 또는 **잠재능력** 수준의 능력은 이야기 속에서 그에 알맞은 시간과 노력을 들여야 합니다. 항상 쉬울 리는 없겠죠!

플레이어는 파워 목록을 보고 히어로가 어떤 능력을 발휘할 수 있을지를 알 뿐만 아니라, 얼마나 쉽게 할 수 있는지도 알 수 있습니다. 무언가 능력을 발휘할 때는 그 수준이 **간단함**인지, **힘듦**인지, **한계선**인지, **잠재능력**이나 불가능인지 판단하고 결정할 테니까요. 나중에 특정한 행동을 할 때 얼마나 어려운지 기준을 잡기 위해 대략적이라도 파워의 한계와 수준별 기준선을 꼭 정하세요. 능력 한 가지를 머릿속에 그린 다음, 규모를 점점 더 높인다면 수준을 정하기 쉽습니다. 예를 들어 **간단함** 수준의 능력이 "평범한 사람을 기절시키기 충분한 힘으로 때린다"라면, **힘듦** 수준의 능력은 "벽돌이나 콘크리트로 된 벽을 뚫을 정도의 힘으로 때린다"이며, **한계선**은 "강철 벽을 뚫을 정도의 힘으로 때린다"일 것입니다. 하지만 이런 방법은 능력의 수준을 명확하게 정하기는 좋지만, 단순히 물체를 부수는 일 외에 다른 능력을 발휘할 줄 아는 히어로를 나타내기에는 한계가 있습니다. 파워 목록에 다양한 종류의 능력을 여러 수준에 골고루 분산해서 넣으세요. 게임을 시작하자마자 당장 무엇을 하고 싶은지 생각해 보세요.

파워 다루기

편집장은 이야기 속에 갈등을 집어넣고 히어로가 위험을 돌파하도록 만들기 위해 여러 가지 방법과 액션을 활용할 수 있습니다. 어떤 종류로든 실제 피해를 주는 것은 한 가지 수단일 뿐이지만, 피해를 주려면 언제 어떻게 피해를 줄지 알아야 합니다. 히어로의 파워를 본 다음에도 어떻게 도전 거리를 만들지 잘 모르겠다면 생각을 정리하기 위해 플레이어에게 질문하세요. 핵심 파워로 무엇을 할 수 있을지 알려면 "이 일을 할 수 있나요?"라고 질문하세요. 히어로의 파워 목록에 특정 능력이 있는지 알려면 "이전에 해 봤나요?"라고 물으세요. **무리하기**를 할 때 얼마나 대가를 치러야 하는지 알고 싶거나, 행동을 사용하기 위해 어떤 수단을 동원해야 하는지, 그 때문에 우선 **위험 돌파하기**가 필요한지 알고 싶다면 "얼마나 어려울 것 같나요?"라고 물으세요.

히어로가 "강철 피부"라는 파워를 가졌다면 히어로는 총알을 맞아도 튕겨내고, 주먹으로 얻어맞아도 때린 사람의 손이 부러지고, 미사일에 맞아도 죽지 않는다고 선언할 수 있습니다. 히어로가 강철 피부로 무엇을 할 수 있는지 정하려면 파워 목록에 적으세요. 파워 목록은 히어로가 무엇을 할 줄 아는지, 어떤 일을 경험했는지, 어떤 결과를 만들 수 있는지 구체적으로 적는 항목입니다.

간단함 수준에 "총알을 맞아도 끄떡없음"이라고 적었다면, 히어로는 별다른 어려움 없이 쉽게 총알을 튕겨낼 수 있습니다. 하지만 히어로가 미사일에 맞았다면 **무리하기**를 발동해야 합니다. 비록 히어로는 "강철 피부" 덕분에 피해가 없다고 선언할 수도 있지만, "미사일에 맞고 끄떡없음"은 파워 목록에 없으므로 이를 확인해야 합니다.

히어로가 슈퍼맨 같은 캐릭터라고 해서 그저 무적이 될 수는 없습니다. 히어로가 얼마나 강한지, 피해에 얼마나 잘 버티는지 명확하게 정해야 하니까요. 편집장은 플레이 중에 알맞은 상황이 오면 히어로가 극복해야 하는 각종 적수와 시련을 내보내서 플레이어가 히어로의 한계를 정하도록 도우세요.

플레이어는 파워 목록에 문제를 적극적으로 해결하는 능력이든, 피해나 어려움에 버티는 능력이든 자유롭게 적을 수 있습니다. 이는 히어로가 파워를 가지고 어떤 일을 하는지에 달렸습니다. 일반적으로, 히어로가 자주 발휘하면서 익숙해질 능력을 적으면 됩니다. 코스믹 에너지파로 적을 공격하든, 음속으로 움직이든, 몸무게의 몇 배나 되는 물건을 들어 올리든, 역장을 만들어 몸을 지키든 모두 플레이어의 선택에 달렸습니다.

플레이에는 언제나 긴장과 위험, 도전과 성취감이 필요하다는 사실을 명심하세요. 월드 인 페릴은 이를 상태로 구현합니다. 슈퍼맨 같은 히어로는 총알을 맞아도 상처는 나지 않겠지만, 다른 방식으로 상태를 받을 수도 있습니다. 사랑하는 사람이 총에 맞는 장면을 본 히어로는 "충격받음"이나 "비탄에 빠짐" 상태를 얻으며, 총알을 막기 위해 에너지나 힘을 쏟아야 한다면 "탈진" 상태를 얻을 것입니다. 어쩌면 "방해를 받음"이나 "방심함" 같은 상태를 얻을 수도 있지요. 히어로가 가진 파워를 파악하고 궁리해서 시련을 주는 것은 편집장의 역할이지만, 플레이어 역시 히어로를 어려운 상황에 뛰어들게 하고, 기꺼이 이야기에 맞춰 피해를 받을 줄 알아야 합니다. 편집장이 히어로에게 끊임없이 위험을 주지 못한다면, 플레이어는 히어로를 어떻게 고칠지 다시 검토하거나 편집장을 도와서 히어로에게 알맞은 시련을 만들어야 합니다.

파워를 좀 더 구체적으로 정하고 제한하기

플레이어는 중요한 판정에 성공해서 이야기를 좀 자기 뜻대로 이끌기 위해, 파워에 몇 가지 제한을 두어 인연 점수를 좀 더 많이 얻을 수 있습니다.

모든 파워는 히어로를 제약하는 결점이 있습니다. 히어로는 이 제한 때문에 특정한 상황에서 싸움을 하거나 상대를 무찌르는데 어려움을 겪기도 하지만, 무엇보다도 주변 사람들과 맺는 관계에 지장을 받습니다. 히어로는 자신이 지닌 파워나 추구하는 삶 때문에 다음과 같은 제약을 겪을 수 있습니다.

초인적인 힘을 가졌거나, 칼날처럼 날카로운 피부를 지녔거나, 남의 기력을 흡수하는 파워를 가졌다면 다른 사람들과 거리를 두고 살아야 합니다.

마음을 놓고 자신의 비밀을 털어놓을 사람이 주위에 없거나, 혹은 비밀을 털어놓았다가 폐만 끼칠지도 모릅니다.

알코올, 우주 방사선, 수압, 고향 행성의 파편 같은 특정한 요소에 의존하거나, 취약해지거나, 파워를 쓸 때 이러한 요소가 필요할 수도 있습니다. 이는 매우 강한 히어로를 플레이하기 쉽게 하려고 흔히 사용하는 방법입니다.

그저 가족이나 일상생활, 일에 쏟을 시간과 정력이 부족한 것일 수도 있습니다. 늘 악당들과의 싸움을 대비하고, 싸움에서 입은 상처를 회복해야 하니까요.

히어로의 파워에 어떤 제한이나 약점이 있는지, 이러한 제약이 삶에 어떤 영향을 미치는지 곰곰이 생각하고 구체적으로 정하세요. 강력한 히어로는 파워 목록에 능력을 더 많이 추가할 수 있지만, 그만큼 주변 사람들과 어울리기 어려우므로 인연 점수를 적게 받습니다. 아래 표를 보고 파워와 인연 사이의 상관관계를 확인하세요. 주변 사람들과 쉽게 어울리고 일상생활을 비교적 잘 지낼 수 있는 히어로는 인연 점수를 많이 받지만 능력이 적은 반면, 사회 구성원들과 어울리지 못하는 히어로는 인연 점수를 적게 받는 대신 자신에게 더욱 집중하여 강해질 수 있습니다.

어울리는 정도 (주변 사람들과 얼마나 쉽게 지내는가)	추가 인연 점수	파워 목록에 적는 추가 능력
때때로 어려움을 겪음	6	간단함 1 추가
자주 어려움을 겪음	5	간단함 1, 힘듦 1 추가
오랜 관계를 맺기 거의 불가능함	3	간단함 2, 힘듦 2 추가
사람들 대부분이 노골적으로 외면함	1	간단함 2, 힘듦 2, 한계선 1 추가

히어로가 얻은 인연 점수는 이번 장의 마지막 부분에서 다시 설명하겠지만, 일단 지금은 히어로가 파워 목록에 어떤 능력을 추가할지 신경 쓰세요. 추가를 마쳤다면 이제 히어로의 기원 플레이북을 선택할 차례입니다.

애로우헤드의 결점과 제한을 살펴봅시다. 애로우헤드는 그저 평범한 인간입니다. 외모도 특이하지 않고, 파워를 유지하기 위해 꾸준히 몸을 단련하고 때때로 자경단 활동 때문에 가족이나 일을 나중으로 밀어두어야 한다는 문제를 제외하면 특별한 제한 사항도 없습니다. 그러므로 애로우헤드는 "때때로 어려움을 겪음" 수준이 적합합니다. 애로우헤드는 인연 점수를 6점 더 받으므로 판정도 더 많이 성공할 수 있습니다. 또한 애로우헤드는 파워 목록에 **간단함** 수준의 능력을 하나 더 추가합니다.

핵심 파워: 올림픽 수준의 운동선수, 백발백중의 사격 실력

이점: 특수 화살을 담은 화살집. 필요한 모든 종류의 화살을 담았습니다.

간단함: 간단한 경보장치나 전자 감시 장비 해제, 무술로 평범한 사람을 쉽게 제압함.

힘듦: 멀리 있는 적을 쓰러뜨림

한계선: 특수 화살 하나로 방 전체에 있는 적들을 쓸어버림(한 번에 여러 명의 적을 맞춤)

잠재능력: 어떤 물건이든 모두 치명적인 발사 무기로 사용함.

불가능: 두 구역 너머에 있는 목표를 맞춤.

히어로의 파워가 이야기에 영향을 준다는 점을 항상 염두에 두세요. 각 히어로가 자신의 행동을 어떻게 묘사할지, 주변 상황에 어떻게 대응할지는(이 때문에 액션이 발동하든 하지 않든) 히어로의 성격과 파워에 따라 달라집니다. 히어로가 무언가를 할 때, 액션 목록을 보고 할 수 있을지 없을지를 속단하지 마세요. 대신 핵심 파워와 파워 목록을 기준으로 해서 히어로의 파워로 할 만한 일인지 아닌지를 정하세요. 그저 히어로가 무엇을 할지, 어떻게 말할지 묘사하세요. 히어로는 파워를 수단으로 사용해 동료들이 못하는 일을 할 수 있습니다. 때로는 히어로의 행동에 따라 액션이 발동하기도 하고, 발동하지 않을 수도 있습니다. 다른 플레이어들에게 히어로가 문제를 해결하기 위해 어떻게 파워를 사용하는지, 이야기 속에서 어떻게 보일지 선언한 다음 어떤 액션이 발동할지 의견을 들으세요.

파워는 폭이 넓습니다. 이는 다 이유가 있습니다. 히어로는 파워로 무엇이든 할 수 있지만, 특정한 분야에서는 누구나 그렇듯, 그리고 히어로답게 남들보다 더욱 뛰어납니다(어떤 특성에 더 높은 수정치를 배분할지를 결정해서 이를 나타낼 수 있습니다). 플레이하는 동안 파워를 사용하면서 형태를 점점 명확하게 다듬세요. 히어로의 파워는 늘 다른 모습으로 나타납니다. 심지어 파워가 바뀌지 않더라도 히어로가 언제나 새롭게 창의적으로 사용하는 방법을 찾아내게 마련입니다.

히어로가 이야기 속에서 무엇을, 어떻게 할지 선언할 때는 파워를 보고 결정하세요. 편집장 역시 이야기를 묘사할 때 히어로의 파워를 고려하세요. 만약 히어로가 재생 능력이나 피부를 강철로 바꾸는 파워를 가졌다면, 편집장은 이 히어로가 피해를 받았다고 묘사할 때 한 번 더 생각해 보세요. 히어로의 삶을 흥미진진하고 극적으로 만들기 위해, 편집장은 적절한 도전을 준비하고 히어로가 가진 파워에 맞춰 이야기를 묘사해야 합니다. 주먹에 얻어맞아 건물 세 채를 뚫고 날아간 다음 먼지투성이로 일어난 히어로가 **경미한 상태**밖에 받지 않았다면 치유 능력을 사용했거나, 물리력을 흡수하는 장비를 갖추고 있는 등 그만한 이유가 있어야 합니다.

파워 목록을 만들 때는 무엇보다도 발휘할 수 있는 능력에 경계를 그으세요. 이후 플레이를 하는 동안 파워 목록에 없는 능력을 발휘하고 싶다면, 해당 일이 간단함-힘듦-한계선-잠재능력 중 어느 수준인지 파악해서 할 수 있을지 없을지를 결정하세요. 불가능 수준은 파워로 발휘할 수 있는 능력의 상한선을 규정합니다.

파워 목록의 각 수준은 히어로가 이야기 속에서 능력을 발휘할 때 얼마나 어려운지, 어떤 대가를 치러야 하는지 난이도를 결정하는 역할 외에 실제로 규칙에 미치는 효과는 없습니다. 히어로는 이 능력이 얼마나 어려운지를 무시하고 마음대로 행동할 수 없습니다. 히어로가 지금 그 능력을 발휘할 수 있는 충분한 여건이 필요하니까요. 어떤 능력이 간단함인지, 힘듦인지, 한계선인지는 히어로마다 다르지만, 보통 어려운 능력일수록 그만한 시간이나 노력, 준비와 집중이 더 드는 반면, 쉬운 능력은 별다른 노력이나 생각 없이, 어쩌면 반사 행동처럼 자연스럽게 발휘할 수도 있습니다. 한계선은 지식과 경험을 총동원해서 가진 파워를 한계까지 밀어붙여야 가능한 수준이며, 잠재능력은 일생 한두 번밖에 발휘해보지 못한 능력, 또는 발휘할 수 있을 거라 판단되지만 이론으로만 가능한 수준입니다. 스스로 한계라고 생각하던 지점을 넘어서 자신을 밀어붙이는 능력이지요. 하고 싶다면 하세요. 단지 이야기 속에서 그만큼 어려운 능력을 정말로 발휘할 수 있을 만한 마땅한 여건이 되어야 합니다. 편집장은 히어로가 능력을 사용할 때 얼마나 어려울지 판단하고 이야기에 반영하세요.

파워 목록에 이미 있는 능력은 여건만 된다면 발휘할 수 있습니다. 만약 별다른 문제나 위기가 닥치지 않았고 파워를 사용했기 때문에 발동될 액션도 없다면 판정할 필요도 없이 파워 목록에 있는 능력을 발휘할 수 있습니다. 파워 목록에 없는 능력은 무리하기를 발동해서 얼마나 어려운지에 따라 대가를 치러야 합니다. 극한에 이르는 능력은 그만큼 위험합니다. 불사르기를 발동한 히어로는 죽을 가능성도 있으니까요.

기원 선택하기

기원은 PC가 왜 히어로가 되었는지를 선택하는 플레이북입니다. PC는 어쩌면 파워를 얻는 동시에 히어로가 되었을지도 모르지만, 히어로가 되기로 한 계기나 원인은 기원에서 나옵니다. 각 기원의 제목은 **"내가 슈퍼히어로가 된 이유는…"**에 대한 답입니다. 각 기원은 PC의 배경과 히어로가 된 동기를 담은 플레이북인 만큼, 적들을 더욱 구체적으로 꾸밀 수 있는 아이디어도 몇 가지씩 소개했습니다. 기원을 하나 선택한 히어로는 해당 플레이북 안에 있는 모든 액션을 얻습니다. 히어로는 두 가지 기원을 가질 수도 있지만, 두 기원에서 총 세 개의 액션만 얻을 수 있습니다. 어떤 액션을 얻을지는 플레이어가 선택하세요. 월드 인 페릴은 슈퍼히어로물에서 흔히 볼 수 있는 기원 중 몇 가지 유형을 정리해서 다음과 같이 소개했습니다:

내가 슈퍼히어로가 된 이유는…

- **가족의 죽음** – 히어로는 가까운 누군가를 잃은 탓에 새로운 길을 걷게 됩니다.

- **사고** – 히어로는 어떤 실수나 끔찍한 사건, 실험 때문에 무언가 다른 존재가 되었고, 여전히 사고의 그늘에 살아가며 무언가 해답을 찾으려 합니다.

- **나는 괴물이다** – 히어로는 태어날 때부터 다른 무언가로 태어나거나, 또는 인생의 어느 시점에서 변화를 겪습니다. 히어로는 이제 자신을 다른 사람들과 같은 존재로 여기지도 않고, 서로 어울리지도 못합니다.

- **죽음에서 돌아오다** – 히어로는 저 세상에 갔다가 돌아왔지만, 완전히 돌아오지는 못했습니다. 히어로가 죽음에서 어떻게 부활했는지, 그리고 무엇을 잃어버렸는지는 히어로의 삶에 큰 영향을 미칩니다.

- **내 안의 야수** – 때로 내면에 있는 무언가가 깨어나 자의식을 가지고 히어로를 지배합니다.

- **거래** – 히어로는 힘을 얻기 위해, 혹은 소원을 이루기 위해 그 대가로 무언가를 포기했습니다. 이제 히어로의 삶은 그 거래를 중심으로 맴돕니다.

- **미래** – 히어로는 미래에서 현재의 시간선으로 왔습니다. PC가 어떻게, 왜 현재로 왔는지는 히어로가 된 이유와 관련이 있습니다.

- **일깨우는 부름** – 히어로는 일깨움을 얻을 때까지 범죄자였거나 악당, 또는 암흑가의 일원이었습니다. 히어로는 이제 히어로로서 살아가기 위해 자신의 과거와 대면해야 합니다.

- **외계 혈통** – 히어로는 다른 행성에서 태어났거나, 아무도 알지 못하는, 혹은 아무도 모르게 지켜온 지구 내 어딘가에서 왔습니다. 히어로가 어디 출신인지, 지구에서 무엇을 하는지는 현재 히어로가 된 이유와 관련이 있습니다.

- **계승자** – PC가 사용하는 히어로의 자리는 이전에도 있었고, 앞으로도 이어질 것입니다. 히어로는 친구나 스승, 가족, 또는 신비한 의식을 통해 이름을 물려받은 계승자입니다. PC의 히어로 활동 중 많은 부분은 PC가 유산을 빛내는 동시에 자기 자신만의 정체성을 확립하는 이야기를 다룹니다.

- **사명** – PC는 어쩔 수 없이 히어로가 되었습니다. 히어로는 직접 명령을 받거나, 배후의 누군가에게 조종을 당합니다. 히어로의 이야기는 자의적인 활동과 강제적인 명령 사이에서 갈등하는 부분에 초점을 맞춥니다.

- **소유자** – 히어로는 무언가 특별한 것을 지니고 있거나 몸속에 품은 탓에 누군가의 표적이 되었습니다. 이에 따라 히어로가 어떻게 일상을 보내며, 어떤 히어로가 될 수 있는지도 알 수 있습니다.

- **내가 아는 것** – 히어로는 힘과 지식을 손에 넣으면서 큰 신세를 지거나, 전혀 새로운 세계를 접하면서 자신 없이는 이 세계에 큰 재앙이 일어날 수도 있다는 책임감을 깨닫습니다.

가족의 죽음

떨칠 수 없는 기억: 히어로는 과거 누군가를 잃고 큰 상처를 받았습니다. 이 상실감은 PC가 오늘날 히어로가 된 핵심적인 이유입니다. 히어로는 이제 일련의 신조와 이상에 따라 살며, 때로는 이 때문에 목숨의 위기에 처하기도 합니다. 히어로가 지키는 신조를 한두 문장으로 적으세요. 히어로가 자신을 한계까지 밀어붙인 다음 어려운 결정에 부딪혔을 때, 잃은 사람을 떠올리세요. 히어로는 그 사람과 대화를 나눈 다음(어떤 형태로, 혹은 어떤 방식으로 대화를 나눌지는 플레이어 마음입니다), 무언가 행동 한 가지를 성공할 때까지 모든 상태의 효과를 무시합니다.

악은 절대 잠들지 않는다: 책임감 때문에 아직 일상생활로 돌아갈 때가 아니라고 느끼면, **어울리기** 대신 **정보 수집**을 발동하세요. 문제가 해결되면 히어로는 상태 하나를 회복합니다.

똑같은 상처: 누군가가 히어로에게 자신이 겪은 비극이나 사건을 털어놓거나, 반대로 히어로가 상대에게 자신이 겪은 일을 털어놓는다면, 양쪽이 모두 동의할 경우 히어로와 상대는 서로 맺은 인연을 1점씩 올릴 수 있습니다.

추천 적수

살인자: 사랑하는 사람의 죽음에 누군가가, 또는 어떤 조직이 개입했나요? 정체는 무엇인가요? 어떤 능력을 갖췄나요? 아직도 활발하게 행동을 하나요? 혹은 이미 법의 심판을 받았나요?

동전의 뒷면: 히어로의 이상과 대의에 완전히 어긋나는 적이 있나요? 정체는 무엇인가요? 어떤 능력을 갖췄나요? 왜 그런 짓을 하나요?

사고

변화: 히어로는 자신도 모르게 당한 실험이나 끔찍한 사고, 혹은 실수로 파워를 얻었습니다. 그 사건은 끔찍한 경험이었으며, 그때를 떠올리면 어지럽고 혼란스럽기만 합니다. 히어로의 신체나 파워는 그 사건 이후 점차 변했을 수도 있습니다. 그 사건이 히어로를 어떻게 바꾸었으며, 장차 히어로를 어떻게 바꿀 수 있을지, 다른 누군가도 사건의 영향을 받았는지 적으세요.

> ➤ 그 사고 때문에 어떻게 바뀌었나요?
> ➤ 장차 몸이 어떻게 바뀔지는 아직 모르지만, 어떤 일이 일어날 것 같나요?
> ➤ 그 사고 때문에 누가 적이 되었나요?

답을 찾아서: 운명의 그 날에 무슨 일이 일어났는지, 혹은 히어로 스스로가 그 일을 어떻게 생각하는지 명확하게 답을 얻으려면, 질문을 하나 한 다음 **+관찰** 판정을 하세요. **10+면** 편집장은 명확하고 자세하게 답을 줍니다. 이 대답에 의지해서 행동하면 다음 판정에 +1을 받습니다. **7~9면** 편집장은 답을 해야 하지만 불명확하거나, 달갑지 않거나, 어려운 선택이 필요한 정보를 줍니다.

추천 적수

원한: 사고 때문에 피해를 보고 히어로에게 책임을 묻는 사람이 있나요? 그 사람은 어떤 피해를 보았나요? 원한을 풀기 위해 무슨 음모를 세웠나요?

주모자: 줄곧 배후에서 모든 일을 조종하는 사람이 있나요? 히어로는 어떤 증거를 보고 이 사고가 겉으로 보이는 것과 다르다는 사실을 처음 알아차렸나요?

나는 괴물이다

두려움의 대상: 사람들은 이해하지 못하는 존재를 두려워하고 미워합니다. 불행하게도 히어로는 그런 존재입니다. 히어로는 겉모습만으로도 다른 사람들과 다르다는 사실이 쉽게 드러나며, 가는 곳 대부분마다 적대적인 반응을 마주쳐야 합니다. 어떤 점이 다른지 적으세요.

> ➤ 왜 두려움의 대상이 되며, 고립될 수밖에 없나요?
> ➤ 하루하루 일상은 어떤 모습인가요?

그래, 난 괴물이다: 원하는 바를 이루기 위해 자신을 향한 공포와 증오를 이용해서 누군가를 위협한다면 **+영향**으로 판정하세요. **10+면** 상대는 겁을 먹고 히어로가 원하는 대로 합니다(가능한 일이라면). **7~9면** 상대는 겁을 먹고 히어로가 원하는 대로 하지만, 좋지 못한 결과가 뒤따릅니다(바로 사람들이 히어로를 두려워하는 이유일 것입니다). 편집장은 히어로가 어떤 대가를 치렀는지 플레이어에게 말해줍니다.

주고받기: 히어로처럼 괴물 취급을 받는 사람과 대화를 나눌 때, 아래 목록 중 하나를 물어볼 수 있습니다. 진실한 대답을 듣기를 원한다면, 그 대가로 히어로 역시 상대의 질문 하나에 대답해야 합니다. 거짓말한 것이 들통나거나 상대가 의심한다면, 다시는 그 상대에게 이 액션을 발동할 수 없습니다.

> ➤ 상대의 가장 취약한 부분은 무엇인가요?
> ➤ 상대가 지금 의도하는 바는 무엇인가요?
> ➤ 상대는 나에게 무엇을 알리려 하나요?
> ➤ 상대는 나에게 무엇을 바라나요?
> ➤ 상대는 어떤 말 못 할 고통을 지녔나요?

추천 적수

미워하는 자들: 히어로 자신이나 그와 같은 부류의 사람들을 미워하는 개인이나 단체, 기관이 있나요? 이들은 어떤 주장을 내세우나요? 히어로는 이들을 어떻게 보며, 어떻게 대처하나요? 지금까지 이들과 어떤 일을 겪었나요?

집착하는 자들: 히어로에게 눈을 떼지 못하는 개인이나 단체, 기관이 있나요? 히어로에게 바라는 점은 무엇이며, 이들에게 어떻게 이익이 되나요?

죽음에서 돌아오다

히어로는 죽음을 겪고 저 세상에 갔다가 부활했지만, 완전히 돌아오지는 못했습니다. 어쩌면 아직 돌아오지 못한 것일지도 모릅니다. 히어로는 언제나 무덤에 한쪽 발을 디디고 있습니다. 히어로는 죽음과 특별한 관계를 맺은 덕분에 보통 사람들이 상상할 수 없는 힘과 지혜를 얻었지만, 그 대가로 자신의 일부분을 죽음에 바쳤습니다. 히어로는 기억을 잃어버렸거나, 채울 수 없는 공허함에 시달릴지도 모릅니다. 혹은 감정의 일부분이나 인간이라면 가져야 한다고 생각하는 무언가를 잃어버렸을 수도 있습니다. 어쩌면 한때 가졌던 것이나, 지금까지 성취하려 노력했지만 이제는 도달할 수 없는 소망을 바쳤을지도 모릅니다.

➤ 히어로는 저편에서 돌아오면서 (　　)를 잃어버렸고, 이를 극복하려 노력합니다. 극복하지 못하면 히어로는 (　　) 때문에 자제심을 잃게 됩니다.

이미 죽어 봤고, 다 해 봤고: 무모하게 위험으로 뛰어들어 결국 **마지막 기회** 판정을 해야 한다면, 2d6 대신 3d6를 굴려 높은 수 두 개를 결과로 선택합니다.

무덤 너머에서: 잃어버린 것을 되찾으려고 노력할 때, 치른 대가 때문에 발목을 붙들리거나 가로막히면 즉시 이를 극복해야 합니다. 극복하지 못한다면 **+보호**로 판정하세요. **10+면**, 히어로는 자제심을 잃습니다. 플레이어는 그 결과 무슨 일이 일어났는지 설명하세요. **7~9면**, 히어로는 자제심을 잃습니다. 편집장은 그 결과 히어로가 부딪혀야 할 골칫거리 한 가지를 줍니다.

유령을 보다: 죽음 너머의 세계를 겪은 경험을 이용해 상대를 처음으로 위협하거나 좀 더 알려고 한다면 **+영향**으로 판정하세요. **10+면** 다음 중 하나를 물어서 답을 얻을 수 있습니다. **7~9면** 다음 중 하나를 물어 답을 얻을 수 있지만, 대답을 듣기 위해 먼저 상대의 질문에 답해야 합니다.

➤ 상대가 가장 무서워하는 것은 무엇인가요?
➤ 상대가 가장 후회하는 것은 무엇인가요?
➤ 상대가 약점은 무엇인가요?
➤ 상대가 누구에게도 말하지 않은 비밀은 무엇인가요?

추천 적수

신실한 자: 히어로가 죽음을 속인 것을 알고 분노와 공포에 사로잡힌 사람들이 있습니다. 이들은 세상의 질서를 회복하려 합니다. 이들에게 히어로는 섭리를 깨뜨리는 괴물입니다.

간절한 이: 히어로의 도움을 받아 죽음 너머로 가서 무언가를 얻으려 하는 사람들이 있습니다. 죽음으로 가는 길은 일방통행이므로, 혼자서는 죽음에서 돌아올 수 없습니다. 하지만 이들에게 히어로는 마치 저승에서 돌아온 오르페우스 같은 존재입니다. 그래서 이들은 협조를 얻기 위해 히어로와 주변 사람들에게 무슨 짓이든 할 것입니다.

내 안의 야수

히어로의 몸속에는 특정한 감정 상황 때 몸을 차지하는 야수가 잠들어 있습니다. 어떤 감정에서 야수가 깨어나는지, 야수가 깨어나면 히어로가 어떻게 변하는지 정하세요. 풀려난 야수는 히어로의 뜻과 어긋나는 목표를 가졌으며, 행동을 멈출 조건이나 상태가 충족될 때까지 목표를 추구합니다.

➤ 야수는 언제 몸을 차지하나요?
➤ 야수의 목표나 본능은 무엇인가요?

나는 괴물이 아니야: 야수가 몸을 차지하지 못하게 막으려고 안간힘을 쓴다면 **+영향**으로 판정하세요. **10+면** 야수를 다스리고 온전하게 행동할 수 있습니다. **7~9면** 어떠한 방식으로든 야수의 욕구를 충족시키거나 야수의 목적대로 행동한 다음에야 야수를 다스릴 수 있습니다.

연약한 속내: 누군가에게 야수 때문에 짊어진 부담감이나 과거에 있었던 비밀을 털어놓으면서 도움을 청했을 때 상대가 마음을 연다면, **+영향**으로 판정하세요. **10+면**, 다음 목록에서 두 가지를 선택합니다. **7~9면** 한 가지를 선택합니다.

➤ 상태 하나를 제거합니다. (히어로나 상대의 상태).
➤ 자신의 다음 판정에 +1 보너스를 받습니다.
➤ 상대는 히어로를 도울 때 판정에 +1 보너스를 받습니다.

추천 적수

거울: 히어로와 같은 처지에서 야수에 완전히 굴복한 사람이 있나요? 누군가요? 히어로와 얼마나 가까웠나요? 히어로는 그 사람을 뒤쫓나요? 히어로는 자신이 그 사람처럼 될까 봐 두려워하나요?

피해자들: 히어로가 살아서는 안 된다고 생각하는 개인이나 조직이 있나요? 누군가요? 얼마나 강력한가요? 왜 히어로의 죽음을 원하나요? 히어로의 책임인가요?

거래

악마와 맺은 거래: 히어로는 힘을 얻는 대가로 무언가 소중한 것을 누군가가 요구하는 대로 바쳤습니다.

➤ 무엇을 바쳤나요?
➤ 어떻게 해야만 돌려받을 수 있나요?

필요한 만큼 포기하라: 히어로는 무언가를 포기해서 자신의 파워를 더욱 끌어올릴 수 있습니다. 히어로가 지금까지 해 보지 않은 일을 파워 목록에 추가하는 대가로 무엇을 희생해야 하는지 설명하세요. 새로운 능력의 단계가 **간단함**인지, **힘듦**인지, **한계선**인지에 따라 얼마나 희생해야 할지 정해집니다. 더욱 강력한 힘을 얻을수록 더욱 많이 희생해야 합니다. 편집장과 의논하세요.

고백: 히어로는 다른 사람에게 자신이 저지른 죄를 털어놓을 수 있습니다. 상대와 인연을 1 늘리세요. 하지만 히어로의 비밀을 알게 된 상대는 그만큼 위험에 더 처할 수 있습니다. 상대와 맺은 인연을 소모하면 판정의 성공 정도를 두 단계 높일 수 있지만, 편집장 역시 그만큼 상대를 곤란한 지경에 빠뜨리세요.

추천 적수

은인: 이제 히어로는 자신에게 힘을 준 존재와 싸우나요? 그 존재는 얼마나 강력한가요? 부하를 두었나요? 히어로에게 무엇을 원하나요? 히어로는 자신이 그 존재와 같아질까 봐 두려워하나요?

악마 사냥꾼: 히어로 같은 사람들을 찾아서 제거하는 사람이나 조직이 있나요? 누군가요? 왜 히어로를 쫓나요? 이들의 주장은 사리에 맞나요? 히어로는 이들이 성공하기를 바라나요?

미래

히어로는 미래에서 왔습니다. 왜 왔나요? 히어로가 떠난 미래는 어떤 모습인가요? 어떤 방법을 써서 현재로 왔나요?

> ➤ 미래에서 온 목적은 무엇인가요?
> ➤ 떠난 미래는 어떤 모습인가요?

흥조: 히어로는 다른 사람에게 미래가 어떤 모습인지 설명할 때 예비 1점을 받습니다. 히어로는 자신이 설명한 미래의 사건을 암시하는 징조를 보았을 때, 그 미래를 실현하거나 막기 위한 행동에 예비를 써서 다음 판정에 +1 보너스를 받을 수 있습니다.

지칭: 플레이어는 세션마다 한 번씩 특정한 사건이나 물건이 미래와 연관이 있다고 주장할 수 있습니다. 어떤 대상이 히어로가 온 미래를 암시하는지 지정하세요. 편집장은 원하는 시점에 이 예지를 게임에 반영시켜야 합니다. 이 예지가 실현되면 플레이어는 **+영향**으로 판정하세요. **10+면** 다음 목록에서 두 가지를 선택합니다. **7~9면** 한 가지를 고르지만, 히어로는 미래에 영향을 끼친 대가를 받습니다. 편집장은 원하는 시점에 히어로가 어떤 대가를 받는지 설명합니다.

> ➤ 다른 플레이어의 판정에 -2 페널티를 줍니다.
> ➤ 관련된 액션에 인연 1점을 공짜로 소모할 수 있습니다.
> ➤ 예지와 관련된 누군가와 인연을 1점 올립니다.

추천 적수

종결자: 미래에서 히어로를 따라와서 막으려는 자가 있나요? 이 사람은 히어로를 얼마나 잘 알며, 어떤 임무를 받았나요?

계승자: 미래의 자신이 모든 것을 거머쥘 것이라는 사실을 아는 자가 있나요? 어떤 승리를 거두나요? 어떻게 미래를 알았나요? 이 사람은 자신의 미래를 지키기 위해 얼마나 각오를 했나요?

일깨우는 부름

옛날의 내가 아니야: 히어로는 한때 착한 사람들이 상종하지 못할 세계에 몸을 담았습니다. 어떤 삶을 살았는지, 어떤 이유로 회개했는지 정하세요.

> ➤ 어떤 곳에 몸담았나요?
> ➤ 손을 씻은 이유는 무엇인가요?

참된 용기: 진정 옳은 행동이라고 믿는 일을 해서 사람들의 분노나 비난을 살 때, 무력을 사용하지 않고 해결하면 **+영향**으로 판정하세요. **10+면** 아래 목록에서 둘 다 선택합니다. **7~9면** 하나만 선택합니다.

> ➤ 누군가가 히어로의 영웅적인 행위를 보고 감동합니다. 편집장은 히어로가 새로 인연을 만들거나 기존 인연 중 하나를 1점 늘리도록 합니다.
> ➤ 히어로는 도움을 받습니다. 편집장은 히어로가 도움을 받을 시점에서 어떻게 도움을 줄지 이야기합니다.

이중간첩: 히어로는 누군가의 신뢰를 얻으려 할 때 팀 동료와 맺은 인연 1점을 소모하고 **+영향**으로 판정할 수 있습니다. **10+면** 히어로는 확고한 신뢰를 얻습니다. **7~9면** 상대는 여전히 의심이 남아서 시간을 두고 지켜보거나 다른 사람의 보증을 요구합니다. 시간과 방법은 편집장이 결정합니다.

추천 적수

빚: 과거에 누군가, 또는 어느 조직에 빚을 졌다고 생각하나요? 누군가요? 어떤 빚을 졌나요? 상대는 얼마나 강력한가요? 이들은 히어로를 얼마나 잘 아나요?

배신: 과거에 파트너가 있었나요? 이 파트너는 히어로에게 배신감을 느끼나요? 히어로는 파트너에게 배신감을 느끼나요? 파트너는 누군가요? 여전히 활개 치며 다니나요?

외계 혈통

특이한 존재: 히어로는 인간과 다른 존재입니다. 아래 질문에 답하면서 얼마나 다른지 기준을 세우세요. 히어로는 인간과 다른 점 때문에 곤란에 빠질 때마다(성격이나 외모, 유전자, 본능 등) 팀 동료에게 자신이 겪은 차이와 어려운 점을 털어놓고 상담하면 상태 하나를 회복할 수 있습니다.

➤ 인간이 생존하지 못하는 환경에서도 잘 지내나요?

➤ 꿈을 꾸나요?

➤ 목적은 무엇인가요?

➤ 생존하기 위해 무엇이 필요하나요?

잠시 생각한 다음 캐릭터 시트에 히어로의 외모를 글이나 그림으로 묘사하세요.

외계 정신: 누군가 정신에 침투하거나 정신 공격으로 해를 끼치려고 할 때, **+보호**로 판정하세요. **10+면** 히어로는 정신 공격을 격퇴하면서 상대를 혼란에 빠뜨립니다. **7~9면** 히어로는 정신 공격을 격퇴하면서 아래 목록 중 하나를 선택합니다.

➤ 상대에게 원하는 상태 하나를 붙일 수 있지만, 히어로 역시 같은 정도로 상태를 받습니다.

➤ 상대의 마음속에서 유용한 정보를 얻지만, 상대 역시 무언가 히어로의 개인적인 정보를 얻습니다.

책임 떠맡기: 자신을 잘 모르는 사람에게 외계 혈통이나 남다른 외모를 사용해 영향력을 행사할 때, **+영향**으로 판정하세요. **10+면** 예비를 2점 받습니다. **7~9면** 1점 받습니다. 예비는 다음 행동에 사용할 수 있습니다:

➤ 자신의 존재를 드러내거나 말을 걸어서 상대가 행동을 멈추고 귀 기울이도록 합니다.

➤ 여러 사람을 하나로 모아 하나의 공통된 행동을 하도록 만듭니다.

추천 적수

혐오주의자: 히어로나 히어로의 동족이 지구에서 떠나 인간의 일에 간섭하지 말아야 한다고 믿는 사람이나 조직이 있나요? 누군가요? 얼마나 강력한가요? 왜 히어로를 미워하나요? 히어로의 동족에게 책임이 있나요?

순수주의자: 히어로가 지구인과 어울리면 안 된다고 믿는 동족이 있나요? 누군가요? 어떤 능력을 갖췄나요? 왜 지구를 싫어하나요?

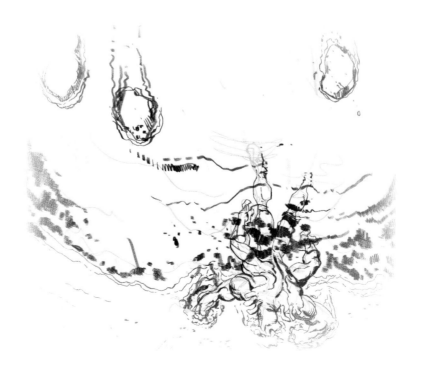

계승자

PC는 히어로의 자리를 물려받았습니다. 어쩌면 성스러운 사명의 후계자일 수도 있고, 강력한 마법 물품의 이전 주인이 죽은 다음 가장 유력한 주인 후보로 뽑힌 것일지도 모릅니다. 혹은 다른 히어로의 조수였다가 은퇴한 히어로에게 망토를 물려받은 것일 수도 있습니다. 어떤 이유로든 한 가지는 확실합니다. PC의 히어로명과 능력, 사명에는 깊은 역사가 있습니다. "과거"와 인연을 맺은 다음 히어로의 전통과 역사, 그리고 과거를 나타내는 상징을 정하세요. 히어로는 시간을 들여 이 인연을 키우고 살을 덧붙일 수 있지만, 처음 시작할 때는 최대 4점까지만 올릴 수 있습니다. 히어로가 **나는 다르다**를 발동할 때마다 과거와 맺은 인연은 1점씩 낮아집니다. PC가 물려받은 히어로의 이미지는 대중적으로 널리 알려졌기 때문에 PC가 어떻게 활동하는지, 또는 이야기 속에서 무슨 일이 일어나는지에 따라 과거와 맺은 인연이 높아지거나 낮아질 수도 있습니다.

➤ 어느 히어로의 자리를 물려받았나요?
➤ 선택 받은 이유는?

뿌리 깊은 나무: 처음 플레이에 등장한 특정한 개인이나 장소, 물건이 히어로가 잘 알고 있는 대상이라면, 편집장에게 이 대상이 과거의 선배들과 어떤 연결고리가 있는지 선언한 다음 **+관찰**로 판정하세요. **10+면** 편집장은 대상과 관련한 유용한 사실을 알려준 다음, 히어로가 어떻게 그 연결고리를 알았는지 물어볼 수 있습니다. **7~9면** 편집장은 대상과 관련한 무언가 흥미로운 사실을 알려줍니다. 이 사실을 어떻게 활용할지는 플레이어의 몫입니다. 편집장은 플레이어에게 대상이 어떤 존재인지, 히어로의 전통 속에서 어떤 역할을 했는지 좀 더 자세히 물어볼 수 있습니다.

아버지의 죄: 과거 선배들이 싸우던 적이나 골칫거리와 맞닥뜨릴 때마다 **+관찰**로 판정하세요. **10+면** 예비를 2점 받습니다. **7~9면** 예비를 1점 받습니다. 히어로는 과거나 선배들의 업적을 되돌아보면서 다음 행동에 예비를 사용할 수 있습니다:

➤ 이점을 하나 제거하거나 약점을 하나 찾습니다.
➤ **경미한 상태**나 **큰 상태** 하나를 회복합니다.
➤ 다음 판정에 +1 보너스를 받습니다.

나는 다르다: 이전의 선배들과는 전혀 다른, 아무도 예상치 못했던 행동을 한다면 어떤 일을 하고, 이 행동이 어떻게 다른지 선언한 다음, 아래 중 하나를 선택하세요. **남들과는 다르다**는 과거와 맺은 인연 1점을 소모합니다.

➤ 기습의 이점을 얻거나, 방심하게 하거나, 주목을 받아서 다음 판정에 +2를 받습니다.
➤ 다른 인연에 인연 점수 2점을 배분합니다.
➤ 즉시 **당분간 죽음**의 효과를 발동하여 히어로의 설정을 새로 바꾸고 새로운 히어로로 태어납니다.

추천 적수

어둠의 전통: 과거의 전통을 계승하여 힘을 얻은 존재는 히어로뿐만이 아닙니다. 옛 적수가 새로운 목표를 가지고 더욱 강화되어 다시 돌아옵니다. 히어로는 주의할 대상 제1호입니다.

도전자: 원래는 PC가 아닌 다른 누군가가 히어로의 자리를 물려받기로 했습니다. 그자는 PC가 자신의 타고난 권리를 도둑질했다고 생각합니다. 그자는 자신의 자리를 다시 되찾으려 합니다.

사명

지령: 히어로는 최소 한가지 임무를 받았습니다. 임무와 관련해서 누가/무엇이 같이 동행하는지 정한 다음(당장 정하지 않고 남겨두어도 됩니다) 다음 질문에 답하세요.

- ➤ 현재 임무는?
- ➤ 지령에 불복종하면 어떻게 되나요?
- ➤ 누가 지령을 내렸다고 생각하나요?
- ➤ 어떻게 하면 이들의 밑에서 빠져나갈 수 있나요?

후원자: 상부에 접촉해서 특정한 정보나 물품, 혹은 특정 장소 접근 권한을 얻으려 한다면 **+영향**으로 판정하세요. **10+면** 원하는 대로 얻습니다. **7~9면** 무언가 장애물을 처리해야 원하는 것을 얻을 수 있습니다. 편집장은 처리해야 할 장애물이 무엇인지 알려줍니다.

기계에 맞서다: 지령을 어기고 거짓말을 하거나, 명령을 왜곡하거나, 잘못을 덮으려 한다면 **+영향**으로 판정하세요. **10+면** 이번 일을 은폐하고 지령을 완수했다고 속이거나 당분간 주의를 돌릴 수 있습니다. 지령에 어긋나는 위험을 무릅쓰고 누군가를 도왔다면, 도운 상대와 인연을 1점 올릴 수 있습니다. **7~9면** 이번 일을 은폐할 수 있지만, 믿을 수 있을지 없을지 모르는 상대에게 비밀을 들키거나 비밀을 털어놓아야 합니다. 상대가 누군지 정한 다음 0점으로 새 인연을 만드세요.

추천 적수

경쟁자: 같은 조직이나 다른 조직에서 일하는 경쟁자가 있나요? 왜 히어로를 싫어하나요? 히어로도 경쟁자를 싫어하나요? 경쟁자는 히어로를 방해하기 위해 얼마나 심한 방법을 동원하나요? 경쟁자는 얼마나 강력한가요?

배반자: 함께 조직에 있었지만, 등을 돌린 배반자가 있나요? 누군가요? 히어로와 얼마나 가까웠나요? 왜 배반했나요? 히어로는 배반자가 옳을까 봐 두려워하나요?

소유자

지명수배: 모두가 히어로가 얻은 물품을 노립니다. 히어로가 물품을 사용해 직접 힘을 얻은 것이든, 물품이 히어로에게 저절로 힘을 준 것이든, 적어도 이론상으로는 누구라도 똑같이 힘을 얻을 수 있습니다. 자신들도 똑같은 힘을 얻기 위해 히어로를 추적하는 기관이나 조직, 사람들이 있습니다.

- ➤ 어떤 물품인가요?
- ➤ 히어로가 아는 한도에서 누가 물품을 노리나요?

빠지고, 선수치고, 허를 찌르기: 홀로 쫓기거나 빠져나갈 길이 없는 상태에서 궁지에 몰렸을 때, 어떻게 추적자들을 뿌리쳤는지 묘사한 다음 수정치 없이 판정하세요. **10+면** 히어로는 추적자들의 손길을 피해 빠져나갑니다. 어떻게 도망쳤는지 설명하세요. **7~9면** 히어로는 빠져나가지만 본인, 또는 가까운 사람이 위험에 빠질 수 있는 증거나 연결고리를 남깁니다. 편집장에게 무엇을 놓고 나왔는지 말하세요.

사기꾼을 속일 생각 하지 말라: 누군가가 히어로를 속이거나 조종한다고 생각한다면, 어떻게 상대의 진실성을 파악할지 선언한 다음 **+영향**으로 판정하세요. **10+면** 편집장은 플레이어의 생각이 맞는지 알려줍니다. 상대가 히어로를 기만했다면, 히어로는 상대의 속셈을 꿰뚫어 봅니다. 상대가 정직했다면, 히어로는 별문제 없이 넘어갈 수 있습니다. **7~9면** 편집장은 플레이어의 생각이 맞는지 알려줍니다. 상대가 히어로를 기만했다면, 상대는 히어로가 알아차렸다는 사실을 눈치챕니다. 상대가 정직했다면, 히어로는 상대를 시험한 탓에 무언가 좋지 못한 일을 겪습니다. 편집장은 어떤 문제가 생겼는지 알려주세요.

추천 적수

사냥꾼: 히어로를 뒤쫓는 개인이나 기관이 있나요? 누군가의 하수인인가요, 아니면 직접 히어로를 노리는 자들인가요? 얼마나 강력한가요? 히어로를 얼마나 잘 아나요?

쌍둥이: 같은 능력을 갖춘 자가 있나요? 히어로는 상대를 아나요? 상대는 히어로를 잘 아나요?

내가 아는 것

헌신적인 삶: 오랜 시간 전념한 끝에, 히어로는 오직 극소수만이 아는 비밀스러운 지식을 얻었습니다. 히어로는 이 지식 덕분에 힘을 얻었지만, 동시에 오직 이 지식으로만 눈치챌 수 있는 특정한 위험에 맞서 세계를 지킬 수 있는 극소수의 사람이 되었다는 책임감 역시 짊어졌습니다. 히어로는 어떤 지식을 얻었나요? 어떻게 익혔나요? 어떤 위험을 알아차렸나요? 히어 말고 누가 또 이 위험을 아나요?

> ➤ 지식을 익혀서 어떤 힘을 얻었나요?
> ➤ 힘을 얻은 대가로 어떤 위험에서 세상을 지켜야 하나요?

현장 전문가: 히어로가 익힌 비밀스러운 지식과 연관된 중요한 장소나 물건, 생물을 마주쳤을 때 (플레이어가 정합니다) **+관찰**로 판정하세요. **10+면** 다른 동료들에게 대상이 어떤 존재인지 말하세요. 편집장은 대상과 관련해서 유용한 사실을 알려줍니다. **7~9면** 편집장은 대상과 관련해서 흥미로운 사실을 알려줍니다. 이 사실을 어떻게 활용할지는 플레이어의 몫입니다.

가르치고 실천하다: 히어로가 다른 동료에게 지식을 전수한다면, 동료를 가르치거나 특별한 기술을 훈련하는 장면을 연출하세요. 동료는 다음번에 배운 지식을 떠올리면서 처음으로 실천에 옮길 때, 6-의 결과를 7-9로 바꿀 수 있습니다.

추천 적수

적대자: 맞서 싸우는 존재는 살아있나요(혹은 언데드인가요)? 모습이나 형태를 갖추었나요? 죽일 수 있나요? 화신이 있나요? 얼마나 강력한가요?

타락한 자: 히어로가 배운 지식을 갖췄지만 이제 타락한 자가 있나요? 누군가요? 왜 타락했나요? 히어로를 증오하나요? 그자는 다시 원래의 자리로 돌아오기를 바라나요?

열망 선택하기

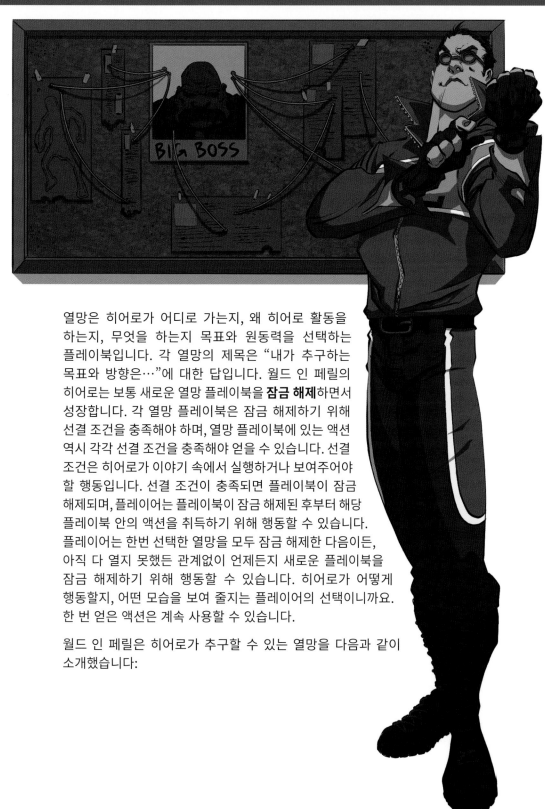

열망은 히어로가 어디로 가는지, 왜 히어로 활동을 하는지, 무엇을 하는지 목표와 원동력을 선택하는 플레이북입니다. 각 열망의 제목은 "내가 추구하는 목표와 방향은…"에 대한 답입니다. 월드 인 페릴의 히어로는 보통 새로운 열망 플레이북을 **잠금 해제**하면서 성장합니다. 각 열망 플레이북은 잠금 해제하기 위해 선결 조건을 충족해야 하며, 열망 플레이북에 있는 액션 역시 각각 선결 조건을 충족해야 얻을 수 있습니다. 선결 조건은 히어로가 이야기 속에서 실행하거나 보여주어야 할 행동입니다. 선결 조건이 충족되면 플레이북이 잠금 해제되며, 플레이어는 플레이북이 잠금 해제된 후부터 해당 플레이북 안의 액션을 취득하기 위해 행동할 수 있습니다. 플레이어는 한번 선택한 열망을 모두 잠금 해제한 다음이든, 아직 다 열지 못했든 관계없이 언제든지 새로운 플레이북을 잠금 해제하기 위해 행동할 수 있습니다. 히어로가 어떻게 행동할지, 어떤 모습을 보여 줄지는 플레이어의 선택이니까요. 한 번 얻은 액션은 계속 사용할 수 있습니다.

월드 인 페릴은 히어로가 추구할 수 있는 열망을 다음과 같이 소개했습니다:

내가 추구하는 목표와 방향은…

- **변하는 세상에 적응하기** – 히어로는 발전된 현대 사회에 적응하는 데 어려움을 겪으며, 아마 과거의 좋았던 나날을 그리워할 것입니다.
- **표상** – 히어로는 자신이 도시를 상징하는 존재가 되기를 원합니다.
- **창조** – 히어로는 세상을 바꿀만한 무언가를, 또는 세상을 바꾸는데 기여할 무언가를 만들려 합니다.
- **자기파괴** – 히어로는 자신을 천천히 파멸로 이끄는 결점을 가졌지만, 때때로 이 덕분에 변화의 사도로서 활약할 수 있습니다.
- **남들이 주저하는 일** – 히어로는 거침없이 적극적으로 나서며, 주저하지 않고 적들 앞에 자신을 드러냅니다.
- **고취** – 히어로는 사람들이 자신을 희망의 상징이자 본보기로 보기를 바랍니다.
- **자아 탐구** – 히어로는 이제 자신이 누구이며 무엇을 바라는지 알지 못하지만, 그 해답을 찾으려 합니다.
- **과거에서 벗어나기** – 히어로는 여러 가지 일을 겪었고, 아직도 뿌리치지 못하는 과거와 그때 받은 상처에 시달립니다.
- **지도자** – 히어로는 앞장서서 사람들의 힘과 가능성을 최대한 끌어내려 합니다.
- **보고 배우기** – 히어로는 누군가를 본받으며 영감을 얻습니다. 혹은 그저 다른 세계에서 건너와 지구인들과 이 세상을 최대한 이해하려고 하는 것일지도 모릅니다.
- **보호** – 히어로는 사람들이 다치고 죽는 모습을 충분히 봐 왔습니다. 이제 히어로는 자신을 희생해서라도 사람들을 안전하게 지키기 위해 온 신경을 쏟습니다.
- **자신의 가치 증명하기** – 히어로는 자신이 사람들을 이끌고 신뢰와 성원을 받을 가치가 있음을 증명하려 합니다.
- **과학의 한계 뛰어넘기** – 히어로는 모든 상상을 뛰어넘어 세상을 바꾸는 진정한 변화를 끌어 내려 합니다.
- **저항** – 히어로는 기존의 가치나 체제, 신념 등과 여러 차례 부딪히면서 현 상황은 더 지킬 가치가 없는 변화의 대상이라는 사실을 깨달았습니다. 히어로는 세상을 바꾸기 위해 기꺼이 떨쳐 일어납니다.
- **과거와 화해하기** – 히어로는 과거의 사건에서 큰 상처와 후유증을 입었습니다. 새 삶을 살기 위해서는 과거를 되돌아봐야 합니다.
- **참회** – 히어로는 과거에 누구나 다 알만한 큰 잘못을 저질렀습니다. 이제 히어로는 신뢰를 되찾고 잘못된 결과를 바로잡기 위해 노력합니다.
- **정의 구현** – 누군가 나쁜 짓을 했지만, 사법제도로는 심판할 수 없습니다. 히어로만이 이 범죄를 심판할 수 있는 능력과 의지가 있습니다.
- **새 출발** – 히어로는 고향이라고 부를 수 있는 새 보금자리를 찾았고, 여기를 지키기 위해 싸울 준비가 되었습니다.
- **탐구** – 히어로는 자신이 듣고, 보고, 느끼고, 마주치는 모든 것을 파헤치고 배우기를 원합니다.

변하는 세상에 적응하기

플레이북 잠금 해제: 히어로가 현대 사회에 제대로 적응하지 못해서 곤란에 부딪혔을 때.

또 다른 날, 또 다른 종말: 심각한 위험 앞에서 동료들에게 이전에 자신이 정말 힘든 상황을 극복한 때를 들려준다면(얼마든지 과장하세요) **+영향**으로 판정하세요. **10+면** 아래 목록을 보세요. 히어로는 동료 중 한 명을 선택해 인연을 1점 올릴 수 있습니다. 동료 역시 히어로와의 인연을 1점 올릴 수 있습니다. **7~9면** 아래 목록을 보세요.

➤ 동료들이 계속 입을 다물었다면? 동료들은 **경미한 상태**, 또는 **큰 상태** 하나를 제거할 수 있습니다.

➤ 동료들이 웃거나, 코웃음 치거나, 믿지 못하겠다고 대답하면? 동료들은 **심각한 상태** 하나를 제거할 수 있습니다.

➤ 동료들이 전의를 다지거나, 영감을 받았거나, 기운을 얻었다면? 동료들은 **경미한 상태**, **큰 상태**, **심각한 상태**를 하나씩 제거할 수 있습니다.

액션 잠금 해제: 무언가를 할 때 옛날 방식이 훨씬 좋거나 빠르다는 것을 누군가에게 증명할 때.

위스키와 담배: 전투 한복판에서 스스로 상처를 치료할 때, 특이한 방법이나 재료를 써서 어떻게 상태를 제거할지 설명한 다음 **+보호**로 판정하세요. **10+면** 해당 상태를 제거합니다. **7~9면** 해당 상태를 제거하지만 다음 중 하나를 선택합니다.

➤ **큰 상태**나 **심각한 상태**를 치료했다면, **경미한 상태**(상태 이름을 "몸이 편치 않음"이라고 이름을 바꾸세요)로 바꿉니다. 히어로가 무리해서 움직이면 상태가 다시 나빠질 수 있습니다.

➤ 상태를 치료할 수 있지만, 눈에 띄는 흉한 흉터나 외관상 손상이 남습니다(어떤 모습일지는 플레이어가 정합니다).

액션 잠금 해제: 전투 한복판에서 동료를 돕지 못했거나, 도왔지만 실패하는 경험을 겪을 때. 혹은 그런 순간들을 회상할 때.

표상

플레이북 잠금 해제: 히어로의 이름이나 상징이 도시 안에서 중요해지면서 사람들의 화젯거리가 됐을 때.

위험을 파헤치는 눈: 위험에 빠졌음을 직감하면, **+관찰**로 판정하세요. **10+면** 다음 목록에서 두 가지를 선택해 편집장에게 질문하세요. **7~9면** 한 가지만 선택해서 묻습니다. 편집장은 솔직하게 대답해야 합니다.

➤ 어디서 온 위험인가요?

➤ 누가 가장 위협적인가요?

➤ 위험이 언제 노골적으로 드러날 것 같나요? 대답이 "지금 당장"이라면, 히어로는 한 가지 행동을 할 만한 시간을 얻습니다.

액션 잠금 해제: 암습이나 매복의 희생양이 되었고, 이 일이 개인사까지 영향을 미쳤다고 플레이어가 설정을 정리할 때.

나는 법이다: 도시의 시민에게 명령하거나 부탁을 할 때, **+영향**으로 판정하세요. **10+면** 다음 중 한 가지를 선택합니다. **7~9면** 한 가지를 선택하지만 상대는 열의가 없거나, 경솔하거나, 실력이 뒤떨어집니다. 편집장은 어떤 점이 문제인지 알려줍니다. 상대는:

➤ 히어로의 말대로 합니다.

➤ 조심스럽게 물러납니다.

➤ 도망칩니다.

➤ 히어로를 공격합니다.

액션 잠금 해제: 도시를 위험에서 구했고, 시민 대부분이 히어로의 공로를 인정할 때.

창조

플레이북 잠금 해제: 작업장을 직접 짓거나 기존 장소를 개조한 다음, 작업을 시작하는 데 필요한 구성 요소 세 가지를 손에 넣었을 때.

작업장: 다음 중 작업장에 있는 것을 세 가지 선택하세요. 다른 차원으로 통하는 차원문, 생명 공학 연구소, 각종 재료를 모아둔 폐품처리장, 첨단 차량, 기괴한 전자 기기, 전동 공구, 전송기와 수신기, 성능 시험장, 오래전 황금시대의 유물, 함정, 첨단 기계와 부품, 우주에서 온 유물, 알려지지 않은 기술이나 정체불명의 유물.

작업장에 틀어박혀 작품을 만들거나 무언가의 원인을 밝히려고 할 때, 무엇을 할 것인지 편집장에게 선언하세요. 편집장은 "물론입니다." 라고 대답한 다음, 다음 조건 중 1~4개를 선택합니다.

➤ 어느 정도 시간/날짜/주/개월이 필요합니다.

➤ 우선 무언가를 얻거나/만들거나/고치거나/파악해야 합니다.

➤ 도와줄 사람이 필요합니다.

➤ 원래 구상한 계획보다 미약하고 불안정한 결과가 나옵니다.

➤ 히어로를(그리고 동료들을) 심각한 위험에 빠뜨립니다.

➤ 우선 작업장을 더 늘려야 합니다.

➤ 수 차례/수십 번/수백 번 시도해야 합니다.

➤ 다른 것을 분해해야 합니다.

편집장은 조건 모두가 필요하다고 정할 수도 있고, 조건 중 일부만 필요하다고 너그럽게 정할 수도 있습니다. 히어로는 조건을 모두 성취하면 원하는 업적을 성취할 수 있습니다. 편집장과 의논해서 결과물이 어떤 모습이며 어떻게 작용할지 정하세요.

액션 잠금 해제: 얼핏 보면 위험하지 않은 부품을 손에 넣었지만, 실은 다가올 위험을 암시하는 물건이거나 이 때문에 가까운 사람들과 갈등을 빚었을 때. 어떤 문제를 염두에 두었는지 편집장에게 이야기하세요.

만능 주머니: 무언가 흔한 물품이나 지나친 첨단 기술이 필요하지 않는(편집장과 논의하세요) 장비가 필요할 때, +관찰로 판정하세요. 주머니에 들어갈 정도로 작아야 합니다. 10+면 찾던 그 물품이나 비슷한 물건이 마침 주머니에 있습니다. 7~9면 비슷한 물건이 있지만 한 가지 숨은 문제점이 있습니다. 어떤 문제점인지는 편집장이 정합니다. 6-면 그런 물건을 가지고 다녔지만 적이 빼앗았거나 어딘가에서 잃어버린 것 같습니다. 마지막으로 물품을 본 장소가 어디인지는 편집장이 정합니다.

액션 잠금 해제: 히어로가 가장 아끼는 작품을 빼앗길 때.

자기파괴

플레이북 잠금 해제: 심각한 자기 파괴적인 버릇을 드러내고 몰두할 때. 어떤 버릇인지 적으세요.

명성: 누군가 중요한 사람을 만날 때(플레이어가 정합니다), **+영향**으로 판정하세요. **7+면** 상대는 히어로의 이름을 들어본 적이 있습니다. 플레이어는 상대가 어떤 소문을 들었는지 선언하고, 편집장은 그에 따라 알맞게 반응합니다. **10+면** 상대에 관한 행동을 할 때 다음 판정에 +1 보너스를 받습니다. **6-면** 상대는 히어로의 이름을 들어본 적이 있습니다. 하지만 어떤 소문을 들었는지는 편집장이 결정합니다.

액션 잠금 해제: 히어로가 주변 사람들을 무시하고 자기파괴 충동에 몰두하면서 쌓은 명성과 악명 때문에 가까운 사람들이 위험에 처할 때.

몰두: 자기파괴적인 버릇에 빠져버린 히어로는 언젠가 그 대가를 치르며 누군가에게 이용당할 것입니다. 하지만 지금 당장은 **예비**를 1점 받습니다. 예비는 다음 행동에 사용할 수 있습니다:

➤ 자산을 하나 획득합니다.
➤ 사람, 또는 장소에 접근할 수 있습니다.
➤ 시선을 끕니다.
➤ 상대에게 영향력을 행사할 수 있습니다.
➤ 다음 판정에 +1 보너스를 받습니다.

액션 잠금 해제: 히어로가 왜 자신을 자학하는지, 무엇을 증명하려 하는지 사이가 좋지 않은 누군가에게 털어놓을 때.

남들이 주저하는 일

플레이북 잠금 해제: 최악의 상황에 빠져 양심과 타협할 때.

얕잡아보지 마: 겁주거나 충격을 줘서 상대를 위협할 때, **+무력**으로 판정하세요. **10+면** 다음 목록 중 한 개를 선택합니다. **7~9 면** 다음 목록 중 한 개를 고르지만, 편집장은 히어로의 행동에 따라 인연 중 하나를 1점 감소시키도록 요구할 수도 있습니다..

➤ 상대는 속마음을 털어놓습니다. 질문 하나를 하면 진실한 답변을 얻을 수 있습니다.
➤ 상대는 히어로를 무서워하며 살게 됩니다. 상대에 관한 행동을 할 때 다음 판정에 +1 보너스를 얻습니다.
➤ 상대는 합리적인 범위 내에서 히어로가 시킨 일 한 가지를 합니다.

액션 잠금 해제: 사법 기관이나 다른 슈퍼히어로들, 또는 양쪽 모두와 무언가 마찰을 빚을 할 때.

요주의: 공격에서 **+12**가 나왔을 때, 다음 상대에게 주의를 돌려 히어로가 무엇을 할지 알려준 다음 **+영향**으로 판정하세요. **10+면** 다음 중 두 가지를 선택합니다. **7~9면** 한 가지를 선택합니다:

➤ 상대는 히어로를 새롭게 보고 온 힘을 다해 최대한 도망치려 합니다.
➤ 상대는 히어로를 가장 큰 위협으로 간주합니다.
➤ 상대에 대한 다음 판정에 +1 보너스를 받습니다.

도망치는데 성공한 상대는 동료들에게 자신이 본 광경을 전파하고, 히어로는 명성을 얻기 시작합니다.

액션 잠금 해제: 굳건한 인연을 맺은 동료에게 살상력을 동원할 것을 제안한 다음 진지하게 논의할 때.

고취

플레이북 잠금 해제: 누군가 히어로를 보고 용기와 희망을 얻고, 히어로 자신도 변화의 대변인이 되기 위해 개인적이고 중요한 무언가를 포기했을 때.

사람을 읽다: 누군가와 격렬한 토론을 하면서 상대의 심정을 이해하려 할 때, +영향으로 판정하세요. 10+ 면 예비를 3점 받습니다. 7~9면 1점 받습니다. 예비를 사용해서 편집장이나 다른 PC의 플레이어에게 다음 사항 중 한 가지를 물어볼 수 있습니다:

➤ 상대는 진실을 말하고 있나요?
➤ 상대가 정말로 느끼는 감정은 무엇인가요?
➤ 상대는 무엇을 하러 하나요?
➤ 상대가 히어로에게 바라는 점은 무엇인가요?
➤ 상대가 ~을 하게 하려면 어떻게 해야 하나요?
➤ 상대가 지금 당장 필요한 것은 무엇인가요?

액션 잠금 해제: 누군가 가까운 사람에게 배반당한 다음, 사람 보는 관점이 달라졌을 때.

이성의 목소리: 군중들에게 진실을 말할 때, +영향으로 판정하세요. 10+면 예비를 3점 받습니다. 7~9면 1점 받습니다. 예비를 사용해서 다음 사항 중 한 가지를 군중에게 시킬 수 있습니다.

➤ 상식적인 한도 내에서 히어로가 원하는 대로 한 가지 행동을 시킵니다.
➤ 힘을 모아 히어로를 위해 싸우도록 합니다.
➤ 조용히 집으로 돌려보냅니다.

액션 잠금 해제: 누군가에게 영감을 받은 그 순간, 오늘날 자신을 만든 그 한 마디를 떠올릴 때.

때때로 들어맞음: 상대가 조언을 구하든 구하지 않든 정직하게 최선이라고 생각하는 방안을 알려 주었을 때, 히어로의 조언에 따른 상대는 판정에 +1 보너스를 받습니다.

액션 잠금 해제: 히어로의 조언이 무시당한 결과 나쁜 일이 발생했을 때.

자아 탐구

플레이북 잠금 해제: 정체성의 위기를 겪거나, 히어로 자신이 변화할 사건을 경험했을 때. 다음 질문을 플레이 중 대답하세요. 각 빈칸은 필요하다면 여러 차례 채울 수도 있고, 채운 내용을 지울 수도 있습니다.

➤ 이 세상에서 도저히 이해할 수 없는 것은 무엇인가요?

➤ 무엇을 불편해하나요?

➤ 무엇을 거부하나요?

➤ 어떤 존재가 될까 봐 두려워하나요?

➤ 어떤 존재가 되기를 염원하나요?

➤ 가장 중요하게 생각하는 가치는 무엇인가요?

➤ 자신을 방해하는 결점은 무엇인가요?

영웅의 여정: 자신이 누구인지 분명하게 결정지어야 하는 순간, 자신에 관한 새로운 사실을 깨달아 위 질문 중 하나를 대답하고 다음 판정에서 새로 얻은 깨달음을 행동으로 옮길 때 3d6을 굴려 높은 수 두 개를 결과로 선택합니다.

액션 잠금 해제: 주변 관계나 생활 공간, 세계를 보는 시선, 사람을 대하는 방식, 문제를 처리하는 방식 등이 뿌리부터 흔들리는 극적인 변화를 겪을 때.

과감한 거부: 누군가 히어로에게 건 기대가 히어로 스스로 생각하는 자신과 어울리지 않고, 상대를 신경 쓰지 않을 수 없을 때 히어로는 상대와 맺은 인연 점수 1점을 걸고 왜 자신이 기대에 부응할 수 없는지, 그 대신 무엇을 할 수 있는지 설득할 수 있습니다. 상대가 히어로를 이해하면, 관련 행동을 할 때 다음 판정에 +1 보너스를 받습니다. 상대가 이해하지 못하면, 상대와 맺은 인연 점수 1점을 소모합니다. 하지만 이후에 다시 관계를 개선해서 히어로의 처지를 이해시킬 수 있다면 상대와 맺은 인연 점수를 2점 올립니다.

액션 잠금 해제: 비록 그다지 마음에 들지도 않고 제 뜻대로 바꾸고 싶지만, 상대의 요구대로 무언가를 할 때.

변모: 변모: 어려움에 빠졌을 때 어떤 방식으로 도움이나 특별 수련, 깨달음을 얻을 수 있다는 소문을 들었다면, 편집장에게 어떤 소문인지 설명한 다음 **+영향**으로 판정하세요. **10+면** 다음 중 하나를 선택합니다. **7~9면** 하나를 고르지만 치러야 하는 대가가 있습니다. 편집장은 히어로가 어떤 대가를 치를지 정합니다. 특별 수련을 받고 해낼 수 있는 목록은 다음과 같습니다:

➤ 닥친 특별한 문제나 상태 하나를 처리할 수 있습니다.

➤ 찾던 특별한 지식이나 깨달음을 얻습니다.

➤ 능력 하나를 파워 목록에 추가하거나, 파워 목록에 있는 능력 중 하나를 한 수준 쉽게 바꾸거나 (**불가능** 수준은 바꿀 수 없습니다), 잃어버린(**상실** 수준) 능력 중 하나를 원래 수준으로 되찾습니다.

액션 잠금 해제: 무언가 실패해서 좌절을 겪고, 자신이 누구인지 더욱 확신이 가지 않을 때.

과거에서 벗어나기

플레이북 잠금 해제: 묻어둔 과거의 경력이나 한 단면이 다시 머리를 쳐들어 삶을 어렵게 만들 때.

하지만 그놈은 당해도 싸: 동료가 상대와 대화를 시도하거나 예의를 차리고 문제를 해결하려 할 때 끼어들어 공격하면 다음 판정에 +1 보너스를 받습니다.

액션 잠금 해제: 폭력을 선호하고 싸움을 즐긴 탓에 친구를 적으로 만들었을 때.

파란만장한 과거: 처음 적과 마주쳤을 때, 플레이어는 히어로가 이전에 상대를 만나 서로 어떻게 앙숙이 되었는지 설명할 수 있습니다. 설명한다면, **+영향**으로 판정하세요. **10+면** 다음 중 하나를 고르고 어떻게 그 사실을 알았는지 설명합니다. **7~9면** 다음 중 하나를 고르지만, 적 역시 하나를 선택합니다. 편집장은 적이 어떻게 그 사실을 알았는지 플레이어에게 묻습니다.

➤ 적의 약점이나 강점 하나를 기억합니다.
➤ 적이 즐겨 쓰는 전투 방식을 기억합니다.
➤ 적의 목적이나 관심사항을 기억합니다.

액션 잠금 해제: 사서 고생하고, 싸움을 찾아 나서거나 유도하면서 일상생활 일부분을 쓸 때.

지도자

플레이북 잠금 해제: 싸움을 하는 대의를 찾았을 때. 세상을 어떻게 바꾸려 하는지 사명을 적으세요.

보이스카우트: 악당을 설득하거나 이성에 호소할 때, 악당의 길이 어떻게 잘못되었는지 보여준 다음 **+영향**으로 판정하세요. **10+면** 예비를 3점 받습니다. **7~9면** 1점 받습니다. 예비를 사용하면 다음 항목 중 하나를 질문하거나 악당의 대답이나 논리에서 모순 한 가지를 지적할 수 있습니다. 악당은 히어로가 폭력을 사용하려 들지 않는 한 반드시 대답해야 합니다. 악당을 강제로 주저하게 하거나 하던 행동을 멈추게 하려면 추가로 예비를 사용해야 합니다.

➤ 어떻게 해서 악당의 길에 빠져들었나요?
➤ 이 계획으로 어떤 것을 이루기를 바라나요?
➤ 어떻게 지금 행동을 정당화할 수 있나요?
➤ 자신 외에 아끼고 보살피는 것은 무엇인가요?

액션 잠금 해제: 히어로가 측은히 여기는 악당과 마주쳐서 상대를 좀 더 이해하려 들 때.

점검: 위급한 상황을 파악하려 할 때, **+관찰**로 판정하세요. **7+면**, 편집장에게 질문할 수 있습니다. 편집장의 대답에 따라 행동하면 다음 판정에 +1 보너스를 받습니다. **10+면** 두 가지를 질문할 수 있습니다. **7~9면** 한 가지를 질문할 수 있습니다.

➤ 가장 좋은 탈출 경로/입구/우회로는 어딘가요?
➤ 가장 쉽게 싸울 수 있는 적은 누구인가요?
➤ 가장 위험한 적은 누구인가요?
➤ 적이 실제로 위치한 장소는 어디인가요?
➤ 여기서 저항한다면, 어디에서 싸우는 것이 가장 유리한가요?
➤ 어떻게 하면 여기 있는 상대 모두의 시선을 끌 수 있을까요?

액션 잠금 해제: 특정 목적을 달성하기 위한 임무에서 책임감을 느끼고 사람들을 이끌 때.

보고 배우기

플레이북 잠금 해제: 지구와 또 다른 세계의 일부가 되어, 각 세계의 결점을 보고 그중 한 군데를, 또는 양쪽 모두를 판단하는 입장에 있을 때. 히어로는 인류와 인연 1점을 맺습니다. 히어로가 인류의 장점과 결점을 판단할 때 인연 점수를 조종하세요. 인류의 장점을 목격한다면 인연을 1점 올립니다. 회의에 빠지거나, 의문을 품을 만한 인류의 단점을 목격한다면 인연을 1점 낮춥니다. 인류와 맺은 인연은 소모할 수 없으며, 히어로의 인연 한계에 포함되지도 않습니다. 하지만 만약 인류와 맺은 인연이 10점 이상이면, 히어로는 인류가 위험에 처했을 때 인연 10점 당 상태 하나를 무시할 수 있습니다. 인류와 맺은 인연이 -5점 이하이면, 히어로는 인류를 지키거나 사람을 구할 때 -1 페널티를 받는 **큰 상태** 하나를 영구히 얻습니다. 인연이 -10점 이하로 떨어지면 히어로는 고독의 요새로 틀어박히거나 다른 세계로 돌아가서 인류와 떨어져 보내야 합니다. 히어로는 다시 인류에게 돌아가야 할 이유를 이해하거나, 인류에 대한 믿음을 새롭게 할 수 있는 무언가를 목격할 때까지 돌아올 수 없습니다.

고독의 요새: 히어로는 자신만의 요새를 얻습니다. 편집장에게 어디 있는지 말하세요. 반드시 문명에서 멀리 떨어진 곳에 숨겨져 있어야 합니다. 요새에서 적당한 시간을(편집장이 결정합니다) 보낸 사람들은 히어로에게 히어로의 과거나 외계인 혈통, 인류와 생명에 관한 히어로의 생각, 인류와 히어로가 어떤 점에서 차이가 나는지 등을 물을 수 있습니다. 히어로가 대답해 줄 때마다 상대는 상태 하나씩 회복할 수 있습니다(최대 두 개).

액션 잠금 해제: 고독의 요새를 건설합니다. 어디 있는지, 왜 필요한지 설명하세요. 또한, 히어로는 요새 때문에 최소한 인연 점수 1점을 소모한 다음에야 고독의 요새를 얻을 수 있습니다.

본보기: 특정한 개인이나 집단이 어떻게 행동하는지를 보고 배우면서 영감을 얻고 지식을 쌓을 때, 히어로가 보고 배우려 하는 특징을 하나 적으세요. 히어로는 세션마다 한 번씩 본보기가 되는 대상을 본떠 더 나은 행동을 하려고 노력할 때 공짜로 인연 점수를 소모할 수 있습니다.

액션 잠금 해제: 본받고 배울 스승을 찾았거나 선택했을 때.

보호

플레이북 잠금 해제: 도시의 특정 지역 또는 공동체에서 자랐거나, 그 일원으로 인정받았거나, 그 장소를 무척 잘 알 때.

내 손바닥 안: 활동하는 도시 안에서 지금 당장 어딘가로 가야 할 때, 혼자만 아는 길이나 특이한 방식으로 어떻게 도착했는지 설명한 다음, **+기교**로 판정하세요. **10+면** 제 시간에 도착합니다. **7~9 면** 도착할 수 있지만 우선 통과해야 할 장애물이 있습니다. 지나가기 위해서는 귀중한 시간을 써야 할 것입니다. 편집장은 어떤 장애물인지 정합니다.

액션 잠금 해제: 시간을 들여 살펴보거나 자원을 소비해서 도시 안에서 독특한 이동수단이나 이동방식을 마련할 때.

버텨!: (비유적인 의미에서) 바닥에 선을 그은 다음, **+보호**로 판정하세요. **10+면** 예비를 3점 받습니다. **7~9면** 1점 받습니다. 그 자리에서 적이 선을 넘어오지 못하도록 지키는 한, 히어로는 예비를 다음과 같이 사용할 수 있습니다.

➤ 선을 넘은 적에게 대가로 **경미한 상태**를 줍니다. 어떻게 피해를 줬는지 설명하세요.
➤ 적이 선을 넘지 못하도록 막습니다. 어떻게 막았는지 설명하세요.

액션 잠금 해제: 홀로 남았거나, 오직 히어로 자신만이 무고한 사람들이 다치지 않도록 지키고 보호할 수 있을 때.

참호 속에서: 치열한 전투 중 누군가 히어로에게 개인적인 이야기를 털어놓으면, 그 사람을 보호하고 지키려 할 때 **+보호**로 판정하세요. **+10면** 히어로가 다음에 받는 상태의 정도를 한 단계 낮추고, 자신과 같이 있는 사람과 맺은 인연을 1점 올립니다. **7~9면** 자신과 같이 있는 사람과 맺은 인연을 1점 올립니다.

액션 잠금 해제: 자신에게 중요한 누군가를 지키려 했지만 실패한 순간을 떠올릴 때.

자신의 가치 증명하기

플레이북 잠금 해제: 누군가 히어로를 위해 피해를 감수하고 위험을 짊어질 때.

우리는 이겨 낼 것이다: 커다란 역경을 앞두고 동료들의 사기를 고취하는 연설을 한 다음 앞장서서 돌격하세요. 함께 돌격하는 캐릭터는 처음으로 받는 상태의 효과를 무시할 수 있습니다.

액션 잠금 해제: 불가능해 보이는 역경을 극복하고 이겼을 때.

유도 공격: 전투가 시작됐을 때 가장 먼저 적을 공격해서 명중시켰을 때, **+영향**으로 판정하세요. **10+면** 두 가지를 선택합니다. **7~9면** 한 가지를 선택합니다.

➤ 히어로 다음에 같은 상대를 공격하는 동료는 다음 판정에 +1 보너스를 받습니다.
➤ 상대의 이점 하나를 제거합니다.
➤ 모든 적이 히어로를 주목합니다.
➤ 상대에게 **경미한 상태**를 줍니다.

액션 잠금 해제: 팀 동료들을 보호한 결과 전투에서 쓰러졌을 때.

조정: 치열한 전투 중 동료들을 이끌고 질서정연하게 어딘가로 가야 할 때, **+기교**로 판정하세요. **10+면** 예비를 3점 받습니다. **7~9면** 1점 받습니다. 전투가 벌어지는 동안 팀을 위해 다음과 같이 예비를 사용할 수 있습니다:

➤ 목표 위치로 진군합니다.
➤ 상대의 진격을 단호하게 막습니다.
➤ 질서정연한 퇴각을 합니다.

6-면 히어로가 내린 명령 때문에 누군가가 위험에 빠집니다.

액션 잠금 해제: 자신보다 강력하거나 더욱 영향력이 있는 지도자 앞에서 물러나지 않고 완강하게 대립합니다.

과학의 한계 뛰어넘기

플레이북 잠금 해제: 세상을 바꾸기 위한 연구를 착수합니다. 우선 편집장과 논의해서 어떤 연구인지 정한 다음 과학과 인연을 1점 맺습니다. 과학과 맺은 인연은 다른 인연처럼 소모할 수 없으며, 인연 한계에 포함되지도 않습니다. 히어로가 연구에 몰두하느라 다른 인연 점수 1점을 소모하면 과학과 맺은 인연을 2점 올립니다. 과학과 맺은 인연이 나머지 모든 인연을 합한 점수보다 높아지면 연구한 기술이나 기계가 완성됩니다.

내가 보고 있는 한 안 돼: 누군가 다쳤을 때, 기괴한 방식의 과학으로 상처를 급히 치료하려고 한다면 **+관찰**로 판정하세요. **10+면** 상처를 치료해서 환자는 상태 중 하나를 제거할 수 있습니다. **7~9면** 상태를 제거하기 위해 우선 처리해야 할 골칫거리나 장애물이 있습니다. 편집장은 어떤 장애물인지 정합니다.

액션 잠금 해제: 히어로가 가진 지성과 기지에도 불구하고 누군가를 돕거나 구하지 못해 무력함을 느낀 때를 이야기할 때.

과부하: 거리낌 없이 장비를 성능 한계 이상으로 사용할 때, **+관찰**로 판정하세요. **10+면** 다음 목록에서 한 가지를 선택합니다. **7~9면** 한 가지를 고를 수 있지만, 성공하는 데 필요한 작업이나 우선 처리할 문제가 있습니다. 무엇인지는 편집장에게 물어보세요.

➤ 장비를 사용해서 주변에 있는 모든 사람에게 상태 하나를 줍니다(상태 정도는 플레이어가 정합니다).
➤ 자신과 적 모두에게 상태 하나를 줍니다(상태 정도는 플레이어가 정합니다).
➤ 시공간의 한계, 또는 다른 과학법칙을 무시하고 히어로나 히어로가 지시하는 동료가 한 가지 행동을 할 만한 충분한 시간을 법니다.

액션 잠금 해제: 무언가를 배우려는 욕구 때문에 육체나 정신 건강에 해를 입거나 정체성이 위험에 빠질 때.

저항

플레이북 잠금 해제: 사회 규범이나 대중의 생각과 충돌하는 신념이나 원칙을 깨닫거나 확립했을 때. 어떤 사상인지 정한 다음, 기존의 사상과 어떻게 다르며 이 때문에 어떻게 곤경에 빠질지 적으세요.

반발: 다른 사람의 말을 듣지 않고 고집스럽게 반대하거나 자신의 의견을 고수할 때, 상대를 어떻게 생각하는지 이야기한 다음 자기 뜻대로 행동하면 다음 판정에 +1 보너스를 받습니다.

액션 잠금 해제: 히어로의 사상 때문에 강력한 힘과 영향력을 가진 조직이 자신과 주변 사람들을 괴롭힐 때.

문가에 둔 시선: 어떻게 탈출할지 선언한 다음 **+기교**로 판정하세요. **10+면** 탈출에 성공합니다. **7~9면** 탈출에 성공하거나 남을 수 있지만, 탈출하면 그 대가로 무언가를 남기고 나가거나, 무언가가 따라옵니다. 무엇인지는 편집장이 정합니다. **6-면** 탈출하려는 도중에 무방비로 잡힙니다.

액션 잠금 해제: 누군가에게 배반감을 안겨 주거나, 배반당했던 순간을 떠올릴 때.

아는 사람이 있어: 무언가 찾기 어려운 것을 찾아야 할 때, **+영향**으로 판정하세요. **10+면**, 이를 찾는 데 필요한 사람을 압니다. **7~9면** 필요한 사람을 알지만…

➤ 사이가 좋지 않습니다. 이유를 설명하세요.
➤ 그 사람에게 빚을 하나 졌습니다. 무슨 빚인지 설명하세요.
➤ 그 사람을 위험에 빠뜨릴 수도 있습니다. 이유를 설명하세요.

이 액션은 **정보 수집**에 이어서, 또는 대신 사용할 수 있습니다.

액션 잠금 해제: 누군가 중요한 사람을 돕기 위해 양심이나 신조를 꺾을 때.

과거와 화해하기

플레이북 잠금 해제: 예전 자신을 바꿔버린 사건과 그 때문에 겪는 후유증을 자세히 설명할 때, 혹은 그런 사건을 지금 겪을 때.

대응 기제: 진짜 감정을 숨기기 위해 상대를 질책하거나 방해할 때, **+영향**으로 판정하세요. **10+면** 다음 중 한 가지를 선택합니다. **7~9면** 편집장이 한 가지를 선택합니다.

➤ 상대는 비틀거리거나, 주저하거나, 움츠러듭니다.
➤ 상대는 자신의 배경에 관해 무언가를 털어놓습니다.
➤ 상대는 자신의 사악한 음모 일부를 털어놓습니다.
➤ 상대는 분노해서 히어로에게 온 시선을 쏟습니다.

액션 잠금 해제: 동료들에게 폭력이나 농담, 또는 둘 다를 사용해 감춰 왔던 취약한 내면을 언뜻 드러낼 때.

후련하지만 고통스러운: 적이 히어로의 아픈 기억(플레이어가 정합니다)을 건드리는 행동을 했을 때, 어떤 기억인지 이야기한 다음 **+영향**으로 판정하세요. **10+면** 예비를 3점 받습니다. **7~9면** 1점 받습니다. 예비는 다음과 같이 사용할 수 있습니다:

➤ 판정 한 번을 할 때 현재 얻은 상태를 무시합니다.
➤ 다음 판정에 +1 보너스를 받습니다.

액션 잠금 해제: 과거에 일어난 사건 때문에 비합리적으로 행동해서 자신이나 동료들을 위험에 빠뜨릴 때.

참회

플레이북 잠금 해제: 자신의 행동이나 외부의 힘 때문에 아끼던 인연 하나가 없어지고, 이를 자책할 때. 히어로는 명성에 영향을 받았나요? 사람들은 히어로를 어떻게 보나요? 히어로는 자신을 어떻게 보나요? 히어로가 얻은 명성 때문에 부정적인 관계가 된 인연을 시트에 하나 적으세요.

새로운 시선: 히어로를 의심하고 나쁘게 보던 사람이나 맺은 인연이 1점 이하인 동료에게 신뢰받을 행동을 했을 때, **+인연**으로 판정하세요. **10+면** 상대와 맺은 인연을 2점 올리고 어울리기를 발동할 때 상태 하나를 더 회복할 수 있습니다. **7~9면** 상대와 맺은 인연을 1점 올리세요.

액션 잠금 해제: 자신을 증명하기 위해 행동을 한 결과 **심각한 상태**를 받았을 때.

흐름에 맞서다: 강경한 말과 행동으로 여론과 부딪혔을 때, **+영향**으로 판정하세요. **10+면** 대다수를 설득하고 인연 하나를 1점 올리거나 새로운 인연을 만듭니다. 어떤 인연인지는 편집장이 정합니다. **7~9면** 소수의 의견을 바꿀 수 있지만, 그 때문에 위험에 빠집니다.

액션 잠금 해제: 다른 히어로였다면 칭찬받을 만한 행동을 하던 중 분노와 증오에 가득 찬 반대파에 부딪혀 비틀거리거나, 주저하거나, 움츠러들 때.

정의 구현

플레이북 잠금 해제: 악은 오직 법 밖에서만 해결할 수 있다는 믿음을 가지게 된 사건을 겪거나, 그런 믿음을 가지게 된 후유증을 드러낼 때.

사냥꾼: 히어로는 느슨한 사법제도를 벗어난 죄인을 목표로 삼았습니다. 목표가 누구이며, 무엇을 하며, 목표를 제거하기 위해 무엇을 할 것인지(이야기 진행에 따라 계획도 갱신하세요) 자세히 정하세요. 히어로는 목표에 정의를 내릴 때까지(어떤 정의인지는 플레이어의 선택에 달렸습니다) **어울리기**를 발동할 수 없으나, 임무를 완료하면 모든 상태에서 회복합니다.

액션 잠금 해제: 목적을 위해 수단을 가리지 않겠다고 결심한 다음, 적법한 절차 없이 범죄자를 처단했을 때.

내가 사는 법: 일상생활에서 **어울리기**로 인연을 쌓는 대신 사냥감을 추적한다면, 일상생활 장면이 끝날 때까지 목표에 좀 더 가까이 접근했다고 느꼈을 때 상태 하나를 회복할 수 있습니다. 사냥감을 추적해서 직접 심판까지 내렸고, 그 때문에 좋지 않은 일이 발생하면 상태 둘을 회복할 수 있습니다.

액션 잠금 해제: 정의 구현을 위해 친구나 동료와 맺은 인연 점수를 소모했을 때.

새 출발

플레이북 잠금 해제: 싸워 지킬 만한 가치가 있는 새로운 장소를 만들거나, 발견했거나, 점거했을 때.

홈그라운드: 자신만큼 이 장소를 잘 아는 사람이 없는 곳에서 적과 마주쳤을 때, **+관찰**로 판정하세요. **10+면** 다음 목록에서 양쪽 모두 선택합니다. **7~9면** 하나를 선택합니다.

➤ 상대가 가진 유리한 능력이나 조건 중 하나를 여기에서 사용할 수 없습니다. 플레이어는 어떤 장점을 왜 사용할 수 없는지 정하세요.
➤ 히어로는 이곳을 떠날 때까지 이 장소에서 받는 모든 상태의 효과를 무시합니다.

6-면 선택하지 못하며, 상대는 히어로에게 활용할 수 있는 약점 하나를 발견합니다!

액션 잠금 해제: 싸울만한 가치가 있는 장소를 지키다가 패배를 맛볼 때.

우리 중 하나: 이 장소의 사람들과 일상생활에 어울려서 서로 도움을 주고받을 때, **+영향**으로 판정하세요. **10+면** 자신이 가진 문제 하나를 깨닫거나, 은신이나 계획 수립, 회복을 안전하게 할 수 있는 장소를 찾을 수 있습니다(플레이어가 선택합니다). **7~9면** 10+과 같지만 그 대가로 다음 목록 중 하나를 골라야 합니다.

➤ 사람들은 히어로가 이 공동체의 전통을 따르고 존중하는 행동을 보여주기 원합니다.
➤ 사람들은 히어로를 도운 다음 위험에 빠집니다.

액션 잠금 해제: 사람들이 히어로를 자신들의 일원으로 인정하고, 히어로 역시 이곳이 자신의 진정한 고향이라고 느끼고 생각할 때.

탐구

플레이북 잠금 해제: 가장 큰 실패를 겪고, 이를 어떻게 극복했는지 플레이 중 드러날 때.

과학자의 장광설: 과학 분야나 자신의 전문 분야를 다룰 때, 주변 사람들이 알아들을 수 없는(굳이 말이 될 필요도 없습니다) 방식으로 문제 해결 과정이나 개념을 설명하면, **+관찰**로 판정합니다. **10+면** 보통 통하지 않을 방법으로 기계 장비를 사용해서 해결할 수 있습니다. **7~9면** 문제를 해결하지만 의도하지 않은 결과도 나타납니다(어떤 결과인지는 편집장이 말해줍니다).

➤ 장광설을 마친 다음 알기 쉽게 다시 설명한다면(비유법을 추천합니다), 이번 판정에 +1 보너스를 받습니다.

액션 잠금 해제: 기계 장비를 무모하게 사용해 최소한 도시 전체에 위험을 불러일으켰을 때.

가설: 무언가 흥미 있는 물체를 조사하거나 다룰 때(플레이어가 결정합니다), **+관찰**로 판정합니다. **10+면** 편집장에게 다음 중 세 가지를 물어봅니다. **7~9면** 한 가지를 물어봅니다.

➤ 히어로 이전에 누가 마지막으로 사용했나요?
➤ 누가 만들었나요?
➤ 가장 최근에 이 물체로 무엇을 했나요? 혹은 이 물체에 어떤 조치를 가했나요?
➤ 이 물체를 어떻게 고치거나 망가뜨리나요?
➤ 이 물체의 용도는 무엇인가요?

액션 잠금 해제: 평범한 인간의 머리로는 이해할 수 없는 무언가를 깨달아서 정신이 나갔다가 다시 제정신을 차렸을 때.

매료: 상대 하나를 낱낱이 관찰하거나, 자신이 상대에게 얼마나 홀딱 빠졌는지(과학적인 관점에서) 끊임없이 떠들면, **+관찰**로 판정합니다. **10+면** 예비를 3점 받습니다. **7~9면** 1점 받습니다. 예비는 다음과 같이 사용할 수 있습니다:

➤ 상대는 비틀거리거나, 주저하거나, 움츠러듭니다.
➤ 아군을 노린 공격을 대신 받습니다.
➤ 상대는 자신의 배경에 관해 무언가를 털어놓습니다.
➤ 상대는 자신의 사악한 음모 일부를 털어놓습니다.

액션 잠금 해제: 누군가 자신을 같은 방식으로 분석해서 개인 사항과 약점을 효과적으로 캐냈을 때.

인연과 배경

어떤 히어로 팀을 플레이할지 생각이 정리됐다면, 이제 캐릭터 시트에 있는 인연 항목을 채울 시간입니다. 인연 점수는 지금 배정하므로 히어로가 받은 인연 점수가 총 몇 점인지 확인하세요. 인연은 히어로에게 무엇이, 혹은 누가 중요한지를 의미하며, 인연이 어떤 관계인지를 나타내는 간략한 설명과 현재 인연의 모습을 보여주는 수치로 이루어집니다.

캐릭터 시트에는 특정한 사람이나 도시, 사법 기관과 맺은 인연을 적는 항목이 있습니다. 다른 PC와 맺은 인연 역시 여기에 적으세요. 또한 "사법 기관"과 "도시" 역시 인연을 자동으로 가집니다. 마지막으로, 히어로와 개인적으로 관계를 맺는 다른 NPC도 잊지 마세요.

히어로는 히어로 만들기 과정에서 다른 PC의 수만큼 인연 점수를 가지고 시작하며, 주변과 얼마나 잘 어울리느냐에 따라 p.89의 표에 나온 대로 추가 인연 점수를 얻습니다. 두 점수의 합은 히어로가 처음 받는 인연 점수이자, 가질 수 있는 인연 점수의 최대 한계를 나타내는 인연 한계 수치이기도 합니다. 캐릭터 시트의 인연 한계 항목에 히어로가 가진 인연 점수를 적으세요.

다른 PC들과 중요한 NPC, 도시, 사법 기관과 맺은 인연에 점수를 배분하세요. PC끼리는 서로 각자 최소 1점씩 배분해야 합니다(사이가 좋다면 더 배분할 수도 있습니다). 인연마다 어떤 관계인지 한 문장으로 묘사하세요. 아직 남은 인연 점수가 있다면 원하는 대로 배분하세요.

인연은 다른 캐릭터나 조직, 기관과 가지는 중요한 관계를 나타냅니다. 먼저 PC들이 왜 함께 일하는지, 왜 팀을 결성했는지, 서로 어떤 관계인지, 상대를 어떻게 생각하는지 설명하기 위해 상대 PC와의 인연을 적으세요. 인연 옆에는 배분할 인연 점수를 적습니다. 해당 PC와 맺은 인연이나 관계를 한 문장으로 묘사하세요. 남은 인연 점수는 히어로가 활동하는 도시나 사법 기관에, 또는 개인적으로 중요한 NPC 를 만들어서 배분하세요.

시민들과 지역 정부에게 좋은 평을 들으려면 도시에 인연 점수를, 외톨이 영웅이 되기를 바라지 않는다면 사법 기관에 인연 점수를 배분하세요. 사랑하는 사람이나 가족, 친구처럼 아끼고 사랑하는 사람들을 나타내고 싶다면 새로운 NPC와 인연을 만들고 인연 점수를 배분하세요. 배분한 인연 점수가 높을수록 긍정적인 관계입니다. 0점인 인연은 아직 완전히 정립되지 않은 관계이며, 0점 미만인 인연은 히어로에게 좋지 않거나, 위험하거나, 그다지 바람직하지 못한 관계를 나타냅니다.

원한다면 0점이나 0점 미만의 인연도 얼마든지 적을 수 있습니다. 0점 이하의 인연은 인연 한계에 영향을 미치지 않습니다. 플레이 중 액션을 통해 새로 맺는 인연은 특별한 언급이 없는 한 1점으로 시작합니다(인연 한계를 넘길 수는 없습니다).

좋습니다. 애로우헤드에게 가장 어울리는 기원은 가족의 죽음일 것입니다. 스코트가 섬에 갇혔을 때, 아버지는 정의의 심판을 내려야 할 자들의 목록을 남기고 아들을 위해 희생했습니다. 아버지는 자신이 잘못한 일을 바로잡을 책임을 아들에게 물려주었습니다. 아버지가 자신을 구하고 죽은 후, 스코트의 삶은 변하여 이제 자신만이 아닌 더 큰 대의를 위해 활동하는 히어로 애로우헤드가 될 수밖에 없었습니다.

애로우헤드의 열망은 당연히 정의 구현입니다. 그는 아버지가 남긴 목록에 적힌 모든 사람을 쫓아 심판을 내리려 합니다. 이제 도시에 돌아왔고, 히어로 활동을 시작할 때가 되었습니다.

저 외에 두 명의 플레이어가 있으므로 우선 인연 점수 2점을 받지만, 이 점수는 각각 다른 PC에 1점씩 배분해야 합니다. 애로우헤드는 주변 사람들과 잘 어울릴 수 있는 평범한 인간이므로 추가로 인연 점수 6점을 더 받습니다. 어떻게 분배해야 할까요? 글쎄요. 지금 애로우헤드에게 가장 중요한 것은 "도시"입니다. 가족보다도 말입니다. 아버지에게 물려받은 사명을 완수해야 하니까요. 그래서 저는 도시에 인연 3점을 배분합니다. 애로우헤드를 아는 사람들은 모두 그가 아버지처럼 섬에서 죽은 줄 알았다면서 모두 따뜻하게 맞이합니다. 나머지 3점으로는 우선 애로우헤드가 늘 사랑했지만 내내 내버려두었던 전 여자친구에게 2점을 배분합니다. 애로우헤드는 다시 여자친구와 관계를 시작하기를 원합니다. 어떻게 이야기를 만들지는 잘 모르겠지만, 플레이를 시작하면 무언가 아이디어를 제안해 볼 것입니다. 나머지 1점은 도시를 떠나기 전 사귄 절친한 친구에게 배분합니다. 이제 도시에 돌아온 애로우헤드는 주변 사람들과 관계를 다시 쌓으려 할 것입니다.

각각의 인연을 설명할 한 문장으로 우선 도시와 맺은 인연에 "돌아온 탕아"라고 적었으며, 여자친구와 맺은 인연에는 "처음에 돌아왔을 때는 무척 사이가 좋았지만, 밤마다 내가 사라지면서 의심하기 시작한다." 라고 적었습니다. 절친한 친구와 맺은 인연에는 나중에 생길 마찰에 관한 몇 가지 아이디어가 떠올라서 다음과 같이 적었습니다. "이전에는 최고의 친구였지만, 요즘 들어 둘 사이에서 무언가 삐걱댄다." 인연을 소모할 때 유용하게 활용할 수 있을 것입니다.

중요한 플레이어 규칙

이번 장은 다른 사람들과 함께 이야기를 만들 때 서로 대화를 주고받으며 사용할 게임 규칙을 자세히 설명합니다. 또한, 플레이 중 히어로가 어떻게 변화하고 발전하는지를 나타내는 성장 규칙 역시 포함했습니다. 이번 장은 우선 히어로가 어떻게 성장하는지를 설명한 다음, 플레이어로서 플레이 중에 사용할 규칙을 자세히 분석하고 마지막으로 플레이 동안 명심해야 할 몇 가지 조언을 싣는 순서로 구성되었습니다.

슈퍼히어로는 능력과 파워의 형태가
크게 변하지 않더라도, 이야기가 흐르면서
점차 강해집니다. 특히, 범죄와 싸우는 법을
막 배우기 시작한 히어로는 여러 사건을
해결하면서 실력이 점점 향상됩니다. 월드 인
페릴 역시 이런 식의 변화를 반영하는 규칙을
수록했습니다. 여러 경험을 거치고 훈련을 쌓으면서
점점 더 튼튼하고 강해진 히어로는 규칙상 더욱 많은
상태를 견디고 판정의 성공 확률도 더욱 높아집니다.

또 다른 파워가 발현하거나, 기존 파워를 좀 더 폭넓고 새로운 방법으로 사용할
수 있는 유형의 성장 역시 슈퍼히어로물에서 흔히 나타나지만 보통은 이러한 변화가
생길 이유가 있어야 합니다. 즉, 히어로가 성장 하려면 반드시 그럴듯한 이유가 있어야
하며, 플레이 중에 변하는 원인이 등장해야 합니다. 어떤 이유 때문에 극적으로
변하나요? 두 번째 돌연변이 유전자의 발현? 정신 방어막의 파괴? 방사능이나
우주방사선 노출? 유전자 조작과 실험? 사춘기? 중년의 위기? 이야기 속에서 변화를
뒷받침할 수 있는 상황 없이는 성취 점수를 사용해 성장할 수 없습니다. .

성장과 성취

플레이어가 선택한 각 열망에는 플레이북과 액션을 "잠금 해제"하는 조건이 있습니다. 열망은 히어로의 현재 동기를 나타냅니다. 그러므로 선택한 동기에 따라 현재 목표를 향해 나아가세요. 플레이북을 잠금 해제하는 것은 그다지 어렵지 않습니다. 플레이북을 잠금 해제한 다음부터는 플레이북 안의 액션 역시 잠금 해제할 수 있습니다. 각각의 액션은 구체적인 잠금 해제 조건이 있으며, 이야기 속에서 한 번 조건을 성립한 다음부터는 액션을 사용할 수 있습니다. 또한 히어로가 열망 플레이북이나 그 안의 액션을 잠금 해제할 때마다 성취 점수 1점을 얻습니다.

월드 인 페릴의 히어로는 성취 점수를 얻어 변화하고 성장합니다. 플레이어는 성취 점수를 달성하고 모아서 히어로를 위해 사용할 수 있습니다. 다음은 성취 점수를 사용해 선택할 수 있는 히어로의 변화와 성장입니다.

1) 히어로는 성취 점수를 사용해 특성 하나의 수정치를 다음 표와 같이 올릴 수 있습니다. 각 특성은 최대 +3까지 올릴 수 있습니다.

특성 수정치	특성 수정치 올리기 위해 사용할 성취 점수
-1에서 0	3
0에서 1	2
1에서 2	3
2에서 3	4

2) 히어로는 성취 점수 2점을 사용해서 인연 한계를 1점 올릴 수 있습니다. 인연 한계가 왜, 어떻게 높아질 수 있었는지 이야기 속에서 알맞은 이유를 만드세요.
3) 히어로는 이야기 속에서 자신의 파워가 어떻게 변화를 겪었는지 설명한 다음, 다음 표와 같이 성취 점수를 사용해서 파워 목록에 새로운 능력을 추가할 수 있습니다.

파워 수준	파워 목록에 한가지 능력을 추가하는 데 필요한 성취 점수
간단함	2
힘듦	3
한계선	4
잠재능력	5

4) 히어로는 이야기 속에서 자신이 어떻게 변화를 겪었는지 설명한 다음, 성취 점수 3점을 사용해서 **마지막 기회** 액션을 발동하기 전에 버틸 수 있는 **심각한 상태**를 하나 더 늘릴 수 있습니다. 기존 상태 진행표는 p.127 피해와 상태 항목에 자세하게 설명했습니다. 이 성장을 선택한 다음 히어로의 상태 진행표는 다음과 같이 바뀝니다:

심각한 상태(최대 다섯 개)
1) 약화 (특성 하나에 -1 페널티)
2) 모든 액션에 계속 -1 페널티
3) 모든 액션에 계속 -2 페널티
4) 모든 액션에 계속 -3 페널티
5) **마지막 기회** 발동 (실패하면 죽습니다)

5) 히어로는 성취 점수 3점을 사용해서 자신의 파워에 붙은 제한 하나를 제거할 수 있습니다. 제한을 제거하려면 인연 한계를 1점 낮춘 다음, 이야기 속에서 히어로가 더 큰 힘을 추구하면서 사람들과 평범하게 어울리는 데에 어떤 어려움을 겪었는지 설명해야 합니다.

히어로가 특정한 목표를 향해 나아가고 변화하면 열망 플레이북과 각 액션을 잠금 해제할 수 있을 뿐만 아니라, 성취 점수를 얻어 히어로를 선택한 방향으로 키울 수 있습니다. 성취 점수를 얻기 위해 노력하고, 얻은 점수는 잘 기록하세요.

인연 관련 규칙
(그리고 인연을 소모하는 법)

액션을 판정할 때 플레이어는 히어로의 인연 중 하나를 소모해서 성공을 확정할 수 있습니다. 플레이어는 도시나 사법 기관, 중요한 NPC 등 캐릭터 시트에 있는 어떤 인연이든 자유롭게 선택할 수 있으나, 그 대가로 상대와 맺은 관계가 악화되어 인연 점수가 1점 낮아집니다. 인연 소모는 히어로가 스포트라이트를 얻는 동시에 원하는 목표도 이룰 수 있는 유용한 수단이며, 주변 관계가 어떻게 악화되는지 묘사하면서 히어로에게 개인적인 시련을 줄 수 있는 훌륭한 방법입니다. 관계는 인연을 소모하는 즉시 악화될 수도 있고, 휴식 시간 동안 악화될 수도 있습니다.

인연을 소모해도 인연 한계는 낮아지지 않습니다. 대신 해당 인연이 1점 낮아지면서 낮아진 인연이 여전히 우호적인지, 중립적으로 바뀌었는지, 혹은 적대적으로 바뀌었는지 확인한 다음, 필요하다면 악화된 관계를 반영해서 인연을 묘사한 설명을 바꾸세요.

다른 PC와 맺은 인연은 1점으로 시작하며, 원한다면 소모할 수 있습니다. 다른 PC와 맺은 인연을 소모했다면 이야기 속에서 언제, 어떤 계기로 불화가 발생해서 관계가 악화되는지 서로 의논해서 정합니다. 반대로 인연이 강화될 때도 언제 사이가 좋아질지, 캐릭터 시트에 어떻게 반영될지, 이야기에서 어떻게 나타날지 서로 의논해야 합니다.

- 해당 인물이나 기관과 맺은 인연이 1점 이상이면 우호적인 관계를 맺습니다. 점수가 늘어날수록 관계가 더욱 좋아지며, 상대는 히어로를 더욱 헌신적으로 도울 것입니다.
- 해당 인물이나 기관과 맺은 인연이 0점 미만이면 불편하거나 위험한 관계를 맺습니다. 상대는 히어로를 좋지 못한 시선으로 보며, 심하면 히어로를 무너뜨리려고 적극적으로 움직이거나 기회만 되면 히어로의 삶을 곤경에 빠뜨리려고 할 것입니다.
- 해당 인물이나 기관과 맺은 인연이 0점이면 아직 명확한 관계가 정해지지 않았거나, 상대가 히어로에게 관심이 없거나, 상대가 너무 바빠서 히어로와 만날 틈이 없거나, 상대가 히어로를 적극적으로 피합니다. 예를 들어 연인이었던 NPC와 우호적인 관계를 맺다가 인연이 0점으로 감소하면 상대는 이사를 하거나, 연락을 끊거나, 더는 바랄 것이 없어서 히어로를 무시하거나, 그저 자신의 삶을 살기로 한 것입니다.

히어로가 가질 수 있는 인연 점수의 총 합은 히어로를 만들 때 정해지며, 인연 한계로 나타냅니다. 히어로의 인연은 이야기 속에서 무슨 일이 일어나는지, 그리고 플레이어가 인연을 소모하는지 하지 않는지에 따라 늘어나거나 줄어들 수 있습니다. 어떤 액션은 히어로에게 인연 점수를 주며, 어떤 액션은 인연 점수를 소모합니다. 인연은 단순히 관계를 정의하고 묘사하는 용도로 쓸 뿐만 아니라 (물론 무척 유용하게 쓸 수 있습니다), 인연을 소모해서 치솟는 기운이나 살려는 의지, 단호한 결의 같은 일시적인 장점을 얻는 데 사용할 수도 있습니다. 규칙으로 보자면, 히어로는 인연을 소모해서 판정의 성공을 보장받습니다. 인연을 소모한 다음 판정 결과가 6-가 나오면 결과를 7~9로 간주하며, 7~9가 나오면 10+로, 10+이 나오면 12+로 간주합니다. (12+이 나왔다고 해서 10+보다 더 좋은 결과가 나오는 액션은 거의 없지만).

인연은 행동할 때마다 1점씩만 소모할 수 있으며, 판정 전에 다른 플레이어와 편집장에게 소모하겠다고 미리 선언해야 합니다. 0점 이하인 인연은 더 소모할 수 없지만, 이야기 속에서 타당한 이유가 생긴다면 계속 악화되거나 다시 개선될 수도 있습니다. 인연을 소모한 결과는 이야기에 어울린다면 즉시 나타날 수도 있고, 나중에 적당한 기회가 될 때 플레이어가 원하는 시기에 나타날 수도 있습니다. 보통은 모든 사건이 끝난 다음, 주변 사람들과 어울릴 휴식 시간이 생겼을 때 결과가 나타납니다.

어떤 액션은 다른 PC와 맺은 인연을 늘리거나 새 인연을 만들기도 합니다. 만약 다른 PC와 맺은 인연을 늘린다면, 동료 역시 서로 관계가 굳건해지는 것을 반영해서 캐릭터와 맺은 자신의 인연을 같이 늘릴 수 있습니다. 하지만 반드시 그럴 필요는 없으며, 이야기에 어울리지 않는다면 인연을 올리지 않는 편이 더 나을 수도 있습니다. 상대 플레이어는 어쩌면 히어로와 맺은 현재 관계가 아주 굳건하다고 생각하거나, 자신의 처지에서 봤을 때 히어로의 행동이 반드시 좋은 것만은 아니라고 생각할 수도 있습니다. 마찬가지로 다른 PC와 맺은 인연을 소모한다면, 동료 역시 상황에 따라 히어로와 맺은 자신의 인연을 1점 낮추는 편이 적합할 수 있습니다. 만약 인연을 어떻게 바꿔야 할지 모르겠다면 기다렸다가 서로 맺은 인연이 어떻게, 왜 바뀔지 감을 잡기 위해 장면을 플레이한 다음 새롭게 바뀐 대로 적으세요.

인연 소모는 그저 성공을 확정하기 위한 수단만이 아닙니다. 인연을 소모한 결과 역시 감수해야 하니까요! 인연을 소모할 때는 행동을 한 즉시, 또는 행동이 끝난 다음에 직접 장면을 만들어 서술하거나 기존의 인연을 돌아보고 새 인연을 만드는 적당한 순간을 잡아서 히어로와 상대의 관계가 어떻게 나빠졌는지 적절하게 묘사해야 합니다. 이는 페널티처럼 보일 수도 있지만, 오히려 두 가지 혜택을 하나로 묶었다고 생각하세요! 플레이어는 단순히 판정에 성공할 뿐만 아니라, 히어로의 개인적인 삶을 좀 더 파헤치고 롤플레이할 기회도 얻으니까요.

히어로들은 일상생활 속에서 시련에 부딪힐 때 더욱 매력적인 캐릭터가 될 수 있습니다. 히어로들은 세상을 구하기 위해 개인적인 삶 속에서 무엇을 희생했나요? 메리 제인은 얼마나 더 바람을 맞을까요? 스파이더맨 곁을 떠날 때까지 얼마나 더 참고 견딜 수 있을까요? 스파이더맨을 노리는 적들은 얼마나 더 메리 제인을 해치려 들까요? 스파이더맨은 어떻게 메리 제인의 마음을 돌려놓을까요? 토니 스타크는 왜 조금만 더 참지 못하고 주변 사람들과 깊은 관계를 맺지 못할까요? 분명 토니는 인연 점수를 버는 즉시 곧바로 소모할 것입니다. 손에 꼽을 정도로 친구가 적으니까요!

때로는 인연 소모가 직관적이지 못하다고 느낄 수도 있습니다. 도시를 구하기 위해 도시와 맺은 인연을 불태운다면, 왜 관계가 나빠져야 하나요? 하지만 여러 슈퍼히어로물에서 히어로들이 도시에 끼치는 피해나 위험 때문에 시민들이 얼마나 지긋지긋해 하고 화내는지 보지 않았나요? 물론 편집장은 이야기에 어울린다면 히어로들에게 인연 점수를 주거나 빼앗을 수도 있습니다. 예를 들어 히어로가 과감하게 불타는 건물 속으로 뛰어들어 노인을 구하는 모습이 카메라에 포착되면, 편집장은 히어로에게 인연 점수를 줄 수도 있습니다. 어쩌면 히어로가 구해준 노인과 인연을 만들 수도 있고(플레이어가 이 노인을 히어로의 개인적인 이야기에 포함하고 싶다면), 미담이 뉴스나 SNS로 널리 퍼져서 도시와 맺은 인연을 높일 수도 있습니다.

그러니 주저하지 말고 인연을 소모하세요. 이야기가 풍족해집니다. 히어로가 된다는 것은 많은 경우 남들을 위험에 빠뜨리고, 히어로 활동을 하면서 끼친 피해를 책임지고, 사랑하는 사람과 함께 보내거나 일상의 일을 처리해야 하는 시간을 히어로 활동에 쏟아야 함을 의미합니다. 가까운 사람이 위험에 빠지고, 유명 인사가 된 자신의 행동 하나하나에 사람들의 시선과 뒷말이 따른다면 히어로는 어떻게 할 건가요? 이 모든 문제는 슈퍼히어로물의 일부입니다. 히어로는 이야기에 따라 때로는 인연을 얻고, 때로는 잃습니다. 어떤 일로 인연을 잃을지 모른다면, 차라리 직접 인연을 소모해서 혜택도 얻고 자신만의 이야기도 만드세요!

피해와 상태 규칙

적이나 위험에 맞서서 상태를 줄 때는 보통 **제압하기**를 발동합니다. 이때 적에게 어떤 상태를 줄지, 얼마나 심한 정도로 줄 수 있는지 플레이어들이 제대로 갈피를 못 잡을 수도 있습니다.

플레이어는 적에게 상태를 줄 때 보통 자신의 히어로가 언제나 효과적으로 공격한다고 생각하기 쉽습니다. 특히 주사위를 굴려서 얼마나 큰 피해를 줬는지 결정할 때는 말이지요. 안타깝게도 슈퍼히어로물의 악당들은 모두가 똑같은 실력과 방식으로 싸우지는 않습니다. 적들은 제각기 다양하고 위험한 능력을 갖추고 있으며, 히어로와 싸울 때 피해를 막기 위해 여러 수단과 방법을 동원합니다. 즉, 액션을 발동해 적에게 상태를 주겠다고 플레이어가 선언하더라도, 이야기의 상황에 따라 공격이 항상 통한다는 보장은 없습니다. 예를 들어 몸이 불꽃으로 된 적에게 불꽃 화살을 날린다면, 판정에 성공해 상태를 줄 수 있다고 하더라도 편집장은 히어로의 공격이 효과적인지, 아니면 통하지 않는지 결정할 수 있습니다. 불의 정령에게 불로 공격을 한다면 줄 수 있는 상태 정도가 약해지거나, 아예 효과가 없을 것입니다.

적들을 제압하거나 진정시키는 제일 나은 방법이 무엇인지는 플레이어들의 재치에 달렸습니다. 때로는 대화를 시도하거나, 주의를 딴 데로 돌리거나, 성질을 건드리는 등 정신이나 사회성에 영향을 미치는 상태를 주는 방식이 적을 쓰러뜨리는 가장 효과적인 방법일 수도 있습니다. 액션을 사용해 적의 정보를 캐내는 방법도 있지만, 어떤 적은 수많은 시행착오를 거쳐야만 완전히 쓰러뜨릴 수 있습니다. 언제나 적에게 효과적으로 공격할 수 있다고 생각하지 마세요. 흔한 범죄자에게 사용할 수 있는 수법이 사악한 마스터마인드에게도 통할 것이라는 보장은 없습니다.

월드 인 페릴에서 피해는 상태 규칙으로 나타냅니다. 상태는 히어로가 게임 규칙상 얻은 부담을 이야기에 반영하는 방식입니다. 상태의 정도는 먼저 해결하지 않으면 더 나쁜 결과로 이어질 수 있는 **경미한 상태**, 부상이나 이야기 속 다른 원인 때문에 특정한 행동을 할 때 지장을 받는 **큰 상태**, 매우 심각한 해를 입어서 모든 행동에 지장을 받고 결국 죽을 수도 있는 **심각한 상태**, 이 세 종류가 있습니다.

경미한 상태는 히어로가 처한 어려운 상황을 나타냅니다. **경미한 상태**는 먼저 해결하지 않으면 악화될 수도 있습니다. 히어로는 먼저 상태를 제거하거나(이에 필요한 액션을 발동하거나 행동을 해야 합니다), 상태를 무시하고 원하는 일을 하기 위해 **위험 돌파하기**를 발동해야 합니다. 새로 행동을 할 때도 여전히 상태의 영향을 받는다면 다시 **위험 돌파하기**를 발동합니다. 편집장은 히어로가 어떤 위험을 피해

위험 돌파하기를 발동하는지, 실패할 경우 어떤 문제가 생길지 명확하게 정해야 합니다. **위험 돌파하기**에 실패하면 **큰 상태**나 심각한 상태를 받을 수도 있고, 혹은 전혀 다른 곤경에 빠질 수도 있습니다. 히어로가 처할 곤경은 이야기에 어울려야 하며, 상태의 성격에 따라 규칙상 영향을 받을 수도 있습니다.

큰 상태는 회복할 때까지 특정한 행동에 계속 -1 페널티를 줍니다. "어깨관절이 빠짐"이라는 큰 상태를 받았다면 눈으로 광선을 쏠 때는 페널티를 받지 않지만, 주먹을 휘둘러 때릴 때는 -1의 페널티를 받습니다.

심각한 상태 (최대 4개)
1) 특성 하나에 -1 페널티
2) 모든 액션에 계속 -1 페널티
3) 모든 액션에 계속 -2 페널티
4) **마지막 기회** 발동 (실패하면 죽습니다)

상태는 편집장이 플레이어에게 히어로가 상태를 받았다고 알려주거나 히어로 자신이 무언가 상태를 얻을 만한 액션을 발동할 때 받습니다. 상태를 받으려면 반드시 이야기 속에서 무언가 그럴 만한 일이 벌어져야 합니다(악당에게 얻어맞아 건물에 세게 부딪히거나, 친한 사람과 심하게 말다툼을 하거나, 외계인이 쏜 죽음의 광선을 맞는 등). 히어로에게 불리한 영향을 미치는 모든 요인은 정도가 경미하든, 크든, 심각하든 모두 상태로 나타냅니다. 첫 번째 **심각한 상태**를 받은 히어로는 상태에 어울리는 특성 하나가 쇠약해지면서 -1페널티를 받습니다. 두 번째로 **심각한 상태**를 받는다면 모든 액션에 추가로 -1 페널티를 더 받습니다. 세 번째 **심각한 상태**를 받는다면 모든 액션에 추가로 -2페널티를 받으며, 만약 쇠약해진 특성을 사용한다면 총 -3 페널티를 받습니다. 마지막으로 네 번째로 **심각한 상태**를 받는다면, **마지막 기회**를 발동해야 합니다.

상태 예시		
경미함:	**큰:**	**심각함:**
멍함	혼란함	희망을 잃음
화남	격노함	미쳐 날뜀
피곤함	기진맥진함	지쳐 쓰러짐
감염됨	병듦	치명적인 병
발목을 삠	힘줄이 찢어짐	다리를 못 씀
어깨 탈구	팔이 부러짐	뼈가 산산조각 남
우두커니 못박힘	가슴이 찢어짐	실패가 눈에 보임
붙들림	잠시 눈이 멂	뇌진탕
난처한 처지	포위당함	고립무원

　물론 위 예시가 게임에서 다루는 상태의 전부는 아닙니다. 특히 월드 인 페릴은 슈퍼히어로물 RPG이므로, "분노"나 "차갑고 인정 없음" 같은 감정에서부터 "멍들고, 피투성이인데다가, 여기저기 부러짐" 같은 신체적인 피해까지 어떤 것이든 모두 상태가 될 수 있습니다. 상태는 히어로가 이야기 속에서 처하는 상황 중 규칙상 비중이 있는 것으로, 히어로에게 불리하게 사용할 수 있습니다. 편집장은 무언가 안 좋은 일이 일어나 히어로에게 어떠한 방식으로든 영향을 준다면, 그저 히어로가 받은 상태를 나타내는 단어 한두 개를 선택해 얼마나 심한 정도인지 결정하면 됩니다. 보통 어떤 정도로든 줄 수 있지만, **심각한 상태**는 이야기 속에서 정말로 적절한 순간에만 사용해야 합니다. **편집장 역할 소개**의 관련 항목(p.147)을 참조하세요.

　불행하게도 히어로는 때로 죽을 위험을 맞이하거나, 정말로 죽을 수도 있습니다. 네 번째로 **심각한 상태**를 받은 히어로는 반드시 **마지막 기회**를 발동해야 하며, 판정 결과에 따라 **당분간 죽음**을 발동할 수도 있습니다. **당분간 죽음** 판정에서 히어로가 살아남아서 안정을 찾았다면 그대로 세 번째 **심각한 상태**에서 머물지만 의식을 잃습니다. 히어로가 이야기 속에서 적당한 수단으로 회복을 할 수 있다면 의식을 되찾아 다시 행동을 할 수 있습니다. 하지만 다시 심각한 단계를 받으면, 다시 한 번 **마지막 기회**를 판정해야 합니다.

　PC가 받은 상태 역시 NPC가 받은 상태와 마찬가지로 어떤 상태를 받았는지 서술해야 합니다. PC가 NPC에게 상태를 줄 때 어떻게 묘사할지, 정도는 얼마나 심한지 플레이어가 편집장에게 알려주는 것처럼 NPC가 PC에게 상태를 줄 때는 편집장이 플레이어에게 알려줍니다.

　상태로 받는 페널티는 최대 -3까지 누적됩니다. **큰 상태**는 상태와 관련된 행동을 할 때만 페널티를 주는 반면, **심각한 상태**는 회복할 때까지 모든 행동에 페널티를 줍니다. **큰 상태**와 **심각한 상태**로 받는 페널티는 서로 누적됩니다.

치료와 회복 규칙

슈퍼히어로물의 히어로는 싸움을 방해하는 각종 부상과 상태에서 여러 가지 방법으로 회복합니다. 함께 만든 세계를 플레이할 때는 모두가 합의한 방식으로 이야기를 만들어야 하지만, 슈퍼히어로물은 대부분 부상 회복을 다룰 때 현실적인 부분을 일부러 무시합니다. 슈퍼히어로를 다룬 슈퍼히어로물을 보면 때때로 심하게 다친 히어로가 한두 화면 뒤에는 다시 일어나 싸울 준비를 합니다. 어떤 때는 여기저기 상처를 입고 약한 모습을 보이지만 여전히 싸움은 잘 합니다.

히어로가 상처를 치료할 수 있는 가장 흔한 방법은 **어울리기**입니다. 플레이어는 히어로 복장을 벗고 일상생활로 돌아갈 시간이 되면, 히어로가 평범한 삶을 어떻게 보내는지, 히어로 활동 중 소모해서 악화된 인연을 어떻게 회복할지, 새로운 인연을 어떻게 맺을지 장면을 플레이한 다음 히어로의 상태를 회복할 수 있습니다(물론 일상생활 속에서도 훼방을 받거나 위험이 발생할지도 모릅니다. 하지만 히어로의 삶이 다 그런 것이지요!). 또한 각종 플레이북에도 상태를 회복할 수 있는 액션이 있습니다.

하지만 무엇보다도 이야기 속에서 상처를 치료하지 않는 한 상태는 사라지지 않습니다. "어깨관절이 빠짐"이라는 **큰 상태**는 어깨를 다시 맞춰준다면 특별한 액션을 하지 않더라도 회복되었다고 보는 편이 타당할 것입니다. 물론, 상황에 따라 편집장은 어깨를 맞추려면 그만한 지식과 훈련을 쌓아야 한다고 이야기할 수도 있습니다. 결국 이야기 속에서 어떤 일이 일어나는지, 상태 회복을 어떻게 묘사하는지, 플레이어들이 함께 만든 게임의 분위기와 어조가 어떤지에 따라 정해지기 나름입니다.

또 한 가지 고려할 사항은 재생이나 치유 파워를 가진 히어로입니다. 히어로는 몇몇 액션을 제외한다면 전투 중에 상태를 치료하거나 회복할 수는 없으며, 설사 액션을 사용할 수 있더라도 이야기에 들어맞아야 합니다. 즉, 히어로가 재생이나 치유 파워를 가진다고 하더라도 다른 파워와 마찬가지로 이야기 속에서 능력을 발휘할 수단이 있다는 것 이외에는 특별한 규칙상 이점은 없습니다. 히어로는 분명 튼튼하고 쉽게 쓰러지지 않으며, 재생 능력을 갖추지 않은 히어로라면 불가능한 일을 할 수 있겠지만, 상황에 따라 여전히 위험한 지경에 빠질 수도 있습니다. 히어로가 상태를 제거하려면 다른 히어로와 마찬가지로 이야기 속에서 타당한 이유가 있어야 하며, 재생 능력은 상태를 회복할 수 있는 명분이 될 수는 있어도 진정한 위험을 아예 무시하고 이야기 속에서 긴장이나 갈등을 없애는 구실이 될 수는 없습니다. 무엇보다도 **큰 상태**나 **심각한 상태**를 회복하려면 단순히 "재생 능력이 발동했어요" 보다 큰 정당한 이유가 필요합니다. 특히 전투가 일어나는 중에는 말입니다. 재생 능력을 갖춘 히어로는 다른 히어로와 마찬가지로 휴식 시간에 **어울리기**를 발동하고, 이야기 속에서 충분히 시간을 쏟아야만 **심각한 상태**를 회복할 수 있습니다. 하지만 이런 히어로는 분명 다른 사람들보다 피해를 더 견딜 수 있을 뿐만 아니라, 다른 사람이라면 불가능한 상황에서 상태를 회복하고 재생 능력을 활용해서 특정한 일을 할 수 있습니다. 마치 초인적인 근력을 지닌 히어로가 보통 사람이 들 수 없는 물건을 들고 엄청난 능력을 발휘할 수 있는 것처럼 말입니다.

뭘 해야 하나요?

월드 인 페릴을 플레이할 때 무언가 잔뜩 준비해야 한다는 걱정은 하지 마세요. 이야기 속 슈퍼히어로들과 마찬가지로, 편집장이 무언가 이야기를 하면 여기에 맞춰 히어로가 어떻게 대응할지 선언하기만 하면 됩니다. 정말 쉽습니다! 하지만 몇 가지 사항은 명심하세요:

1) 플레이어가 이야기 속 상황에 대응하지 않거나 무엇을 할지 망설인다면, 편집장은 악당이나 새로운 적수, 도시에 생긴 문제, 개인적인 골칫거리 등 무엇이든 플레이어에게 내보낼 책임이 있습니다. 히어로가 자신의 문제나 이야기를 파헤칠 순간은 원하는 만큼 자주 오지 않으니, 플레이어는 이 기회를 필사적으로 포착해 능동적으로 나서세요. 성취 점수를 얻기 위해서 다른 캐릭터를 돕고 지켜야 한다면, 원하는 액션이나 열망 플레이북을 잠금 해제한 다음 히어로의 휴식 시간을 활용해서 목표를 달성하세요. 무슨 일이 일어나기를 바란다면 편집장에게 물어보세요. 편집장은 히어로에게 무언가를 던져서 이야기를 재미있게 이끄는 편집자용 규칙이 있으니까요!

2) 인연은 플레이어의 친구입니다. 플레이어는 인연을 사용해 판정에 성공할 수 있을 뿐만 아니라, 히어로의 개인적인 일상과 배경을 표현하고, 연출하고, 묘사해서 이야기를 더욱 풍성하고 흥미진진하게 만들 수 있습니다.

3) 편집장이 이야기 속에서 무엇인가 일어난다고 선언했을 때 대응하지 않으면 분명 상황은 나빠집니다. 신속하게 움직이세요. 무분별하고 위험하게 보이는 행동도 무슨 일이 일어날지 주뼛거리며 기다리는 것보다는 더 나을 것입니다. 꾸물대는 사이에 위험은 위기로 커지니까요!

4) 히어로는 가끔 기존 액션에 명확하게 맞아떨어지지 않는 행동을 할 때도 있습니다. 따라서 히어로가 무엇을 한다고 해서 언제나 액션이 발동하지는 않습니다. 이야기 속에서 무슨 행동을 할지 명확하게 묘사하세요. 편집장이 액션 발동 여부를 말해줄 것입니다. 액션이 발동하지 않더라도 히어로는 플레이어가 묘사한 행동을 합니다. 그러니 명심하세요. 무언가를 하고 싶다면 시도해 보세요. 어쩌면 주사위를 굴리지 않고도 상대에게 상태를 주거나 동료를 도울 수 있을지도 모릅니다(혹은 의도와는 반대 방향으로 갈 수도 있지만, 슈퍼히어로의 삶이 다 그렇지요!)

5) 월드 인 페릴은 플레이어들과 편집장이 서로 주고받는 대화로 만들어 가는 게임입니다. 일상적인 대화와 마찬가지로 플레이 역시 한 번에 한 명이 발언할 수 있고, 앞서 말한 사람이 말을 끝낸 후에야 다음 사람이 입을 열 수 있습니다. 편집장은 게임이 계속 흘러가도록 유지하고 때때로 플레이어들에게 무엇을 하는지 질문할 의무가 있습니다. 플레이어는 플레이가 잠시 주춤거리거나 전투가 끝나면, 기회를 놓치지 말고 히어로의 문제와 목표를 적극적으로 탐구하는 한편, 새로운 열정 플레이북과 액션들을 잠금 해제하기 위해 노력하세요.

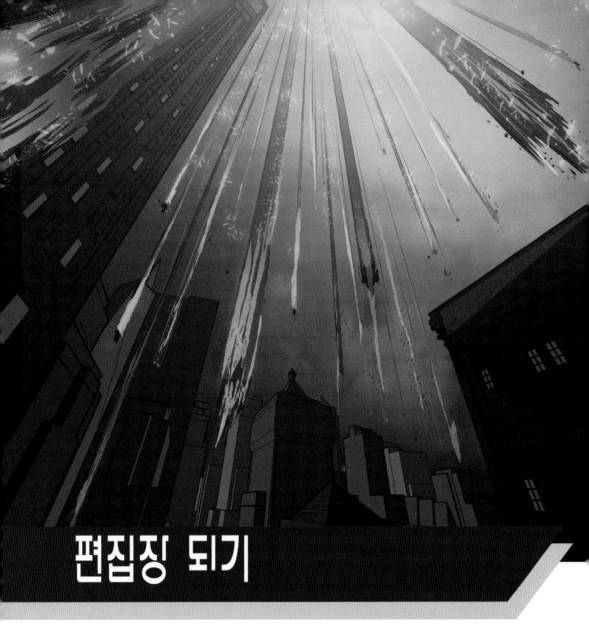

편집장 되기

 퍼히어로물은 역사도 길고 다루는 이야기도 많습니다. 월드 인 페릴은 주로 최근의 슈퍼히어로 코믹스, 특히 마블 코믹스 쪽의 분위기를 구현하는데 중점을 두었습니다(물론 여러 좋은 자료를 참조해서 다양한 이야기를 플레이할 수 있도록 노력했습니다). 게임의 무대는 현대 뉴욕처럼 익숙한 대도시입니다. 하지만 히어로들이 대도시의 번화가에서 모험을 시작하더라도, 이차원이나 다른 현실, 외계 행성, 혹은 다들 잘 아는 흥미진진한 새 지역이 플레이에 등장하면 활동 무대는 얼마든지 달라질 수 있습니다.

　편집장은 플레이어와 마찬가지로 따라야 할 규칙이 있습니다. 편집장은 플레이하는 동안 지금까지 만든 이야기를 명확하게 정리하고, 이를 토대로 새 이야기를 쌓기 위해 계속 질문을 던져야 합니다. 이번 장에서는 플레이할 세계를 만들고, 묘사하고, 판단을 내릴 때 사용할 틀을 설명합니다. 슈퍼히어로물의 다양한 형식과 시대를 플레이에서 제대로 살리려면, 편집장과 플레이어가 함께 생각을 모아 구현하려는 분위기와 비슷한 모습으로 이야기를 묘사하고 만들어야 합니다. 플레이어들이 맞이할 모험과 적수를 어떻게 준비하고, 특정한 환경이나 장소를 어떻게 표현할지 다루는 월드 인 페릴의 규칙은 여러 슈퍼히어로물 배경이나 그 외 다른 시대를 무대로 플레이할 때 쉽게 사용할 수 있습니다.

　편집장은 히어로들을 끊임없이 압박하고, 슈퍼히어로의 삶과 일상의 책임 사이에서 어려운 선택을 하도록 만들어야 합니다. 플레이어는 이에 맞서 인연을 소모하고 히어로의 목적을 밀어붙여서 히어로들이 자신의 꿈과 목표를 향해 나아가도록 숨통을 틔워주어야 하며, 휴식시간이 되면 발등에 떨어진 긴급한 문제들을 처리해야 합니다. 결국 세계는 쉴새 없이 위기에 부닥치며, 각종 재난은 히어로들이 원하는 시간에 문제를 쉽게 해결할 수 있을 때까지 기다려주지 않습니다.

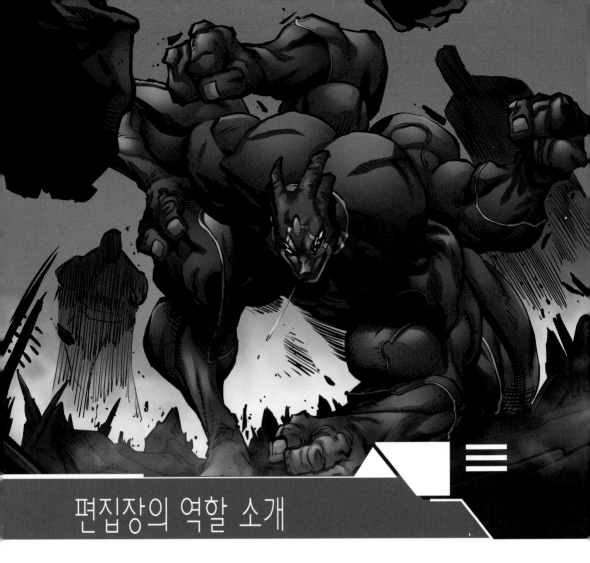

편집장의 역할 소개

편집장은 **강령, 원칙, 액션**으로 이루어진 게임의 틀을 가지고 플레이를 진행합니다. 강령은 편집장이 자리에 앉아 게임을 플레이하는 목적으로, 편집장과 플레이어가 어떤 종류의 게임을 원하는지 따라 정해집니다. 원칙은 모두 함께 플레이하기로 한 세계를 만들 수 있도록 돕는 지침입니다. 액션은 만화의 각 장면처럼 이야기 속에서 중요한 부분을 부각하고 이야기가 흘러가도록 움직이는 역할을 합니다. 강령, 원칙, 액션은 편집장이 월드 인 페릴을 최대한 활용할 수 있도록 돕는 규칙입니다.

편집장은 자리에 앉아 게임을 플레이할 때, 다음과 같은 일을 합니다:

- 상황을 묘사합니다.
- 규칙을 따릅니다.
- 액션을 합니다.
- 준비한 자료를 이용합니다.

플레이어들이 자기 히어로가 무엇을 말하고 어떻게 행동하는지에 집중하는 한편, 편집장은 나머지 부분을 채우는 역할을 맡습니다. 세계가 어떻게 움직이는지, NPC들이 어떻게 반응하는지는 편집장이 맡은 책임입니다.

항상 히어로들 주변에 일어나는 일을 묘사하세요. 세션을 시작할 때도, 잠시 쉬거나 농담을 나눈 다음 플레이를 재개할 때도 마찬가지입니다. 현재 상황을 구체적으로 설명하세요. 때로는 플레이어에게 질문을 던지면서 묘사를 할 수도 있습니다.

> **편집장: 센티넬, 지금 무엇을 하나요?**

> **센티넬:** 연구실에서 이 기이한 물질의 정체가 무엇인지 알아보는 중입니다.

> **편집장: 근사하네요. 연구실은 어떻게 생겼어요?**

> **센티넬:** 연구실은 어느 유명한 대학교 아래에 있는 지하실에 있어요. 아주 청결하고 먼지 하나 없을 정도입니다. "빌린" 거나 다름없는 장소라서 조금 작기는 하지만요.

> **편집장: 좋아요. 당신은 이 물질의 표본을 거대한 분광기 아래에 두었습니다. 그런데 갑자기 물질이 깜박거리면서 현실에서 사라졌다 나타나기를 반복하네요. 어떻게 할래요?**

세부사항을 묘사하고 오감을 활용해 플레이어들을 이야기 속으로 끌어들이세요. 무슨 냄새가 나는지, 무슨 맛이 나는지, 무엇이 들리며 촉감은 어떤지 묘사하세요. 몰입의 효과를 높이기 위해 정보를 덜 제공할 수도 있습니다. 익히 아는 환경을 묘사할 때 특정한 감각을 생략하는 것은 자세한 묘사만큼이나 플레이어들의 상상력을 자극할 수 있습니다. 히어로들에게 항상 무언가 반응할 거리를, 무언가 행동할 거리를 제공하세요. 편집장이 상황을 묘사할 때는 언제나 무언가 히어로들이 대처하고 움직여야 합니다. 이야기 속 시간을 반드시 차근차근 진행할 필요는 없습니다. 특별히 할 일이 없다면 만화에서 다음 칸으로 넘어가듯 새 장면으로 넘어가서 새로운 상황을 묘사하고, 히어로들이 다른 장소에서 해야 할 무언가를 제공하세요. 상황을 묘사한 다음에는 항상 "어떻게 할래요?"로 마무리하세요.

항상 규칙을 따르려면, 기본 액션과 규칙에 익숙해야 합니다. 히어로가 어떤 파워를 가졌고 어떤 인연을 맺었는지 알아두세요. 이야기 속에서 언제 액션이 발동하는지 알아두고, 이야기가 충분히 명확하지 않거나 플레이어가 생각과 다른 행동이나 액션을 발동한다면 모두가 명확하게 이야기 속 상황을 이해하고 생각을 일치시킬 때까지 질문을 던지세요. 액션 발동에 익숙해지는 데에 플레이 한두 번 정도가 필요할 수도 있습니다. 걱정하지 마세요. 편집장은 게임을 지연하거나 중단할 필요 없이 자신만의 강령과 원칙, 편집장 액션을 끌어낼 수 있습니다. 그래도 게임을 최대한 활용하려면 우선 규칙을 잘 숙지해야 합니다.

액션은 편집장이 따라야 할 규칙의 일부입니다. 편집장 액션은 플레이어 액션과 다릅니다. 강령과 원칙을 설명한 다음 자세한 설명을 하겠습니다. 편집장은 편집장 액션을 사용해 이야기를 쌓고 흐름을 바꿉니다.

이 모든 것을 할 때는 **준비한 자료를 이용하세요.** 때때로 편집장은 플레이어들이 모르는 것을 알게 됩니다. 이야기 속에서 나중에 발생할지도 모르는 일을 준비하든, 플레이어들에게 사건을 넌지시 암시하든, 알게 된 지식을 활용해 액션을 하세요.

강령

월드 인 페릴의 편집장이라면 늘 염두에 두어야 할 몇 가지 사항이 있습니다:

- 슈퍼히어로물의 세계를 표현합니다.
- 히어로들의 삶을 액션과 모험으로 채웁니다.
- 어떤 일이 일어나는지 플레이를 해서 알아냅니다.
- 플레이어들 역시 자기 히어로의 이야기를 하도록 독려합니다.

편집장은 플레이에서 이 네 가지를 위해, 이 네 가지만을 위해 말하고 행동합니다. 위에 나오지 않은 것은 편집장의 목적이 아닙니다. 잘 짜인 이야기를 하러 온 것도, 히어로들을 죽이러 온 것도, 수수께끼 해결 능력을 시험하러 온 것도 아닙니다.

첫 번째 강령은 **슈퍼히어로물의 세계를 표현하는 것입니다.** 월드 인 페릴은 히어로로서 무엇을 하고 싶은지, 이를 위해 어떤 대가를 치러야 할지 저울질하고 판단하는 RPG입니다. 히어로의 길은 항상 용기와 영웅적인 행동, 짜릿한 액션만 있는 것이 아닙니다. 히어로는 자신의 욕구와 목표, 그리고 세상과 자신을 필요로 하는 사람들 사이에서 균형을 맞춰야 합니다. 편집장은 이를 위해 플레이어들에게 히어로를 돋보일 상황을 제공하고, 고통스러운 결단이 필요한 어려운 문제를 제시하는 역할을 맡습니다. 히어로가 마주쳐야 할 도전은 무척 힘들고 극복하기도 어려워야 합니다. 그래야만 자신이 정말로 간절히 이루기를 바라는 것이 무엇인지, 이를 위해 다른 것을 어디까지 포기해야 하는지 결정할 수 있기 때문입니다. 이 세계는 히어로들이 없다면 분명 혼돈과 파괴에 휘말릴 것입니다. 어쩌면 히어로들이 싸운 결과 일어난 것일지도 모르지요. 플레이어들에게 세계의 경이로움과 아름다움을 보여주세요. 간절히 싸워 이기기를 바라도록 만드세요. 사람들의 목소리에 응답하도록 만드세요. 짊어진 책임 사이에서 우선순위를 고민하도록 난관을 제시하세요. 플레이어 역시 편집장을 돕습니다. 플레이어가 성공을 위해 인연을 소모할 때, 그 대가로 히어로의 삶은 지금 당장이든 나중이든 곤경에 빠지기 때문입니다. 히어로들은 더 많은 사람을 지키기 위해, 세계를 구하기 위해 사생활을 접고 사랑하는 사람의 기대를 저버립니다. 편집장은 그저 플레이어들이 인연을 소모해서라도 간절히 해결하기를 원하는 시련을 제시하기만 하면 됩니다. 히어로들이 세상을 어지럽히는 위험을 막은 다음, 그 대가로 어지러워진 자신의 삶과 맞부딪히게 하세요.

히어로의 삶을 액션과 모험으로 채운다는 것은, 플레이어와 협력하여 흥미진진하고 생동감 있는 세계를 만든다는 것을 뜻합니다. 슈퍼히어로는 항상 세계를 정복하거나 파괴할지도 모르는 음모에 휘말립니다. 그런 모험을 장려하고 키우세요.

월드 인 페릴에서 벌어지는 모험이나 음모는 히어로의 행동을 예측하고 일어나지 않습니다. 이 세계는 끊임없이 변화하기 때문입니다. 살아 숨 쉬는 세계 안에서 대도시와 여러 지역을 무대로 활약하는 갖가지 히어로와 악당들은 다양한 목적을 가지고 움직입니다. 히어로들이 각자 동기와 목적을 가진 NPC들과 서로 부대끼면 사건과 활극이 일어나게 마련입니다. 편집장의 역할은 이야기가 펼쳐지면서 만들어진 사건과 활극의 결과를 정직하게, 있는 그대로 묘사하는 것입니다.

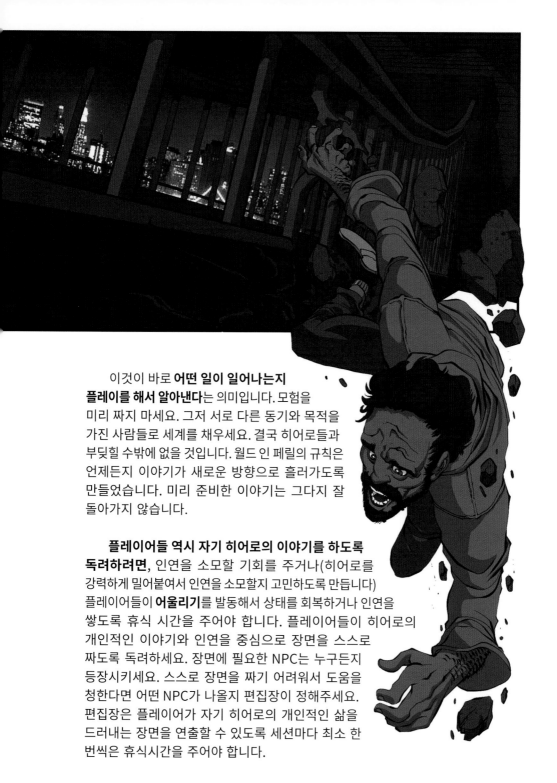

이것이 바로 **어떤 일이 일어나는지 플레이를 해서 알아낸다**는 의미입니다. 모험을 미리 짜지 마세요. 그저 서로 다른 동기와 목적을 가진 사람들로 세계를 채우세요. 결국 히어로들과 부딪힐 수밖에 없을 것입니다. 월드 인 페릴의 규칙은 언제든지 이야기가 새로운 방향으로 흘러가도록 만들었습니다. 미리 준비한 이야기는 그다지 잘 돌아가지 않습니다.

플레이어들 역시 자기 히어로의 이야기를 하도록 독려하려면, 인연을 소모할 기회를 주거나(히어로를 강력하게 밀어붙여서 인연을 소모할지 고민하도록 만듭니다) 플레이어들이 **어울리기**를 발동해서 상태를 회복하거나 인연을 쌓도록 휴식 시간을 주어야 합니다. 플레이어들이 히어로의 개인적인 이야기와 인연을 중심으로 장면을 스스로 짜도록 독려하세요. 장면에 필요한 NPC는 누구든지 등장시키세요. 스스로 장면을 짜기 어려워서 도움을 청한다면 어떤 NPC가 나올지 편집장이 정해주세요. 편집장은 플레이어가 자기 히어로의 개인적인 삶을 드러내는 장면을 연출할 수 있도록 세션마다 최소 한 번씩은 휴식시간을 주어야 합니다.

원칙

- 플레이어가 아니라 히어로에게 말을 거세요.
- 기이하고, 색다르며, 낯설고, 환상적인 것을 받아들이세요.
- 앞에서부터 이어지는 액션을 하고, 이야기에 맞추세요.
- 액션의 이름을 밝히지 마세요.
- 모든 적을 생생하게 표현하세요.
- 모든 사람에게 이름을 붙이세요.
- 질문을 하고 답변을 활용하세요.
- 히어로들의 팬이 되세요.
- 악당처럼 생각하세요.
- 이야기에서 시작해서 이야기로 끝내세요.
- 화면 밖의 일도 생각하세요.
- 히어로에게 어려운 선택을 제시하세요.
- 악당의 동기를 항상 염두에 두세요.

플레이어가 아니라 히어로에게 말을 거세요. "(플레이어), 다크라이트를 어떻게 막을 거예요?" 대신 "(히어로), 다크라이트를 어떻게 막을 거예요?"라고 물어보세요. 이 원칙을 지키면 플레이어들을 이야기에 집중시킬 수 있습니다. 이는 월드 인 페릴의 중요한 규칙이기도 합니다. 히어로 대신 플레이어와 대화를 하면 이야기 속의 중요한 세부 사항을 놓치거나 지나쳐서 몰입감을 떨어뜨릴 수 있습니다. 액션은 언제나 이야기 속에서 히어로들의 행동으로 발동하므로, 플레이어 대신 히어로에게 무슨 일이 일어나는지 생각하세요.

기이하고, 색다르며, 낯설고, 환상적인 것을 받아들이세요. 슈퍼히어로물의 세계는 상상할 수 있는 모든 것을 이야기 속에 담았습니다. 각종 외계인과 돌연변이 괴물, 유전자 변형 인간이 지구 안팎을 활보하며, 어떤 생물들은 깊숙한 바닷속과 도시 아래, 그 외 인간이 살아갈 수 없는 곳을 보금자리로 해서 살아갑니다. 신화와 전설 속에서 튀어나온 신과 그 하수인들은 인간사를 지켜보며 때로는 참견하기도 합니다. 별들 너머의 불가사의한 존재들도 세상에 모습을 드러내고 의지를 행사합니다. 이처럼 슈퍼히어로물의 세계에서는 현실에 없는 온갖 기괴하고 말도 안 되는 일이 일어납니다. 배경 세계를 생생하고 사실적으로 만들되, 보고 싶은 소재가 있다면 원하는 만큼 계속 쏟아 넣으세요. 누군가 배경 세계 속에 이러이러한 게 있는지, 진짜인지 묻는다면 일단 "당연히 있지요. 어떻게 이야기 속에 맞춰 넣을 수 있을까요?"라고 대답하세요.

항상 **앞에서부터 이어지는 액션을 하고, 이야기에 맞추세요.** 액션은 기존 이야기에서 이어져야 합니다. 현재 상황에서 어떤 사건이 가장 일어날 법할까요? 어떻게 이야기를 덧붙일까요? 곧 벌어질 일을 어떻게 암시할까요? 편집장 액션을 할 때 스스로 물어보세요. 가끔은 플레이어 액션의 결과로 편집장이 무언가를 결정해야 하며, 대부분 히어로에게 좋지 않은 일이 일어납니다. 이를 처리하는 가장 좋은 방법은 이야기를 살펴본 다음, 지금 가장 명백하게 일어날 법한 나쁜 일을 찾아 일으키는 것입니다. 때로는 전혀 예상하지 못했던 새롭고 기발한 요소를 등장시키고 싶다는 충동이 들 수도 있습니다. 하지만 앞서 일어난 사건을 무시하면 이야기의 흐름이

이어지지 않을 위험이 있습니다. 그러나 플레이어들이 아직 접하지 못한 사건을 등장시킬 준비를 사전에 제대로 갖추었다면, 지금이 새로운 위험들을 선보일 좋은 기회가 될 수도 있습니다.

이야기 속에서 일어난 사건에 대응할 때, **액션의 이름을 밝히지 마세요.** 편집장 액션은 이야기 속에서 일어나는 사건에 어떻게 반응하고 무엇을 할 것인지 상기시키는 암시일 뿐입니다. 어떤 액션을 선택했는지 입 밖에 내지는 마세요. "누군가를 곤경에 빠뜨린다" 액션 때문에 마천루가 무너져서 시민들 위로 떨어지더라도 플레이어들이 그 이유를 알 필요는 없습니다. 플레이어들에게는 자신들이 벌인 행동의 결과로, 또는 앞에서부터 이어지는 이야기에 따라 마땅히 일어날 사건으로 표현하세요.

모든 적을 생생하게 표현하세요. 적들을 그럴싸하게 만들고, 각자 성격과 독특한 점을 부여하세요. 태초의 혼돈에서 나온 괴물은 폭도나 성난 시민과 다르게 행동할 것입니다. 특히 악당은 개성이 잘 살아야 깊은 인상을 줍니다. 늘 쓰러지는 하찮은 악당과 숙적을 가르는 기준은 그저 화면 비중과 자세한 성격 묘사밖에 없습니다. 물론 조무래기 악당은 그 나름의 역할이 있지만, 여러 슈퍼히어로물에서 그렇듯 주저하지 말고 좀 더 성격을 드러내거나 갑작스럽게 새로운 위험으로 부각하세요. 시간이 흐르면서 이들 역시 주변 세상과 히어로들에게 적응하니까요. 평범한 시민들과 폭도들 역시 마찬가지입니다. 히어로가 얼마나 영웅적인 활약을 하든, 법정 심리에 참석하러 가는 길에 등 뒤에서 평범한 졸개한테 총을 맞을지도 모릅니다. 누가 알겠어요?

모든 사람에게 이름을 붙이세요. 히어로들이 대화하는 모든 사람은 이름이 있습니다. 성격도 있고 목표와 의견도 있을 테지만, 이름 외의 나머지는 진행하면서 만드세요. 우선 이름을 지으면 거기서부터 이야기가 흘러갑니다.

질문을 하고 답변을 활용하세요. 플레이를 통해 어떻게 되는지 알아내려면 모든 것을 미리 알고 있어서는 안 됩니다. 호기심을 갖고 플레이어들과 함께 무슨 일이 일어날지 지켜보세요. 함께 이야기를 쌓으세요. 제일 쉬운 질문은 "어떻게 할래요?" 입니다. 액션을 한 뒤에 플레이어들에게 물어보세요. 물론 다른 질문도 물어야 합니다. 아직 명확하게 밝혀지지 않은 것은 가능성을 열어두고 장면에 필요한 만큼만 세부사항을 정하세요. 나중에 지금 만든 사실을 바탕으로 다시 이야기를 쌓고 질문을 던질 수 있습니다.

히어로들의 팬이 되세요. PC들은 TV 드라마나 영화, 코믹스의 히어로와 같습니다. 이기면 환호하고 지면 슬퍼하세요. 플레이어들과 대화를 나눠서 매력적인 이야기를 만드세요. 플레이어들이 열망 플레이북을 잠금 해제하고 성취 점수를 얻거나, 히어로들을 은퇴시킬 수 있도록 길을 제공하세요.

악당처럼, 혹은 악의 제왕처럼 생각하세요. 이야기 속에서 안전한 것은 없으며, 무엇이든 위험한 상황에 부닥칠 수 있습니다. 편집장 스스로 만든 것을 무너뜨리고 때려 부술 음모를 꾸미세요. 어떤 음모를 세워서 위기에 몰아넣을 것인가요? 어떤 것을 새로 만들어 장차 위험에 빠뜨릴 것인가요? 세계는 끊임없이 변하고, 히어로들이 개입하지 않으면 안 좋은 방향으로 변합니다.

이야기로 시작해서 이야기로 끝내세요. 편집장과 플레이어가 하는 일은 모두 이야기 속 사건에서 비롯되어 이야기 속 사건으로 이어집니다. 플레이어는 무언가 액션을 발동할 만한 사건이 일어날 때 액션을 합니다. 발동한 액션은 규칙을 적용한 다음 다시 이야기에 영향을 미칩니다. 편집장의 액션 또한 항상 이야기에서 나옵니다.

화면 밖의 일도 생각하세요. 이야기 속의 모든 일이 항상 히어로들 앞에서만 일어나지는 않습니다. 편집장은 때로 다른 도시나 다른 지역, 또는 머나먼 행성에서 무언가 액션을 일으킨 다음, 나중에 때가 되면 효과를 드러낼 수도 있습니다. 극적인 역설을 끌어내기 위해 새로운 장면으로 전환해서 점점 다가오는 위기를 묘사하세요.

히어로들에게 어려운 선택을 제시하세요. 히어로란 무엇보다도 어려운 선택을 내리는 사람입니다. 히어로는 여러 행동의 결과를 저울질하고 선택해야 합니다. 편집장이 충분히 어려운 도전 거리를 던졌다면 플레이어는 성공을 위해 인연 점수를 소모할지 고민하면서 자연스럽게 어려운 선택에 맞닥뜨리지만, 편집장은 특정한 장면에서 히어로가 어려운 선택을 내릴 수밖에 없도록 편집장 액션을 사용할 수도 있습니다. 많은 편집장 액션이 히어로들의 어려운 선택을 끌어 내는 것을 목표로 만들었으니, 주저 없이 사용하세요!

악당의 동기를 항상 염두에 두세요. 월드 인 페릴의 세상은 끊임없이 변하기 때문에, 무엇이 일어날지 전부 예측해서 미리 계획을 짜는 것은 좋지 않습니다. 사건의 중심에는 대부분 악당이 있습니다. 악당의 동기와 목표를 아는 것만으로도 특정한 상황에서 악당이 무엇을 할지, 어떤 행동이나 액션을 취해야 할지 알 수 있습니다.

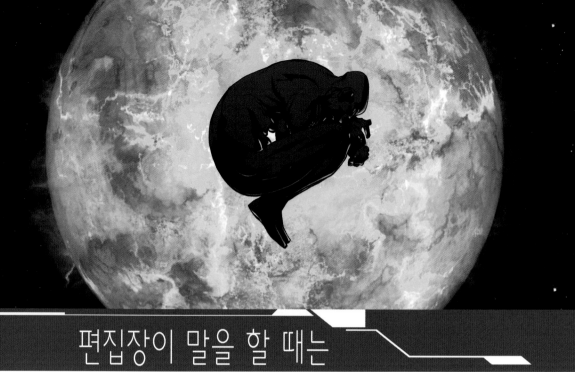

편집장이 말을 할 때는

- 원칙대로 말하세요.
- 규칙대로 말하세요.
- 준비한 내용에 따라 말하세요.
- 정직하게 말하세요.

월드 인 페릴을 플레이하는 플레이어와 편집장은 모두 이야기를 만들 책임을 나누어 가집니다. 플레이어는 자신이 맡은 히어로의 말과 행동, 감정과 생각을 설명할 책임이 있으며, 때로는 특정한 액션으로 더욱 자세하게 나타내도록 요구받기도 합니다. 편집장은 나머지 모든 부분을 책임집니다. 세상을 어떻게 묘사할지, 세상이 플레이어에게 어떻게 대응하는지, 히어로 외의 나머지 캐릭터는 어떻게 생각하고 행동하는지를 말입니다.

비록 아직 알 수도 없고 미리 정해서도 안 되는 대답이 많지만, 정직하게 가능한 한 많은 정보를 플레이어들에게 내놓으세요. 플레이어는 편집장이 들려주지 않으면 주변에 무엇이 있는지, 히어로에게 무슨 일이 벌어지는지 알 수 없습니다. 플레이어들이 자기 히어로의 액션을 최대한 활용할 수 있도록 진실하게 플레이하세요. 이 때문에 플레이어들이 이야기 속에서 큰 변화를 일으키고 중대한 사실을 드러내더라도 말입니다. 편집장은 플레이어들과 함께 이야기를 만드는 동반자입니다. 적수나 대립 관계라고 생각하지 마세요. 편집장은 이야기에 긴장과 대립, 싸움을 불어넣지만, 플레이어와 히어로들을 응원하는 역할도 맡습니다. 편집장이 던진 도전에 맞서 히어로들이 어떻게 반응하고, 얼마나 견디며, 어떻게 변화하는지 지켜보세요.

편집장은 히어로들이 얼마나 효과적으로 싸울 수 있는지 판단하는 큰 권한을 가졌습니다. 따라서 플레이어들에게 항상 정직하고 일관되게 말하세요. 다양한 수단을 동원해야 이길 수 있는 파워와 능력을 갖춘 악당을 묘사하려면 일관성 있고 공정하게 묘사해야 합니다. 이야기는 플레이어들이 극복할 난관이어야지, 편집장이 들려주고 싶은 시나리오를 강요하는 수단이 아닙니다.

편집장 액션

플레이어들이 무언가 일어나기를 바라면서 편집장을 쳐다보면 다음 액션 중 하나를 고르세요. 각 액션은 이야기 속에서 어떤 종류의 일이 일어남을 의미할 뿐이지, 암호도, 전문용어도 아닙니다. 예를 들어 "히어로들을 서로 떨어뜨린다."는 문자 그대로 히어로들이 물리적으로 서로 떨어지는 일이 발생한다는 것을 의미합니다.

- 적의 액션을 사용하세요.
- 반갑지 않은 사실을 드러내세요.
- 다가오는 위험의 징조나 음모의 진전을 보이세요.
- 알맞은 상태를 주세요(**경미, 큰, 심각한 상태**).
- 자원을 소비시키고 물품을 빼앗으세요.
- 적의 이점을 하나 드러내거나 회복시키세요.
- 히어로들의 액션을 역이용하세요.
- 사람들을 떼어놓으세요.
- 히어로의 능력에 어울리는 기회를 제공하세요.
- 히어로가 가진 장비나 파워, 외모의 약점을 부각하세요.
- 대가를 요구하는, 또는 대가 없는 기회를 제공하세요.
- 누군가를 곤경에 빠뜨리세요.
- 조건이나 대가를 내걸고 의향을 물으세요.
- 인연을 위협하세요.
- 히어로의 제한을 이용하세요.
- 비밀을 위협하세요.
- 적의 이점으로 시범을 보여서 파워를 창의적으로 사용하도록 독려하세요.
- 상태를 이용하세요.
- 풍경을 바꾸세요.
- 도사린 위험의 징조를 드러내세요.
- 새로운 파벌이나 새로운 종류의 적을 등장시키세요.
- 기존의 파벌이나 이미 있는 종류의 적을 활용하세요.
- 왔던 길을 돌아가게 하세요.
- 히어로 중 한 명이 넘을 난관을 제시하세요.

편집장 액션의 이름을 밝히면 안 된다는 것을 명심하세요. 정말로 히어로들에게 일어나는 일로 만드세요. "무너지는 마천루에서 간신히 도망치니까, 땅은 요동치고 하늘은 먼지와 파편으로 가득 찼습니다. 주위에는 아무도 없고, 아무 목소리도 들리지 않습니다. 칸논, 아무래도 당신 혼자만 있는 것 같네요. 그저 천장 여기저기에서 새어나오는 빛줄기 몇 가닥밖에 보이지 않습니다. 어떻게 할래요?" 무슨 액션을 하건 간에 항상 "어떻게 할래요?"로 끝내세요.

편집장 액션은 '히어로의 삶을 모험으로 채운다'는 강령을 만족하게 하는 도구로, 히어로들이 움직일 수밖에 없도록 만듭니다. 히어로들이 대처하지 않으면 반응하지 않은 대가를 치르게 하세요. 히어로들은 항상 무언가를 해야 합니다.

액션은 언제 사용하나요?

편집장은 다음 경우에 액션을 사용합니다.

- 다들 어떻게 될지 궁금해하며 편집장을 쳐다볼 때.
- 히어로들이 절호의 기회를 제공할 때.
- 판정에 6-가 나왔을 때.

플레이어들이 그저 편집장을 쳐다볼 뿐이지 상황을 눈덩이처럼 불릴 필요가 없다면 보통 "약한 액션"을 사용하고, 그 외의 경우에는 "강한 액션"을 사용하세요.

약한 액션은 당장 발생하지 않으며, 아직 결과를 막을 수 있는 액션입니다. 보통 약한 액션은 이야기 속에서 무언가가 일어날 것이라는 징조로, 히어로들에게 앞으로 닥칠 위험을 드러낼 때 사용합니다. 가장 흔하게 사용하는 약한 액션은 **다가오는 위험의 징조를 보인다**로, 보통 안전한 장소나 사람을 위협해서 플레이어들이 당장 무언가 행동하도록 합니다. 이 액션은 "주변 땅이 흔들리기 시작합니다. 전투 강화복 컴퓨터의 분석으로는 여러분 바로 밑에서 지진파가 일어난다고 합니다."처럼 간단하게 사용할 수 있습니다.

플레이어들이 편집장의 약한 액션을 무시하면 강한 액션을 사용할 절호의 기회가 옵니다. 지진이 났는데도 플레이어들이 아무 행동도 하지 않는다면 강한 액션을 사용할 기회입니다. 그대로 지나칠 수 없도록 주변의 건물과 땅을 무너뜨리세요! 약한 액션이 이야기를 쌓고 앞으로 나올 강한 액션을 준비하는 용도라면, 강한 액션은 상태를 주거나 다른 심각한 결과를 일으키기 위해 사용합니다. 언제 약한 액션을 사용하고 언제 강한 액션을 사용할지 명확하게 단정 짓는 기준은 없지만, 이야기 속에서 충분히 경고를 하였다면 얼마든지 강한 액션을 사용해도 좋습니다. 하지만 상황에 어울린다 싶으면 약한 액션을 쓰세요. 무슨 일이 일어날지, 어떤 액션을 쓸지는 이야기를 보면 알 수 있습니다.

강한 액션은 약한 액션을 눈덩이처럼 굴린 결과일 뿐이지, 절대로 응징이나 벌이 아닙니다. 이야기에 맞춰 심각한 정도를 정하세요. 강한 액션으로 반드시 피해나 상태를 줄 필요는 없으며, 피해를 준다면 **경미한 상태, 큰 상태, 심각한 상태** 중 하나를 주세요. 약한 액션은 플레이어들이 반응하도록 언제나 피할 기회를 주는 반면, 강한 액션은 피하거나 막을 방법이 없다는 것이 차이점일 뿐입니다.

액션 선택하기

액션을 선택할 때는 이야기 속에서 액션을 일으킨 명백한 원인을 찾으세요. 이미 품고 있는 생각이 있으면, 강령과 원칙에 어울리는지 먼저 고려하세요. 우선 약한 액션으로 경고를 한 다음 강한 액션을 사용하세요. 액션은 눈덩이처럼 불어나야 합니다. 히어로들이 벌인 액션의 성공과 실패, 그리고 편집장이 앞서 사용한 액션 위에 액션을 계속 쌓아간다고 생각하세요.

당장은 히어로들에게 위험하지 않지만, 나중에 문제를 일으키는 액션을 보이지 않는 곳에 펼쳐 두는 것도 좋습니다. 그것도 원칙 중 하나입니다(**화면 밖의 일도 생각하세요**). 기록해 놓고 때가 되면 드러내세요.

액션 사용하기

액션을 사용할 때는 항상 원칙을 염두에 두세요. 액션의 이름을 밝히지 않고, 플레이어가 아니라 히어로에게 말을 거세요.

이야기를 각 액션과 장면, 히어로에 맞춰야 한다는 점도 잊지 마세요. 히어로들의 강점과 약점을 활용하고, 히어로들마다 가진 독특한 특징을 항상 염두에 두세요. 특히 히어로의 파워는 이야기에 큰 영향을 미치니 꼭 알아두세요. 예를 들어 재생 능력을 갖춘 히어로는 아무런 보호나 방어 수단이 없는 히어로에 비해 훨씬 쓰러뜨리기 어려울 것입니다.

액션을 쓰고 나면 항상 "어떻게 할래요?"라고 질문하세요.

적의 액션을 사용하세요

히어로들이 모험을 펼치면서 마주치는 적들은 편집장이 얼마나 준비했는지에 따라 모두 한 가지 이상 쓸 수 있는 액션이 있습니다. 적 액션은 그저 적이 할 수 있는 일을 정해 놓은 것에 지나지 않습니다. 예를 들어 조무래기 악당이라면 "무고한 사람들을 위험에 빠뜨린다", 사교도나 괴물 무리의 일부라면 "심연 깊숙한 곳에서 지원 세력을 부른다." 같은 액션일 것입니다.

반갑지 않은 사실을 드러내세요.

플레이어들이 사실이 아니기를 바라는 사실을 드러냅니다. 악당의 소굴처럼 보이던 곳이 실제로는 함정일 수도 있고, 잘 도와주던 NPC가 실제로는 첩자나 사기꾼, 모습을 바꾼 악당일 수도 있습니다.

다가오는 위험의 징조나 음모의 진전을 보이세요.

히어로들이 대응하지 않으면 실현될 무언가를 보여주는 액션입니다. 악당이 짠 음모대로 일어날 나쁜 일이라면 무엇이든 "위험"으로 여길 수 있습니다. 음모의 단계가 화면 밖에서 어떻게 진전되는지 보여주세요. 음모와 위험 항목에서 더욱 자세히 설명하겠습니다.

알맞은 상태를 주세요.

"알맞은 상태를 주세요"뿐만 아니라, 어떤 편집장 액션으로든 피해는 줄 수 있다는 점을 명심하세요. 편집장은 이야기 속에서 히어로들이 피해를 받을 만한 상황에서 마땅히 할 일을 해야 합니다. 상황이 적합하다고 판단이 된 다음에는 어떤 종류의 피해인지, 경미, 큰, 심각 중 어느 상태를 줄 것인지 정하세요(얼마나 피해를 받을지는 히어로마다 다를 수 있습니다. 평범한 히어로가 **경미한 상태**를 얻는 상처를 받았다면, 재생능력을 갖춘 히어로라면 상태 없이 순식간에 회복해서 다시 전투로 뛰어든다고 선언할 수 있을 것입니다)

피해를 줄 때는 이야기 속에서 히어로를 위협하는 요소 한 가지를 선택해 적용하세요. 악당과 근접 전투 중이라면, 악당이 힘껏 때릴 것입니다. 적 기지에서 두목을 추격 중이라면 숨겨진 덫이 발동해서 히어로를 방사선장에 가둘 것입니다. 상태로 준 물리적, 정신적인 피해는 히어로를 실제로 위험에 빠뜨립니다. 히어로는 그냥 혼란해질 수도 있고, "혼란함"이라는 **경미한 상태**를 받을 수도 있습니다. 전자는 단순한 묘사에 지나지 않지만, 후자는 실제로 히어로에게 안 좋은 영향을 미칩니다. "혼란함" 상태를 제거하지 않은 채 무언가 행동을 한다면 상황이 더욱 악화될 수도 있기 때문입니다. 그러므로 상태는 중요합니다. 이야기 속에서 그만한 시간과 노력을 소진해야 하기 때문입니다.

편집장은 필요할 때 히어로에게 상태를 줄 수 있습니다. 이는 분명히 강한 액션이므로, 상태를 줄 때는 꼭 타당한 이유로 뒷받침해야 합니다. 언제, 어떤 종류인지, 무슨 일이 일어났는지, 누가 상태를 받았는지 정하세요. 재생 능력이나 강철 피부, 역장 생성 같은 파워를 가진 슈퍼히어로에게 상태를 주려면 활과 화살로 싸우는 평범한 인간 히어로에게 상태를 주는 것보다 훨씬 더 그럴듯한 이유가 있어야 합니다. 이야기를 막 시작했고 무슨 일이 일어났는지 규칙상 비중이 없어도 되나요? 그냥 묘사만 하고 다음으로 넘어가세요. 히어로들이 악당과 사투를 벌이나요? 건물이 머리 위로 무너져 내리나요? 이성이 무너질만한 질문을 받았나요? 히어로의 정체성이 흔들리는 순간인가요? 그렇다면 상태를 주기 아주 좋은 때입니다.

- **경미한 상태**는 주의를 환기하고, 잠깐 시간과 노력을 쏟으면 충분히 처리할 수 있는 상태입니다. 금방 해결할 수 있는 상황을 제시할 때 주세요. **경미한 상태**는 잔해 속에 갇힘, 삔 발목, 어긋난 뼈 같은 물리적인 문제일 수도 있고, 산만해짐, 혼란함, 허를 찔림 같은 감정 문제일 수도 있습니다. **경미한 상태**를 내버려 두면 **큰 상태**로 악화될 수도 있지만, 반드시 그럴 필요는 없습니다. 이야기에 어울리게 맞추세요. 히어로가 **경미한 상태**를 무시하고 행동할 경우 보통은 **위험 돌파하기** 액션을 발동하면 충분합니다. 판정 결과에 따라 새로운 골칫거리가 발생할 수도 있으니까요.
- **큰 상태**는 좀 더 위험하며, 특정한 종류의 행동에 국한해서 히어로에게 계속 지장을 줍니다. 삔 발목이나 어긋난 뼈는 골절로 악화될 수도 있고, 치료할 때까지 다친 팔다리를 사용하는 모든 행동에 지장을 줄 수도 있습니다. 산만하거나, 혼란하거나, 허를 찔린 히어로는 그 결과 더 큰 다른 피해를 받을지도 모릅니다. **큰 상태**는 부러진 팔로 등반을 하거나, 편두통에 시달리면서 계획을 짜는 경우처럼 상태와 관련된 특정한 행동을 할 때 판정에 페널티를 줍니다.

- **심각한 상태**는 가장 위험하며, 히어로가 하는 모든 행동에 계속 지장을 줍니다. **심각한 상태**를 네 개 얻은 히어로는 죽습니다. **심각한 상태**는 피해가 오랫동안 축적된 결과일 수도 있고, 단 한 방이지만 치명적인 공격으로 얻은 피해일 수도 있습니다. **심각한 상태**가 정신적인 문제라면 자신을 믿는 마음이나 인류를 위한 신념이 무너지는 일을 겪거나, 사랑하는 사람의 죽음을 겪어서 비탄에 빠진 상태일 것입니다. 어쩌면 육체를 지배당하거나, 외계 질병을 겪거나, 초능력 폭풍에 휘말려 이성이 갈가리 찢겼을지도 모릅니다.

히어로에게 피해를 줄 때는 어떤 위협이 가장 잘 어울릴지 생각해야 할 뿐만 아니라, 어떤 방식으로 해를 끼칠지도 염두에 두어야 합니다. 히어로에게 누가(혹은 무엇이) 위협을 가하는지는 명백하게 보이더라도, 해를 끼치는 방법은 물리적인 피해만이 아닙니다. 어느 시민 하나가 히어로와 대립한다면, 분명 히어로에게 해를 입히려 할 것입니다(때때로 히어로들은 일상 속의 문제 때문에 위험에 빠질 수도 있습니다. 이런 식의 플레이를 하고 싶다면 말입니다). 하지만 반드시 히어로에게 직접 상태를 줄 필요는 없습니다. 이 시민은 히어로의 명성을 떨어뜨리거나 친구나 가족을 위협할 수도 있고, 히어로의 비밀을 악당에게 넘길 수도 있습니다. 위험요소가 어떤 방식으로 히어로에게 해를 끼칠지, 히어로들이 어떻게 대처해야 하는지는 편집장의 선택에 달렸습니다.

상태를 줄지 말지는 다음 세 가지에 달렸습니다.

1) 이야기의 흐름에 맞아야 합니다.
2) 이전부터 히어로들에게 피해를 준 방식과 같아야 합니다.
3) 히어로의 파워와 능력, 위험요소를 고려해야 합니다.

자원을 소비시키고 물품을 빼앗으세요.

히어로들이 예전에 악당의 음모를 막은 적이 있나요? 악당은 히어로들이 어떤 파워를 가졌고 어떤 전술을 쓰는지 파악했나요? 그렇다면 다음번에는 대응할 준비를 할 것입니다. 편집장은 다양한 방법으로 이야기 속에서 히어로들의 자원을 소비시키고 물품을 빼앗을 수 있습니다. 히어로가 마법의 망치나 부서지지 않는 방패, 여러 가지 첨단 장비처럼 특수한 무기를 가졌다면 무기 없이 무엇을 할 수 있는지 살펴보세요. 첨단 장비는 적 두목이 쏜 전자기 펄스에 무력할지도 모릅니다. 횟수 제한이 있는 파워나 탄약은 언제든지 바닥날 수 있습니다. 전투에 들어가면 적이 무기를 뺏어서 저 멀리 던져버릴지도 모릅니다! 굳이 영구적으로 없애지 않아도 됩니다. 슈퍼히어로물에서 히어로가 장비를 영영 잃어버리는 일은 드문 만큼, 신중하게 생각하세요.

적의 이점을 하나 드러내거나 회복시키세요.

이점은 적이 도움을 얻거나 위험을 막기 위해 사용하는 장비나 물품으로, 특히 악당과 마스터마인드가 자주 씁니다. 히어로는 적의 이점을 제거할 수 있으므로, 히어로에게 계속 도전거리를 던지려면 때때로 제거된 이점을 회복하거나 아직 내보이지 않은 이점을 새로 선보여야 합니다. 악당의 이점은 히어로들이 긴장감을 늦추지 못하도록 만드는 좋은 수단입니다. 총이나 수류탄처럼 피해를 주는 무기, 제트팩이나 차원문 같은 도주 장비, 그 외 다양한 능력을 발휘할 수 있는 이점을 동원하세요.

히어로들의 액션을 역이용하세요.

히어로가 사용한 액션으로 무슨 이득이 있을지 생각하고, 거꾸로 적이나 상대가 히어로에게 이 액션을 사용한 것처럼 손해를 끼치세요. 히어로가 질문을 하여 정보를 캐내는 액션을 했다면, 상대가 히어로에게 정보를 캐내게 하세요. 히어로가 적을 다치게 하고, 혼란스럽게 만들고, 방해하는 액션을 사용했다면, 반대로 적이 히어로에게 그 액션을 사용하거나, 서로 주고받게 하세요.

사람들을 떼어놓으세요

싸움을 더욱 위험하게 하거나 결정을 더욱 어렵게 만들려면, 가족이나 연인이나 친구들을 히어로와 떼어놓고 여러 사람을 위험에 빠뜨리세요. 혹은 각 히어로들에게 유사한 위험을 던진 다음 각자 위험에 어떻게 대처하는지, 해결 방법이 어떻게 다른지 지켜보세요.

히어로의 능력에 어울리는 기회를 제공하세요.

무언가를 만들고 제작하는 액션을 가진 히어로는 새로운 물품을 만드는데 능합니다. 어떤 히어로는 필요한 장소에 접근하는 능력을 갖췄고, 또 다른 히어로는 상황을 읽고 원하는 물건이나 사람을 찾는 일에 전문가입니다. 각각의 히어로는 무언가 자신만의 주특기가 있습니다. 각자 능력을 빛낼 기회를 주세요.

히어로가 가진 장비나 파워, 외모의 약점을 부각하세요.

보호 파워를 가진 히어로는 모든 사람을 지키려는 책임감을 느끼며, 외계인은 평범한 사람들이 사는 방식을 이해하는데 어려움을 겪을 것입니다. 대부분 히어로는 사람들이 눈치챌 정도로 독특한 모습을 하며, 그렇지 않더라도 최소한 평범한 사람과 무언가 다르다는 점은 숨길 수 없습니다. 또한, 히어로는 코스믹 에너지 덕분이든 차고에서 만든 장비 덕분이든 각자 무언가 뛰어난 능력을 발휘할 수 있는 파워를 가집니다. 하지만 모든 히어로는 유명인사이든, 오해를 받든, 외계인이든, 아예 알려지지 않았든, 어떤 파워를 가졌든 그에 따르는 약점을 가집니다. 예를 들어 전기를 조종하는 히어로는 물 계열의 악당과 싸우면서 사람들을 구할 때 큰 곤란을 겪으며, 외계인 히어로는 사람들을 위험에서 구하려 할 때 시민들을 오히려 겁먹게 할 수 있습니다.

대가를 요구하는, 또는 대가 없는 기회를 제공하세요.

인정, 힘, 외계 기술, 무엇이든 간에 히어로들이 원하는 것을 보여주세요. 히어로들은 누군가와 새 인연을 맺거나 인연 점수를 올리기를 원할 수도 있고, 그저 회복하기를 원할 수도 있습니다. 하지만 이 기회를 거머쥐려면 무언가 일어난 사건을 무시하거나, 장차 큰 전투를 치러야 하는 등 대가가 필요할 수도 있습니다.

편집장은 바쳐야 할 대가를 기회 속에 노골적으로 드러내거나 은연중에 함축할 수도 있습니다. 히어로들이 언제나 원했고, 항상 실현하기 위해 노력한 기회인가요? 도시에서 인기와 영향력을 얻으려고 노력한 히어로는 시민들이 시장 투표에서 자신을 뽑아주는 것을 환영할 것입니다. 하지만 시장이 되면 분명 치러야 할 대가가 있을 것입니다. 특정한 순간에 무언가 이루기를 바라는 기회인가요? 히어로가 남자친구에게 깊은 인상을 주려 한다면, 편집장은 남자친구가 히어로의 또 다른 모습인 일렉트릭 걸이 얼마나 멋지고 아름다운지 쉴새 없이 이야기한다고 선언하면서, 혹시 자신의 정체를 밝힐 것인지 히어로에게 물어볼 수 있습니다. 정체를 밝힌다면 분명 그 자리에서 남자친구에게 깊은 인상을 줄 수는 있겠지만, 그 결과 어떤 일이 일어날지는 명백할 것입니다.

누군가를 곤경에 빠뜨리세요.

곤경이란 히어로가 어려운 선택을 해야 하는 상황을 가리킵니다. 선택이 어려우면 어려울수록 히어로는 더욱 곤경에 처합니다.

조건이나 대가를 내걸고 의향을 물으세요.

히어로들이 액션에 해당하지 않는 것을 원하거나 액션에 실패했을 때, 원하는 것을 얻을 수 있지만 대가를 감수해야 한다고 말해 주세요. 목적을 이루기 위해 맨 처음 무엇을 해야 할지 알려준 다음, 그래도 하고 싶은지 물어보세요.

인연을 위협하세요.

히어로는 다른 NPC나 도시, 사법 기관과 인연을 가집니다. 인연이 끊어지는 것을 막기 위해 서둘러 행동하거나 무언가 선택해야 하는 상황을 제시하세요. 어쩌면 히어로의 결점이 드러나는 상황에서 사진기자가 나타났을 수도 있고, 적절하지 않은 시간에 경찰이나 시에서 히어로에게 도움을 요청할지도 모릅니다.

히어로의 제한을 이용하세요.

캐릭터 시트에 적은 제한은 히어로가 자신의 파워로 할 수 없는 일이 무엇인지 플레이어에게 상기시키며, 어떻게 하면 히어로를 위험에 빠뜨릴 수 있는지 편집장에게 알려 줍니다. 대부분의 제한은 이용하기 쉽습니다. 특히 히어로가 장비나 도구로 파워를 발휘한다면 말이지요. 또한, 일부 기원과 열망 플레이북에는 처음부터 히어로의 부정적인 면모가 포함되었습니다. 예를 들어 "자기 파괴" 같은 열망을 가진 히어로는 무언가에 중독되었거나 몰두하기 때문에 편집장은 이를 이용해 히어로를 쉽게 곤경에 빠뜨릴 수 있습니다. 창의성을 발휘하세요. 또한, 제한을 이용하는 이유는 히어로들의 삶을 아슬아슬하면서도 흥미진진하게 만들기 위한 목적임을 플레이어들에게 주지시키세요.

비밀을 위협하세요.

모든 히어로는 자기 자신이나 사랑하는 사람들을 지키기 위해, 혹은 그저 사적인 정보라고 생각해서 비밀을 드러내지 않습니다. 물론 가장 큰 비밀은 히어로의 정체일 수도 있지만, 어떠한 비밀이라도 플레이 중에 탄로 날 가능성이 있습니다. 참견꾼 기자가 히어로의 뒤를 밟거나, 전투 중에 가면이나 복장이 벗겨질 수도 있습니다. 혹은 감시 카메라에 찍힌 히어로의 사진이나 과거의 비밀을 담은 서류가 봉투에 동봉되어서 집 앞에 전달될 수도 있습니다.

적의 이점으로 시범을 보여서 파워를 창의적으로 사용하도록 독려하세요.

히어로들이 가진 파워를 제대로 알고 이해하는 것은 무척 중요합니다. 그래야 적을 쓰러뜨리거나 문제를 해결하기 위해 플레이어들이 창의적으로 파워를 활용해야만 하는 상황을 만들 수 있으니까요. 적이 무기나 방패, 각종 장비처럼 전투나 도주, 목표를 이루는 데 도움이 되는 이점을 활용하는 모습을 보여주면 플레이어들의 창의성을 자극하기 좋습니다. 적이 이점을 사용하는 것을 본 플레이어들은 자연스럽게 적의 이점을 제거하려 들 테니, 조심해서 내보내세요!

상태를 이용하세요.

피해를 본 히어로는 보통 상태를 받습니다. 녹초가 되었거나 눈에 띄게 다쳐서 행동에 제한을 받는 히어로를 본 적은 히어로의 상태를 이용하려 할 것입니다.

풍경을 바꾸세요.

풍경의 변화는 단지 히어로 주변의 공간이 바뀌는 것일 수도 있고, 도시 전체가 변화하는 것처럼 무척 큰 규모일 수도 있습니다. 과감한 변화를 주고 싶다면 도시를 여러 구역으로 나눈 다음, 각각의 구역마다 독특한 분위기와 느낌을 주세요. 각 구역의 모습은 모두가 기대하는 대로 만들어야 하지만, 편집장은 여기에 슈퍼히어로물다운 분위기를 섞을 수 있습니다. 어쩌면 도시 일부가 갑자기 초목으로 뒤덮일 수 있고, 차원의 틈이나 차원문이 열려 주변에 영향을 줄 수도 있으며, 지진 같은 자연재해나 예기치 않은 외계인의 공격이 일어나 주변 풍경을 바꿀 수도 있습니다. 이러한 사건은 편집장이 만드는 음모 속에 미리 위험요소로 넣을 수도 있고, 즉석에서 사건을 일으킨 다음 나중에 설명을 덧붙일 수도 있습니다. 히어로들이 사건을 수사하고 악당들의 엉덩이를 걷어차면서 이야기에 살을 붙이도록 도와줄 테니까요.

하지만, 이 액션의 주된 목적은 플레이에 활기를 불어넣기 위해 이야기에 맞춰 소규모로 눈앞의 풍경을 바꾸는 것입니다. 풍경이 바뀌는 이유는 악당 때문일 수도 있고 아닐 수도 있습니다. 어떤 악당은 히어로와 경찰들을 방해하고 막기 위해 장애물이나 방어막을 만들 것입니다. 세게 얻어맞은 히어로는 뒤로 튕겨서 벽을 뚫고 건물 안으로 들어가거나 공원으로 날아갈 것입니다. 악당의 소굴은 마지막 수단으로 히어로들을 깔려 죽이기 위해 자폭할 것입니다. 도시 주변에 열린 차원문으로 빨려 들어간 히어로들은 정신을 잃었다가 전혀 새로운 세계에서 눈을 뜰 것입니다.

도사린 위험의 징조를 드러내세요.

무언가 일어날 위험이 있다면, 이 액션은 무엇이 일어날지 단서를 제공합니다. 외계인의 침공이 곧 일어난다면, 첩자들이 발각되거나 외계의 기술을 실은 탐사선이나 운석이 지구에 떨어질 것입니다. 위험의 징조는 편집장이 준비한 음모가 진행 중임을 암시하거나, 당장 눈앞에서 일어날 사건을 예고합니다. 편집장은 방금 구한 "시민"이 이상하게 낯이 익거나, 수정구로 들여다본 광경이 눈을 감을 때마다 떠오른다거나, 다리 기둥이 흔들리고 강철선이 끊어지기 시작한다고 플레이어들에게 알려주세요.

새로운 파벌이나 새로운 적을 등장시키세요.

"새로운 적"은 폭이 넓은 분류입니다. 군중이나 패거리, 새로운 악당, 외계인, 돌연변이, 새로운 생물 등 히어로들의 앞을 가로막는 위협적인 존재나 생물이라면 어떤 종류든 좋습니다. 파벌은 길거리 갱단이나 히어로들에게 앙심을 품고 손을 잡은 사악한 악당의 무리처럼 공통의 목적을 갖고 뭉친 적의 집단입니다. 일단 적이나 파벌을 등장시키면, 편집장은 이들을 사용해 히어로들을 괴롭힐 수 있습니다. 이 액션은 습격이나 전투, 또는 나중에 사용할 파벌을 준비하는 용도로 쉽게 확대할 수 있습니다.

기존의 파벌이나 이미 있는 적을 활용하세요.

적이나 파벌을 등장시킨 다음에는, 이들을 이용해 히어로들의 삶을 힘들게 만들 때입니다.

왔던 길을 돌아가게 하세요.

히어로들은 새로운 단서나 정보를 찾을 때, 도시 곳곳을 뒤지면서 이전에 방문했던 장소라도 여러 번 들를 것입니다. 방문했던 장소를 들를 때는 히어로들이 이전에 왔을 때 한 행동 때문에 풍경이 어떻게 바뀌었는지 묘사하세요. 큰 전투를 치른 장소는 한창 공사 중이거나, 여전히 부서진 채로 방치가 되었거나, 히어로들이 폭력배들을 거리에서 몰아낸 덕분에 사람들이 붐빌 것입니다. 이전에 만났을 때 그저 선량한 시민처럼 보였거나 아무런 이목도 끌지 못했던 사람이 히어로들의 생각보다 더 중요한 인물일 수도 있습니다.

히어로 중 한 명이 넘을 난관을 제시하세요.

히어로가 무엇에 능하며, 어떤 파워를 가졌고, 어느 특성이 가장 높으며, 어떤 종류의 히어로인지 파악한 다음, 자신의 강점을 빛낼 수 있는 난관을 제시하세요. 아니면 잘 못 하는 것, 또는 가진 파워로 해결할 수 없는 문제를 난관으로 낼 수 있습니다. 이 액션을 사용할 때는 장면과 장면이 지날 때마다 스포트라이트를 옮겨서 각 히어로가 빛날 기회를 주어야 한다는 점을 명심하세요.

첫 이슈

첫 플레이, 즉 첫 이슈는 히어로 만들기로 시작합니다. 플레이어들은 히어로의 인연을 채우고, 파워를 만들며, 히어로가 어떻게 생겼는지 묘사하거나 그리면서 플레이할 세계에 바라는 점을 논의합니다. 첫 이슈는 이야기 속의 몇 가지 세부 사항을 처음으로 만들어 확립한다는 점에서 중요합니다. 이번 장은 편집장이 첫 세션에 무엇을 해야 하며 무엇을 이루려고 노력해야 하는지 자세하게 설명합니다.

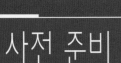

사전 준비

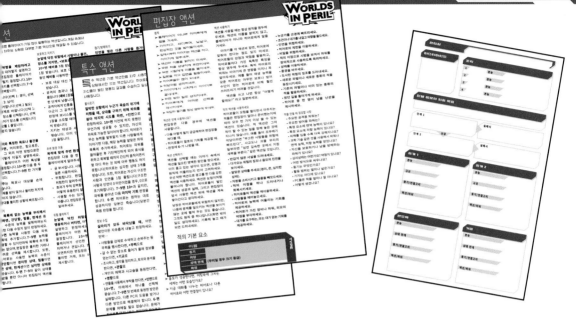

첫 이슈를 시작하기 전에, 다음 자료를 인쇄하세요:

- 기본 액션과 특수 액션 시트 몇 부.
- 각 기원과 열망 플레이북 한 부씩.
- 편집장 시트 한 부.

또한 편집장은 이 책을 모두 읽고 편집장이 읽어야 할 항목을 파악하세요. 특히 편집장 액션과 기본 액션, 그리고 플레이어가 선택한 기원 플레이북에 있는 액션을 미리 숙지하면 플레이 중에 언제 액션을 발동해야 하는지 알 수 있습니다. 다음 장에 소개할 위험요소와 악당을 만드는 항목도 읽으세요.

슈퍼히어로물 영화와 코믹스를 본 다음 머릿속에 채우세요. 어떤 분위기로 플레이를 하고 싶은지 플레이어들에게 미리 물어본 다음 관련 자료를 익히세요. 첫 이슈를 얼마나 준비할지는 편집장 마음입니다. 최소한 플레이 중 펼쳐보고 싶은 근사한 아이디어 몇 가지 정도는 머릿속에 간직해 두세요. 좀 더 준비하고 싶으면 PC들에게 내보낼 악당과 사악한 음모, 위험 정도만 더 정하세요. 무언가 사악한 음모가 일어날 것 같다면 세부사항은 지나치게 정하지 마세요. 플레이 속에서 음모가 일어나게 하되 플레이어들이 하고 싶은 것에 맞춰 따라가세요. 또한, 늘 플레이어들이 내놓는 근사한 아이디어에 귀를 기울여 미리 준비한 음모와 결합하세요.

플레이를 진행하면서 도시 지도에 플레이 내용을 표시하는 것도 재미있습니다. 히어로들이 마주칠 다양한 NPC의 사진이나 싸움이 벌어질지도 모르는 장소를 찍은 구글 스트리트뷰 같은 자료도 플레이에 도움이 될 수 있습니다.

자리에 앉아 첫 이슈를 시작할 준비를 마쳤으면 우선 모두 게임 규칙을 숙지했는지 확인하고, 액션이 언제 발동하는지 알기 위해 플레이 중 무엇에 귀 기울여야 하는지 강조하세요. 그다음 어떤 종류의 플레이와 분위기를 바라는지 플레이어들과 의논하여 기대를 조율하세요. 그래야 이에 맞춰 히어로를 만들 수 있습니다. 또한, 플레이어들이 히어로를 쉽게 만들 수 있도록 몇 가지 질문을 하세요. 히어로가 어떤 기원을 가졌고, 어떤 파워를 지녔으며, 특히 어떤 인연을 맺었는지 물어본 다음 메모를 하세요. 몇몇 질문은 플레이어들이 함께 답해야 합니다.

PC들은 모두 친구인가요? 첫 이슈에서 처음 만나 공통의 적을 맞이해 힘을 뭉쳤나요? 아니면 이전부터 협력했나요? 혹은 이미 공통의 목적을 지닌 팀인가요? 플레이하면서 답을 찾아도 좋습니다. 하지만 히어로들이 처음부터 뭉치지 않는다면 편집장은 한 명 한 명과 돌아가며 플레이하면서 히어로가 서로 모이도록 더욱 신경을 써야 합니다. 첫 이슈가 끝날 때는 모든 히어로가 같은 팀은 아니더라도 최소한 서로 알도록 하세요. 그렇다고 해서 히어로들이 제각기 활동하는 플레이가 불가능하지는 않습니다. 다만, 함께 팀으로 활동하는 것에 비해 플레이를 조율하고 흥미를 유지하기 더 힘 들 뿐입니다. 이런 방식으로 플레이한다면 히어로가 서로 만나서 함께 싸울 때 함께 인연을 맺어야 할 것입니다. 이런 플레이 방식도 재미있을 수는 있지만, 플레이를 시작하기 전에 서로 무엇을 원하는지 반드시 기대사항을 서로 조율하세요.

PC들 말고 다른 초인도 있나요? PC들은 파워를 지녔습니다. 다른 NPC 중에서도 파워를 지닌 이가 나올 수 있으며, 악당 중 몇몇은 당연히 파워를 지녔습니다. 그렇다면 파워를 지닌 이들은 얼마나 많나요? 이들의 존재가 세상에 이미 널리 알려졌나요? 아니면 새로운가요? 초인적인 파워를 지닌 히어로와 악당들이 전 세계에서 갑자기 출몰하게 된 사건이나 변화가 있나요? 혹은 일부 지역만 국한됐나요? 이런 질문은 플레이어들이 도시나 사법 기관과 맺는 인연을 채우는 데 도움이 됩니다. PC들이 도시나 사법 기관, 자신에게 중요한 NPC와 맺은 인연을 기록해 두었다가 나중에 활용하세요. 히어로 만들기 단계에서 플레이어가 만든 내용은 전부 훗날 모험에서 편집장이 이용할 수 있습니다.

플레이어들이 질문을 하면 주의를 기울이세요. 규칙에 관해 물으면 바로 대답하세요. 반면 설정이나 배경, 세계의 분위기나 느낌, 주요 조직 등을 물어보면 반대로 플레이어들에게 물으세요. 이 세계는 플레이어 자신이 즐겁게 플레이해야 합니다. 따라서 시작하기 전에 스스로 세부사항을 만들게 시키세요. 편집장 자신이 시장이나 정부 공무원, 경찰 서장, 히어로 감시 기관처럼 장차 등장할 중요한 NPC나 기관에 관해 아이디어가 있다면 플레이어들과 논의하여 "이런 캐릭터는 어때?" 라고 물어보세요. 하지만 지나치게 자세히 정하지는 마세요. 플레이어 중 누군가가 배경에 이런저런 것이 있는지 묻는다면, "없어요." 라고 말하기 전에 곰곰이 생각하세요. 하지만 "아직 모른다." 는 훌륭한 대답입니다. 슈퍼히어로물의 세계는 항상 변화하기 때문에 언제 무슨 새 요소를 등장시켜야 하는지는 아무도 모릅니다. 플레이어들에게 물어서 어떻게 이야기에 맞출지 서로 의논하면 더욱 좋습니다!

모두 히어로 만들기를 마쳤다면, 적어놓은 메모장 내용을 훑어본 다음, 남은 준비 사항을 마치고 플레이를 시작하세요!!

무엇에 초점을 맞추어야 하나요?

첫 이슈는 히어로들이 이 세계를 익히고 서로를 알아가는 과정입니다. 첫 플레이는 히어로들이 하나로 뭉치는 것을 목적으로 하지만, 맞서 싸울 새로운 파벌과 적들을 소개하면서 이루어야 합니다. 이후 이슈에서 닥칠 위험 역시 넌지시 비치세요. 히어로들이 최대한 빨리 뭉칠 수 있도록 은행 강도나 도시에 추락한 정체불명의 물체, 지진이 일어나 갈라진 땅 사이로 기어올라 도시를 습격하는 기이한 괴물 무리 등 모두 함께, 또는 각자 행동에 나서야 하는 긴박한 상황으로 플레이를 시작하세요. 히어로들은 왜 사건 현장에 있었나요? 긴급 출동을 하기 전에는 무엇을 하는 중이었나요? 지금 상황에 즉시 적응할 수 있도록 현재 위험에 관한 질문을 던지세요.

플레이어들이 자신의 히어로가 무엇을 하는지, 어떻게 반응하는지 묘사를 시작하면 대화가 이어지면서 액션이 발동합니다. 아포칼립스 월드 엔진을 처음 접한 사람은 쉽게 와 닿지 않을 수도 있으므로, 편집장은 이야기 속에서 어떤 대화가 오가고 어떤 행동이 일어났는지 특히 신경 써야 합니다. 플레이어들이 게임의 대화 방식에 익숙해지도록 도우세요. 플레이어의 묘사가 액션을 발동할 것 같다면, "~을 하려는 것 같네요." 라고 말한 다음 액션을 설명하세요. 플레이어가 편집장의 말에 동의한다면 주사위를 굴려서 어떤 일이 일어나는지 지켜보고, 동의하지 않는다면 이야기를 명확하게 정리한 다음 어떤 의도로 무엇을 하려는지 물어보세요. 플레이어들이 무엇을 할지 몰라 시트를 쳐다보거나 액션 목록을 보면 이야기 속에서 실제로 무엇을 하려는지 꼭 물어보세요. 플레이어가 묘사 없이 **"제압하기요!"** 나 **"위험 돌파하기요!"** 라고 한다면 바로 **"제압하기**가 발동하려면 어떤 일이 일어나야 하나요?" "구체적으로 뭘 하나요?" "어떻게 하나요?" "무엇을 사용하나요?" 같은 질문을 하세요.

첫 이슈에는 구체적인 목표들이 몇 가지 있습니다.

- 세부 사항을 확립하고 묘사하세요.
- 플레이어들이 주는 정보를 활용하세요.
- 질문하세요.
- 여백을 남기세요.
- 재미있는 사실들을 찾으세요.
- 플레이어들이 액션을 이해하도록 도와주세요.
- 히어로들의 파워를 알아두세요.
- 히어로들의 열망을 알아두세요.
- 각 히어로가 빛날 기회를 주세요.
- 히어로들의 행동에 세계가 대응하도록 하세요.
- NPC를 소개하세요.
- 악당이 쉽게 쓰러지지 않도록 하세요.

세부 사항을 확립하고 묘사하세요.

첫 이슈는 세계가 어떤 모습이며, 어떻게 돌아가는지 묘사하는 과정입니다. 히어로가 파워를 어떻게 사용하고 피해는 어떨 때 받는지, 도시는 히어로들에게 어떤 반응을 보이는지, 누가 도시를 이끌며 주변 풍경은 어떻게 생겼는지 등을 묘사하되, 나중에 확대할 수 있도록 간단하게만 하세요. 히어로들이 갈 법한 장소나 싸움을 할 만한 장소에 관해 미리 몇 가지 묘사를 준비하고 세부 사항을 더하면 이후 히어로들이 실제 그 장소에 갔을 때 좀 더 생생하고 실감 나게 설명할 수 있습니다.

플레이어들이 주는 정보를 활용하세요.

히어로 만들기 과정 동안 플레이어들이 질문에 어떻게 답했는지, 어떤 인연을 맺었는지, 어떤 기원과 열망을 선택했는지, 무슨 파워를 만들었는지 적어두세요. 편집장은 플레이어들의 도움을 받아 흥미진진한 세계를 쌓는 역할을 맡습니다. 그러니 플레이어들이 주는 모든 정보를 활용하고 결합하세요. 플레이어들 스스로 만든 정보야말로 플레이어들 자신의 흥미를 끌 수 있습니다.

질문하세요.

플레이어들이 준 정보만으로는 부족할 때가 있습니다. 새로운 상황이 발생하고 새로운 모험이 전개되면 정보가 더 많이 필요합니다. 주저하지 말고 질문하세요. 모두 편집장이 의도한 대로 같은 생각을 하면서 플레이하는지 확인해야 합니다. 편집장이 떠올린 아이디어나 질문은 이야기를 다양한 방향으로 발전시킬 수 있습니다. 플레이어들에게 각각 아이디어를 더욱 얻으세요. 이야기 속에서 무언가가 일어나면 히어로들을 쿡쿡 찔러 보고, 플레이어들에게 히어로가 방금 일어난 일을 어떻게 생각하는지 물어보세요. 질문은 플레이의 동력이 되어 플레이어들에게 사실감과 흥미를 불어 넣을 것입니다. 모두가 함께 만든 세계는 편집장 혼자서 묘사하고 독점하는 세계보다 훨씬 더 흥미진진합니다.

여백을 남기세요.

도시의 지도를 준비했다면, 아마 각 구역을 나눈 다음 사건이 일어날 만한 특정 장소들을 표시했을지도 모릅니다. 하지만 그러지 말고 여백으로 남겨두세요. 여백 하나하나는 언젠가 멋진 사건이 됩니다. 무엇을 할지 몰라 갈팡질팡하더라도 여백으로 남긴 장소에서 무언가 일어날지도 모르는 멋진 사건을 떠올리거나, 플레이어들에게 의견을 구하세요. 심지어 편집장은 어떤 일이 일어날지 실제로 잘 모르더라도 플레이어들에게 저편에서 흘러들어오는 기이한 에너지 신호를 포착했다든가, 군중이 모인다든가, 하늘이 어두워진다든가, 특정 지역에서 무언가 국지적인 사건이 일어났다고 알려줄 수 있습니다. 히어로들이 도착하면 플레이어들에게 물어보세요. "무엇이 있나요?" "무슨 일이 벌어졌나요?" "왜 사람들이 전부 여기에 모였나요?"

재미있는 사실을 찾으세요.

편집장이 질문을 많이 던졌다면 플레이어들 사이에서 아이디어가 샘솟을 것입니다. 많이 물어보세요. 플레이어 중 누군가가 "~라면 멋질 텐데…" 라고 말하면 받아 적거나 기억해 두세요. 많은 경우, 편집장보다 플레이어들이 더욱 멋진 아이디어를 제시합니다. 그러니 사용하기 좋은 아이디어를 들었으면 주저하지 말고 기존 계획에 덧붙이거나 아이디어에 맞춰 계획을 바꾸세요.

플레이어들이 액션을 이해하도록 도와주세요.

편집장이 월드 인 페릴을 읽었어도, 플레이어는 아직 읽지 않았을지도 모릅니다. 그러므로 편집장은 플레이어를 가르치고 이끄는 임무를 맡습니다. 액션을 발동하는 가장 좋은 사례는 무엇인지, 게임의 취지에 맞춰 플레이하려면 어떻게 해야 하는지 알려주세요. 플레이어들이 부담스러워한다면 그저 히어로의 말과 행동을 묘사하면 된다고 말해주세요. 나머지는 규칙이 알아서 돌아가니까요. 각 액션이 언제 발동하는지 기억하려면 어느 정도 시간이 걸릴 수도 있으니, 주의를 기울이고 충분히 시간을 들여 익숙해지세요.

히어로들의 파워를 알아두세요.

월드 인 페릴의 영웅들은 핵심 파워와 파워 목록의 능력으로 다양한 힘을 발휘합니다. 플레이어가 어떤 종류의 게임을 원하는지, 어떤 이야기와 장면을 만들고 싶은지는 파워 목록을 보면 알 수 있습니다. 특히 플레이어가 히어로에게 어떤 기대를 하는지 알고 싶으면 방어 파워를 주목하세요. 히어로가 재생능력이나 강철의 피부, 방패, 물건 생성 능력 등의 방어 수단을 지녔다면 잊지 말고 이야기 속에서 히어로의 능력을 반영해야 합니다. 히어로가 **위험 돌파하기**를 하면 히어로마다 각자 다르게 묘사하세요. 히어로에게 상태를 줄 때도 각 히어로가 얼마나 피해를 견딜 수 있는지, 어떻게 상태를 받았는지에 따라 서로 다르게 나타내세요. 이야기는 반드시 각 히어로의 파워와 플레이어의 기대를 고려해서 맞춰야 합니다. 즉, 플레이어와 편집장의 생각을 서로 일치시키세요.

재생능력이나 몸 주변에 물리력을 흡수하는 에너지장을 펼친 히어로는 보통 활과 화살로 싸우는 평범한 히어로보다 피해를 훨씬 많이 견딜 수 있음을 명심하세요. 히어로는 어떤 파워를 가졌든 항상 흥미진진하고 위험천만한 상황에 부닥쳐야 하지만, 히어로의 파워는 언제나 이야기에 반영되어야 합니다. 이를 익히는 데에는 시간이 어느 정도 들 수도 있으니 당황하지 말고 필요하면 언제든지 플레이어들에게 히어로가 어떤 능력을 갖췄는지, 무엇을 할 수 있는지 물어보세요.

따라서, 플레이를 처음 시작할 때 편집장은 여러 가지 질문을 해서 플레이어들의 아이디어를 받고 모두의 기대를 맞출 것입니다. 히어로가 얼마나 피해를 버틸 수 있는지 잘 모르겠다면, 혹은 히어로가 파워로 하는 행동이 **간단함, 힘듦, 한계선, 불가능** 중 어느 수준인지 잘 모르겠다면 플레이어에게 물어보세요. 플레이어들과 생각을 일치시키고 히어로들의 파워를 알아두세요.

히어로의 열망을 알아두세요.

히어로가 어떤 파워를 지녔는지 파악한 다음 이야기를 묘사할 때 이를 반영한다고 해서 히어로를 완전히 이해한다고 할 수는 없습니다. 편집장은 단순히 흥미진진하고 위험천만해서 눈을 뗄 수 없는 이야기를 만들뿐만 아니라 히어로가 무엇을 원하고 무엇을 위해 싸우는지, 어떤 것을 극복하고 이루려 하는지 알아야 합니다. 플레이어가 성취하려는 목표 일부는 편집장이 시간을 들여 관심을 기울여야 하니, 플레이어가 게임 속에서 목표를 이룰 기회를 만드세요. 히어로의 기원 역시 아이디어를 얻을 수 있는 훌륭한 자료입니다. 히어로가 과거에 어떤 위험을 겪었는지, 숙적은 누구인지, 히어로를 만들 때 어떤 주제를 지향하는지 파악하기 위해 플레이어들에게 히어로의 기원과 열망을 물어보세요.

각 히어로가 빛날 기회를 주세요.

편집장은 히어로들의 팬입니다. 각자 가장 잘하는 일을 할 기회를 주세요. 플레이어들에게 제시하는 위험과 문제는 플레이어들이 다양한 아이디어를 떠올릴 수 있도록 여러 방법으로 해결할 수 있어야 합니다. 때로는 특정 히어로가 자신의 능력을 뽐내고 일을 해결할 수 있도록 그 히어로의 주특기와 능력에 맞추어 도전 거리를 제시할 수도 있습니다.

히어로들의 행동에 세계가 대응하도록 하세요.

월드 인 페릴에서 인연은 큰 비중을 차지합니다. 인연은 플레이어들이 비축할 수 있는 화폐의 역할을 하며, 편집장은 흥미진진하고 위험천만한 상황을 만들어서 플레이어들이 중요한 일에 성공하기 위해 인연을 소모하도록 해야 합니다. 인연은 플레이어들에게 중요한 자원이라서 편집장이 큰 역할을 하면 안 된다고 생각할 수도 있지만, 사실 그 반대입니다. 플레이어들이 이야기 속에서 일어나는 일에 맞춰 인연을 조정하도록 하는 것은 편집장의 원칙 중 일부입니다. 생생하고 실감 나는 슈퍼히어로물의 세계를 묘사하고, 게임 속에서 일어난 일과 플레이어들의 행동에 맞춰 대응하세요.

플레이어들의 인연을 없애는 것은 공평해 보이지 않을 수도 있지만(물론 편집장은 플레이어들에게 벌을 내리거나 페널티를 주기 위한 역할이 아닙니다. 결국은 플레이어들을 응원해야지요), 세계가 항상 히어로들의 행동이나 의도대로 대응하지는 않는다는 점을 명심하세요. 히어로들의 인연은 지금까지 흘러온 이야기의 줄거리에 영향을 받게 마련입니다. 아니, 받아야 합니다! 살인 누명을 뒤집어써서 도시 시민들과 경찰이 이제 히어로를 폭력을 행사하는 자경단원이라고 생각하고 뒤쫓는다면 히어로가 도시나 사법 기관과 맺은 인연 역시 이를 반영해야 합니다. PC와 개인적으로 관련이 있는 NPC와의 인연을 소모할 때, 대부분의 경우 플레이어들은 스스로 이야기에 잘 반영합니다. 하지만 히어로들은 도시의 시민이기도 합니다. 그렇지 않나요? 편집장은 히어로가 도시, 사법 기관과 맺은 인연에 주요한 관심을 기울이세요. 이는 히어로가 벌인 사건과 행동에 세계가 어떻게 대응하는지 보여주는 훌륭한 수단입니다. 요약하자면, 히어로들이 무언가 훌륭한 행동을 하고, 도시 시민들이 이를 보았다면 인연 점수를 주어서 반영하세요. 반대로 무언가 나쁜 행동을 하고, 도시 시민들이 이를 보았다면 인연 점수를 일부 빼앗아서 반영하세요.

NPC를 소개하세요.

NPC는 세계에 생동감을 줍니다. NPC는 히어로들이 관심을 가지고 구출하려는 시민이거나, 정부 기관이나 사법 기관, 도시를 대표하는 이들일 것입니다. 혹은 히어로의 가족이나 친구, 연인일 수도 있습니다. NPC들에게 이름과 성격, 행동 원칙을 부여한 다음, 반드시 PC들이 관심을 기울이도록 만드세요. 어떤 플레이어는 특정 NPC에 더욱 관심을 쏟습니다. 이러한 NPC들에는 이야기 속에서 좀 더 큰 역할을 부여하세요. 몇몇 이슈가 지날 때마다 NPC들을 점검하면서 이야기에 자주 등장하지 않은 NPC들은 그동안 무엇을 했는지, 어떻게 변했는지 확인하세요.

악당은 쉽게 쓰러뜨릴 수 없습니다.

히어로는 때로 악당이나 위험에 효과적으로 맞설 방법을 파악하기 위해 수많은 전투를 치를 수도 있음을 명심하세요. 플레이어 액션에서 상태를 줄 수 있다고 설명하더라도 적에게 항상 상태를 줄 수 있다는 보장은 없습니다. 히어로가 피해를 주기 위해 무엇을 어떻게 했는지도 중요하니까요. 히어로가 적에게 준 상태의 정도는 히어로가 얼마나 효과적으로 피해를 주었는지를 나타냅니다. 하지만 적에게 영향을 미치지 못하는 행동을 했다면, 판정 결과에 관계없이 적에게 상태를 주지 마세요. 전투는 흥미진진하고 재미있어야 합니다. 흥미로운 전투란 특정 히어로에게 취약한(히어로가 빛날 기회입니다) 악당이 등장하거나, 히어로들이 처음 마주친 악당에 맞서 효과적으로 싸울 방책을 세우기 위해 후퇴할 수밖에 없는 상황일지도 모릅니다. 또는 히어로들이 적의 여러 이점을 제거하고 방어책을 뚫어야 하는 전투일 수도 있습니다. 주저하지 말고 히어로들을 고생시키세요!

그와 함께 편집장은 히어로들이 적과 효과적으로 싸울 방법을 실제로 마련한 다음, 플레이어들이 그 방법을 찾도록 해야 합니다. 편집장은 플레이어들에게 도전 거리를 제공해야 하며, 때로는 불가능한 상황도 필요할 때가 있습니다. 하지만 그럼에도 불구하고 편집장은 플레이어와 PC들의 팬입니다. 도전 거리를 제공하는 이유는 재미있는 이야기를 만들기 위한 것이지, 편집장이 생각해 두거나 미리 준비한 이야기를 하기 위한 것이 아닙니다. 그저 강령과 원칙을 잊지 말고 플레이어들에게 솔직하고 아낌없이 사실을 털어놓으세요. 플레이어들은 여러 가지 방법으로 정보와 적의 약점을 캐고, 특정한 도전을 해결하기 위해 각종 가설과 아이디어를 시험할 수 있습니다. 플레이어들이 이 사실을 잊지 않도록 강조하세요.

첫 이슈가 끝나면

첫 이슈가 끝나면 잠시 쉬는 시간을 가지면서 플레이를 돌이켜 보세요. 히어로들이 나눈 대화 중에서 이후 플레이에 등장하면 재미있을 만한 것이 있나요? 히어로에게 중요한 것은 무엇이며, 이후에 어떻게 활용할 것인가요? 다음 이슈를 준비하는 데에는 한 시간 정도 시간이 걸리지만, 어떤 방향으로 플레이할지 아이디어를 얻었다면 좀 더 짧게 걸릴 수도 있습니다. 그동안 위험을 만들고, 필요하면 히어로들이 맞서야 할 새로운 적이나 지역과 위험에 맞는 커스텀 액션도 준비하면서 도시가 어떻게 돌아가고 어떤 위험이 도사리고 있는지 대략적인 감을 잡으세요.

편집장 준비 사항

퍼히어로의 세계에서 일어나는 어두운 음모와 사악한 사건의 뒤에는 마스터마인드가 최소한 한 명 이상 있습니다. 마스터마인드는 자신의 사악한 계획이나 이기적인 목적을 추진하기 위해 세상에 위험을 일으키고 조종하여 이점을 취합니다. 마스터마인드가 음모를 착수하면, PC들이 대응해야만 하는 사건이 세상 어디선가 일어납니다. 편집장은 우선 마스터마인드나 주요한 적의 동기를 만든 다음, 이들이 무엇을 바꾸려 하는지 정하세요. 그다음 편집장은 적이 변화를 꾀할 목적으로 어떤 행동을 하는지 나타내기 위해 적이 세운 중요한 음모를 살펴보고 세부 사항을 채우세요. 마지막으로는 음모를 "어떻게" 실행할지, 어떤 형태로 현실화될지 적은 다음, 플레이어들은 어떤 위험요소와 적을 마주칠지 정하세요.

야망

누가 현재 상황에 불만을 품나요?

히어로들이 마주칠 주요한 적을 만들 때는 먼저 누가, 무엇을 원하는지 정해야 합니다. 적이 그저 파괴 같은 단순한 목표를 원하든, 아예 인성이 없는 자연의 힘이든, 적의 동기를 항상 염두에 두세요. 책 뒷장의 편집장 시트를 보면 어떻게 준비할지 나와 있지만, 이번 장에서 좀 더 자세히 설명하겠습니다.

잠시 시간을 두고 다음 중요한 질문에 답하세요. 적은 어떤 야심을 품었나요? 현재 상황과 자신의 삶에 왜 불만을 품었나요? 무엇을 원하나요?

- 이 세상 자체에 복수하기를 원하거나, 그저 PC들에게 받았다고 생각하는 모욕이나 무시, 불의를 되돌려주려는 악당.
- 평범한 인간의 머리로는 상상할 수도 없지만, 결국 파괴를 불러오는 불가사의한 공포의 존재.
- 어쩌면 새로운 자원이나 영토를 찾아 나서거나, 자신들의 행성에서 도망치는 외계인.
- 신자가 줄어들어 세상에 분노하거나 염증을 느낀 옛 신이나 신화 속 존재.
- 더는 인간들이 내던지는 쓰레기를 두고 다투는 삶을 멈추기로 한 땅속 생물들.

적이 무슨 동기를 가졌는지 아이디어를 얻으려면 우선 적이 품을 법한 감정을 한두 개 정하세요. 탐욕, 복수, 증오, 질투심, 불안함, 어느 것이든 좋습니다. 감정은 적이 어떻게 행동할 것이며, 더 나아가 이들의 야망과 동기의 원천이 무엇인지 보여주기 때문에 좋은 시작점입니다. 감정을 정했으면 적이 왜 이런 감정을 품었는지 알기 위해 과거를 만드세요. 적에게 무슨 일이 있었나요? 어떤 경험을 겪어서 이런 길로 빠졌나요?

편집장은 적의 감정을 바탕으로, 적이 어떤 일을 겪고 어떤 세계관을 가지게 되어 결국 히어로와 대립하게 되었는지 추론할 수 있습니다. 현 상황을 바꾸기 위해 적은 무슨 일을 할 것인가요? 목표의 규모는 얼마나 크나요? 크고 오래가는 변화를 만들기 원한다면 우선 힘과 권력을 얻는 단계부터 시작해야 할 것입니다.

> 야망은 시간이 지나도 크게 변하지 않습니다(물론 언젠가 바뀔 수도 있습니다). 야망은 개인의 동기를 좌우하며, 자신이 어떤 야망을 품었는지 깨달았을 때 어떻게 행동할지도 야망에 따라 좌우됩니다.

참고사항

음모와 단계

음모를 펼치기 위해 무엇을 할 것인가요?

히어로가 맞서 싸울 악당이 누구인지, 어떤 야망을 품었는지 선택한 다음에는 적이 펼칠 음모를 몇 단계로 간결하게 나타내세요. 음모의 최종 목표부터 거꾸로 시작해도 좋고, 처음부터 시작해도 좋습니다. 현재 상황을 악당이 원하는 대로 바꾸기 위한 음모를 몇 단계로 계획하세요. 편집장이 생각한 플레이의 규모가 크고 길수록 음모의 단계 역시 많아져야 합니다. 각 단계는 음모의 핵심적인 사항입니다.

악당의 음모는 모든 단계를 거쳐야 완성됩니다. 다만 악당이 음모를 펼치는 데 필요한 힘을 넣는 단계는 악당의 배경에 미리 넣거나 맥거핀(극적 장치)을 통해 얻었다고 해도 좋습니다. 몇 가지 질문을 스스로 던져보세요. 악당은 한 가지 음모만 꾸몄나요? 하나의 목표로 수렴되는 여러 가지 음모를 꾸몄나요? 예비책이나 비상 계획은 세웠나요? 모 아니면 도인 음모인가요?

그다음, 음모의 단계마다 반드시 악당이 반드시 넘어야 하는 일련의 장애물을 최소 하나 이상 준비하세요. 물론 언젠가 히어로들이 악당의 앞을 가로막을 것입니다. 하지만 그 밖에도 영향력 있는 사람을 포섭하거나 제거한다든가, 무언가 만드는 데 필요한 부품을 손에 넣어야 한다든가, 누군가와 반드시 동맹을 맺어야 한다는 등의 과제가 걸림돌이 될 수도 있습니다. 악당이 넘을 장애물은 악당이 어떤 식으로 세상을 바꿀지를 보여주기도 합니다. 혼자서 음모를 진행할 것인가요? 정치나 관료제, 전투나 쿠데타를 통해 목적을 이룰 것인가요? 때로 음모의 각 단계는 최종 단계에서 변화를 일으키기까지 필요한 자원을 긁어모으는 과정일 수도 있습니다.

그리고 음모의 단계마다 어떤 사건이 일어날지, 그리고 음모가 완전히 성공하거나 실패할 때 무슨 일이 일어날지 대략적인 구상을 하세요.

첫 음모를 간단하게 준비해 보겠습니다. 마스터마인드인 '누크'는 지하 세계에서 사는 기괴한 돌연변이 지저인들의 똑똑한 지도자로, 심연 속을 뒤지다 발견한 잡지를 보고 자신의 이름을 스스로 지었습니다. 누크는 자신의 이름에 '핵무기'라는 뜻이 있다는 사실은 모르지만, 무언가 사람들에게 두려움을 준다는 사실은 어렴풋이 눈치챘습니다. 누크는 명석한 머리 덕분에 주위 지저인들의 신망을 얻었고, 특히 누크와 오랫동안 접촉한 이들은 누크에게 절대적인 복종을 바칩니다. 누크는 자신의 정신 조종 능력을 깨닫지 못한 채 그저 자신의 지도력이 뛰어나다고 믿으며, 그를 따르는 이들 역시 자신들이 조종당한다는 사실을 모른 채 스스로 자유롭다고 생각합니다.

누크는 악당이자, 백성들을 이끌고 지상을 정복하려는 동기를 가졌습니다. 그는 자신이 뛰어난 지도자라고 믿고 있지만, 백성들이 실제로는 그를 진심으로 섬기고 있지 않다는 사실을 깨달으면 쉽게 무너질 것입니다.

마스터마인드를 선택한 다음, 음모를 정하세요. 첫 음모인 만큼 간단하게 만들어보겠습니다. 누크는 지상을 정복한 다음 백성들이 태양 아래에서 살 수 있는 장소를 얻으려 합니다. 이를 위해 누크가 반드시 거쳐야 하는 단계는:

1) **정찰** – 주변 환경과 잘 동화되어서 눈에 띄지 않고, 다른 곳에 전갈을 보내기 좋은 장소를 찾기 위해 지상에 정찰대를 파견합니다.
2) **준비** – 자연재해를 일으켜서 지저인들이 지하 세계에서 지상으로 기어오르기 쉽게 만듭니다. 지저인들이 설치한 누크의 기계 때문에 부자연스러운 화산 폭발이나 지진이 일어납니다.
3) **공격** – 지저인 병력을 보내 도시 내 다양한 장소를 공격합니다. 어떤 장소는 전술적인 가치가 있기 때문에(맨해튼처럼 도시 중심지로 통하는 다리 등), 혹은 지하 세계와 가깝기 때문에(지하철, 하수구), 혹은 그저 멋있어 보이는 장소이거나 지상인들의 사기를 낮추기 위해(자유의 여신상, 센트럴 파크 등) 공격 대상이 됩니다.
4) **약화** – 비밀리에 사절을 보내거나 지상의 지도자를 암살합니다. 만약 정찰대가 사전에 성공적으로 침투했다면 정체를 드러내고 지도층을 장악하려 할 것입니다.
5) **대단원** – 누크는 부하들과 함께 모습을 드러낸 다음, 자신에게 도시의 지배권을 바치지 않으면 도시를 흔적도 없이 파괴하겠다고 위협합니다.

이 음모의 단계 대부분은 시간순으로 진행되므로, 누크는 여러 단계를 동시에 실행하는 대신 처음부터 끝까지 차례차례 실천할 것입니다. 단, 정찰대와 사절은 동시에 보낼 수도 있습니다. 누크의 음모는 다섯 단계로 이루어졌기 때문에, 음모가 완성되려면 나쁜 사건이 다섯 가지 일어나야 합니다. 첫 번째 단계는 첫 이슈의 주요 내용으로 삼거나 플레이를 시작하기 전에 이미 어느 정도 진행되었다고 결정해도 좋습니다. 단, 마지막 단계는 세상이 바뀔 만큼 커다란 사건이 되어야 합니다. 마지막 단계는 지금까지 진행된 음모의 단계가 축적된 정점이며, 히어로들이 막지 못한다면 완전하게 꽃을 피우든 피우지 못하든 세상에 심각한 영향을 미칠 것입니다. 히어로들이 특정한 단계를 막지 못하면 음모는 다음 단계로 이어지거나, 아예 다른 단계, 또는 음모로 바뀔 수도 있습니다. 편집장은 새로 파생된 음모나 단계를 다시 작성하거나 즉석에서 만들 수도 있습니다. 예를 들어 정찰대를 발견해서 이들이 어디에서 왔는지, 혹은 누구를 위해 일하는지 알아냈다면 히어로들은 정찰대를 보낸 자를 찾기 위해 지하세계로 탐사를 가기로 할 수도 있습니다. 그러면 지상에서는 지저인들의 공격을 막거나 음모를 저지할 사람들이 자리를 비우게 됩니다. 히어로들이 지하세계에서 누크를 찾았을 때는(혹은 찾지 못했을 때는) 이미 지저인들이 지상을 점령했을 수도 있고, 혹은 누크가 히어로들을 사로잡거나 협상을 시도할지도 모릅니다. 마스터마인드의 동기를 제외한 어느 것도 확정 짓지 마세요. 마스터마인드는 자신의 목표를 이루기 위해 얼마든지 계획을 융통성 있게 바꿀 수도 있습니다.

음모는 때로 성공이나 실패, 상황의 변화 때문에 바뀔 수도 있습니다. 편집장 시트에 있는 음모 항목의 처음 몇 단계에는 분기점이 있습니다. 이는 실패 또한 선택지 중 하나임을 편집장에게 강조하는 한편, 일이 실패로 돌아갈 경우 음모가 어떻게 바뀔지 작성할 공간을 편집장에게 주기 위한 목적입니다.

슈퍼히어로물에서 등장하는 흔한 이야기와 유형

슈퍼히어로물은 오랜 역사 동안 여러 이야기의 종류와 유형을 발전시켰습니다. 몇몇 유형은 특히 코믹스에서 널리 퍼졌고, 어떤 유형은 다른 매체에서도 자주 사용됩니다. 편집장은 새로운 음모를 짤 때 기존에 등장한 이야기의 유형을 좋은 출발점으로 활용할 수 있습니다. 마스터마인드나 주요한 적을 선택한 다음 기존 유형 중 하나를 선택해 악당이 만든 음모에 그대로 쓰거나 조정해서 사용하세요. 반대로 기존 유형을 먼저 선택하고 싶다면, 선택한 음모의 유형에 맞춰 악당의 야망과 동기를 조정하세요.

금주의 적: 독특하고 재미있는 악당들이 단순명료한 목적을 가지고 등장합니다. 이 유형은 편집장이 적의 강함을 조절할 수 있습니다. 히어로들에게 이따금 적들과 효과적으로 싸울 방법을 우선 터득해야 하는 상황을 주세요. 단순히 이후 음모에 활용할 새로운 악당이나 조직을 소개하기 위해 금주의 적을 등장시킬 수도 있습니다.

잘못된 시간선 고치기: 세계가 무언가 달라지고 바뀌었습니다. 어쩌면 특정한 소수의 사람만 영향을 받았을지도 모릅니다. 누가 달라진 점을 기억하나요? 누가 배후에 있나요? 히어로들이 고쳐야 하나요? 어떻게? 시간 여행이나 정신 조작, 그 외 다른 방법을 동원해야 하나요? 고치려면 미래나 과거로 가야 하나요? 누가 히어로들에게 도움을 주거나 경고하나요? 이들은 좋은 편인가요, 나쁜 편인가요?

현 상황에 맞서: 누군가 사람들의 정신과 마음을 나쁜 방향으로 부추기고, 악행을 옹호합니다. 어쩌면 현 체제가 부패했으며, 더는 제대로 돌아가지 않는다는 사실을 명확하게 보여주는 사건이 일어날 수도 있습니다. 히어로들은 국가나 의회, 정부, 국민 전체와 맞서서 어떻게 악행을 멈추고 문제를 해결할 것인가요?

정체가 발각 나다: 히어로의 비밀이 들통났습니다! 무언가 착오가 있었나요? 히어로는 자신의 정체를 자백하나요, 부인하나요? 누가 비밀을 밝혔나요? 이유는? 이 사건은 히어로의 삶에 어떤 영향을 미치나요?

맥거핀 만들기: 악당이 사악한 계획을 실현하는 데 필요한 무언가를 만들려 합니다! 악당은 각종 자원을 모으고, 훔치고, 사람들을 조종해서 자신만의 맥거핀에 필요한 모든 부품을 모읍니다.

연결고리: 누군가가 마구잡이로 사람들을 해칩니다. 혹은 그렇게 위장한 계획적인 범행일지도 모릅니다. 희생자들은 서로 어떤 연결고리를 가졌나요? 희생자들은 혹시 다른 히어로들인가요? 이 사건 뒤의 동기는 무엇인가요?

성장: 막 파워를 얻은 히어로들이 실수를 저지릅니다. 어쩌면 히어로들의 파워에 어딘가 문제가 생긴 것일 수도 있습니다. 히어로들은 자신들의 파워에 어울리는

쉽고 어려운 장애물들을 돌파하면서 파워를 조종하는 법을 배워야 합니다.

히어로가 되려면: 히어로가 파워를 잃었을 때 어떤 일이 일어나나요? PC가 히어로라고 불릴 수 있는 이유는 무엇인가요? 평범한 사람이 된 다음에도 지금과 같이 히어로의 길을 걸을 수 있나요?

선물: 히어로는 신비하면서, 어쩌면 위험할지도 모르는 선물을 받습니다. 어떤 선물인가요? 무슨 용도인가요? 어떻게 사용하나요? 누가 선물을 주었나요? 왜?

과거에 붙들리다: 히어로가 과거에 저지른 행동 때문에 새로운 악당이 탄생했습니다. 히어로는 행동의 결과를 뼈저리게 실감하고 자기불신에 빠지거나, 악당에게 동정심을 가지게 되어서 명성이 흔들립니다. 히어로는 어떤 잘못을 저질렀기에 지금 대가를 치르나요? (다른 사람의 재산을 파괴하거나, 누군가를 지키지 못하거나, 무언가 요청을 받았지만 무시하는 등의 이유가 흔합니다)

도움 요청: 히어로들이 잘 알고 존경하는 누군가가 곤란한 상황에 부닥치거나 다른 사람의 문제를 들고 도움을 청하러 옵니다. 어떤 도움을 요청하나요? 왜 어쩔 수 없이 히어로들에게 도움을 청하기로 동의했나요?

호위 임무: 히어로들은 특정 인물이나 물품을 다른 곳으로 안전하게 옮기는 임무를 맡습니다. 히어로들이 이 임무를 맡은 이유는 보통 누군가에게 부탁을 받았거나, 다른 사람에게 맡기기에는 너무 위험하거나, 이 임무가 특수한 재능을 갖춘 사람밖에 할 수 없는 일이거나, 히어로들이 직접 나설 만큼 무척 귀중한 대상이기 때문입니다. 호위 대상은 왜 소중한가요? 누구에게 특히 가치가 있나요? 어떤 위험이 도사리나요?

불안정: 오직 히어로들만이 제어할 수 있는 누군가가 주변 사람들이나 자신을 위험에 빠뜨립니다. 이 사람은 미래에 악당이 될 인물일 수도 있지만, 어쩌면 그저 새로 얻은 파워를 제어할 줄 모르는 평범한 사람일 수도 있습니다. 히어로들이 파워를 얻었을 때는 어땠나요? 그때 얻은 경험을 이번 일에 적용할 수 있나요? 히어로들이 상대해야 할 인물은 어쩌면 외계인이나 기계생명체일 수도 있습니다.

실종: 히어로들에게 소중한 누군가가 사라집니다. 누군가요? 왜 사라졌나요? 히어로들이 왜 소중하게 여기나요?

반전: 히어로들이 잘 알거나, 신뢰하거나, 혹은 높은 지위에 있는 누군가가 지금까지 보이지 않던 일면을 보입니다. 누군가가 둔갑한 것일까요? 혹은 정신조종을 받는 것일까요? 아니면 배후에 누군가 꼭두각시가 있는 것일까요? 악당의 정체를 찾는 것은 쉬운 일이 아닙니다. 누구인가요? 왜 이 사람을 조종하거나 이 사람의 모습으로 변장했나요? 얼마나 오랫동안 정체를 숨겼나요? 목적은 무엇인가요?

누명: 히어로들이 잘 아는 사람, 또는 히어로들 자신이 범죄를 저질렀다는 혐의에 몰렸습니다. 시민들은 정의를 원합니다. 진짜로 범죄를 저질렀나요? 과장이거나 노골적인 날조인가요? 기소되면 법정에 설 건가요? 유죄로 판결이 나면 감옥에 갈 것인가요? 어떻게 하면 탈옥할 수 있을까요?

가엾은 악당: 적이나 악당이 무언가 동정을 살 수 있는 이유로 나쁜 일을 저질렀습니다. 악당은 어쩌면 로빈 후드 같은 의적이거나, 정말로 심한 모욕이나 부당한 일을 당해서 복수심에 불타는 인물일 수도 있습니다. 혹은 누구든지 겪을 수 있는 문제(은행에 집을 압류 당하거나, 의료비를 내지 못하거나, 행정적인 불이익을 당하거나) 때문에 악당의 길에 빠졌을지도 모릅니다. 많은 경우 이런 악당들은 내심 선한 인물일 수도 있고, 자신이 하는 일이 생각대로 변화를 만드는 대신 무고한 사람들에게 해를 끼친다는 사실을 깨달으면 스스로 무너질 수도 있습니다. 악당은 무슨 짓을 저지르나요? 왜 동정을 살 만한가요?

피해자: 범죄 등에 휘말린 피해자가 히어로들에게 정의를 실현해달라고 요청합니다. '위험에 빠진 아가씨'처럼 너무 뻔한 유형은 지양하세요!

적의 적: 히어로들은 무언가 목적을 이루기 위해 어쩔 수 없이 싫어하거나 경멸하는 사람, 혹은 사악한 악당과 손을 잡습니다. 히어로들이 싫어하는 이유는 무엇인가요? 오해하는 부분이 있나요? 악당이 뉘우칠 여지는 있나요? 혹시 히어로들이 선입견에 사로잡히지는 않았나요? 히어로들이 악당과 손을 잡을 만큼 큰일은 무엇인가요?

배반자: 오랜 스승이나 상관, 친구, 또는 히어로에게 중요한 사람이 배반합니다. 왜 배반했나요? 자의인가요, 아니면 누구의 협박 때문인가요? 히어로들이 배반자를 미워하거나, 복수를 다짐하거나, 지금까지 알고 믿던 모든 것을 의심하도록 만들려면 어떤 짓을 해야 하나요?

징집: 국가가, 세계가, 혹은 사람들이 자신들의 적과 맞서 싸우기 위해 히어로들에게 도움을 요청합니다. 히어로들은 어떤 의무가 있나요? 이 싸움은 정당한가요? 싸울만한 가치가 있나요? 누구와 싸우나요? 왜 싸우나요?

내전: 어느 뜨거운 논쟁거리가 한 나라를 분열시킵니다. 오랜 친구들 사이에, 히어로들 사이에 깊은 골이 생깁니다. 어떤 문제 때문인가요? 각 편에 누가 섰나요? 누가 각 입장을 대표하나요? 정부나 다른 기관이 개입한 문제인가요?

책임의 규모: 히어로들은 자신들만이 해결할 수 있는 범죄나 사건이 다른 장소에서 일어난다면 어떻게 하나요? 그곳에 어떻게 가나요? 히어로들은 어느 규모까지 책임을 지나요? 주변? 도시 전체? 국가나 대륙? 혹은 행성 전체?

종말: 세상의 종말이 다가옵니다. 시간은 얼마나 남았나요? 어떤 위험인가요? 세상을 파괴해서 얻는 목적은 무엇인가요? 악당이기는 한가요? 대화가 가능한가요? (좀비나 질병, 자연의 힘, 혹은 자연의 화신일 수도 있습니다)

악당이 된 히어로: 어떤 사건 때문에 히어로들은 악당이 되거나, 혹은 악당처럼 인식됩니다. 어떤 사건 때문인가요? 누가 히어로들을 조종했나요? 혹은 스스로 선택한 행동의 결과인가요? 누가 히어로들을 옹호하나요? 어떻게 해야 다시 히어로의 자리에 돌아갈 수 있나요?

마을의 새 보안관: 다른 히어로나 팀이 PC들이 있는 지역까지 행동범위를 넓히거나, 새로운 히어로가 등장해서 자신이 이 지역을 맡겠다고 주장합니다. PC들과 부딪히면 어떤 일이 일어나나요? 이들은 어디서, 왜 이 지역으로 왔나요? 목적이나 동기는? 양쪽 모두 활동할 수 있을 만큼 넓은 도시인가요?

과거 이야기: 모든 히어로들은 각자 말 못할 비밀이 있습니다. 최근 무언가 사건이 발생했고, 히어로는 지금 일어난 문제를 해결하기 위해 자신의 과거를 파헤치거나, 스스로 가진 문제점을 직시해야 합니다. 히어로는 어떻게 과거를 파헤칠 것인가요? (심리적으로? 혹은 실제로 어딘가로 가서?) 히어로가 현재 해결해야 하는 문제는 무엇인가요? 왜 갑자기 과거를 파헤칠 필요가 있나요? 히어로가 과거와 맞서는 동안 다른 동료들은 무엇을 할 수 있나요?

한 시대의 끝: 이제 히어로의 횃불을 넘겨줄 때가 왔습니다. 누구에게 넘겨줄 것인가요? 상대는 준비가 됐나요? 히어로들은 후계자를 가르치거나, 돕거나, 다시 복귀할 필요가 있나요? 히어로들은 어떻게 자신들의 시대가 저물었다는 사실을 알았나요? 그리고 얼마나 오래 은퇴생활을 유지할 것인가요?

복수: PC들은 불의를 당했지만, 사법 체계나 다른 히어로, 사람들 대부분은 눈을 감거나 불의를 저지른 자들에게 책임을 묻지 않습니다. PC들은 어떻게 대응할 것인가요? 정의를 실현하기 위해 그 어떤 일도 할 각오가 됐나요?

속죄: 히어로는 과거에 큰 잘못을 저질렀습니다. 어떻게 속죄하나요? 사람들은 어떤 시선으로 보나요? 어떻게 해야 사람들의 인식을 바꿀 수 있을까요? 스스로는 자신이 한 짓을 어떻게 생각하나요?

선을 넘다: 다른 히어로들의 활동이 점차 폭력성을 더하고, 처벌의 강도도 심해집니다. 얼마나 가혹해야 '심하다'고 말할 수 있나요? 언제 선을 넘나요? 왜 폭력성이 더욱 높아지나요? PC들은 이들을 어느 선까지 용인할 것인가요? 어느 정도까지 자유롭게 행동할 수 있도록 놔둘 것인가요?

일곱 죄악: 일곱 죄악(교만, 시기, 분노, 나태, 탐욕, 폭식, 색욕)을 상징하는 악당이 도시에 나타납니다. 이들은 사람들을 벌줄 자격이 있나요? 일곱 죄악이 과연 죄기는 한가요? 악당은 사람인가요, 자연의 힘인가요? 악당은 죽음 같은 존재를 섬기거나, 무언가 빚을 졌나요?

법 위의 존재: 인간이 아닌 악당들이 나타납니다. 이들은 자신이 인간이 만든 법 따위에 구속받지 않는 존재라고 생각합니다. 오직 인간만이 이 세상에서 살아갈 자격이 있나요? 인간이 아닌 존재들도 법의 적용 대상인가요? PC들은 어떤 상황에서 악당들과 부딪혀 어떤 선택과 대답을 하나요? 악당들이 원래 지구의 주인이었고, 그저 자신들의 고향에 돌아온 것뿐이라면 어떻게 할 것인가요?

테러: 누군가 공포를 퍼뜨리려는 테러를 감행합니다. 히어로들은 새로운 종류의 혼란과 히스테리, 위험에 대처해야 합니다. 누가 배후에 있나요? 동기는 무엇인가요? 히어로들은 어떻게 테러에 맞서 싸우나요?

안전 vs 사생활: 정부는 시민들에게 얼마나 많이 비밀을 숨길 권한이 있을까요? 외계인이 지구에 있다면 사람들은 알 권리가 있을까요? 히어로들은 자신의 신분을 숨길 권리가 있을까요? 히어로들은 안전과 사생활 중 어느 쪽에 손을 들까요?

음모론: 옛 소문 중 일부는 사실입니다. 케네디 대통령 암살 사건이나 로즈웰 UFO 추락 사건, 신세계 질서 등의 음모론을 재조명하고 새로운 악당이나 조직과 연관을 지으세요. 이들은 세계를 바꾸기 위해 어둠 속에서 여전히 활동 중입니다. 그림자 속에서 실을 당기는 이들은 누구인가요? 동기는 무엇이며 어떻게 음모를 꾸미나요? 이들은 히어로에게 지금 어떤 영향을 미치며, 히어로들은 왜 이들을 신경 쓸 수밖에 없나요?

침입과 강탈: 히어로들은 엄중하게 보관 중인 무언가를 훔쳐야 합니다. 히어로들은 보안 시설에 접근할 수 없으며, 이곳에서는 히어로들의 파워도 통하지 않습니다. 어떻게 침투할 것인가요? 어떻게 빼낼 것인가요? 목표는 무엇인가요? 히어로들은 왜 목표를 필요로 하나요?

두 세계 사이에서: 히어로들은 다른 차원이나 행성, 다른 시간대 등에 갇혔습니다. 어떻게 돌아갈 수 있나요? 진짜 돌아가기를 원하나요? 히어로들은 새로운 세계와 옛 세계 중에서 어느 쪽에 더 책임감을 느끼나요?

맥거핀: 히어로들은 안팎의 문제나 위험을 처리하기 위해 맥거핀이 필요합니다. 맥거핀은 특수한 훈련이나 지식이 될 수도 있고, 최종병기, 다가오는 위험에서 세계를 지킬 특수한 기술, 또는 질병을 치료하는 백신이 될 수도 있습니다. 맥거핀을 얻기 위해 어떤 문제를 해결해야 하나요? 어떤 과정을 거쳐야 하나요? 무엇을 희생해야 하나요?

불가능한 선택지: 히어로들은 현실적으로 불가능한 방안과 도덕적으로 큰 문제가 있는 방안 중 하나를 선택해야 합니다. 어떤 문제인가요? 왜 이런 문제에 마주쳤나요? 히어로들은 어떤 선택을 해서 어떤 영향을 받나요? 선택한 다음에는 무슨 일이 일어나나요?

위험요소와 적

적은 어떻게 음모를 수행하나요?

마스터마인드와 주요한 적은 목적을 이루기 위해 각종 위험요소를 동원합니다. 이들이 마스터마인드의 사악한 계획을 잘 알고 수행하는지, 따로 목적이 있는지는 편집장과 마스터마인드의 선택에 달렸습니다. 히어로들이 부딪힐 위험요소는 마스터마인드와 마찬가지로 특정 기관, 현실과 꿈의 세계 너머에서 온 미지의 존재, 이계나 신화 속의 세력, 괴물 무리나 사악한 악당 등 누구든 될 수 있습니다. 때로 위험요소는 아예 자신만의 목적과 동기를 위해 활동하기도 합니다. 편집장은 이들이 마스터마인드와 얼마나 오랫동안, 얼마나 깊숙이 손을 잡았는지 항상 염두에 두세요.

위험요소는 각 장면과 플레이마다 바뀝니다. 어떤 적은 똑같은 작전을 반복해서 쓰지만, 이런 적은 마스터마인드가 될 수 없습니다. 히어로들이 마주치고 해결해야 하는 위험요소는 음모의 일부나 특정 단계를 나타낼 것입니다. 악당은 자신의 야망을 이루기 위해 다음번에 어떤 수법을 동원하나요?

위험요소가 맡은 임무를 수행하고, 히어로들이 저지하지 못하면 음모의 각 단계는 성공을 거둡니다. 하지만 히어로의 활약에 따라 음모가 완전하게 성공하지 않거나, 아예 실패할 수도 있습니다. 히어로들이 누크의 정찰대를 잡은 다음 지상을 공격하면 안 된다거나 지상은 살기 불가능한 장소라고 거짓 보고를 보내는 방법을 알아낸다면 음모의 첫 번째 단계는 지연되거나 아예 실패할 것입니다. 하지만 어쩌면 누크는 히어로들이 만난 부대 외에도 다른 정찰대를 지상으로 보냈을지도 모르지요. 각 위험요소가 음모에 얼마나 깊숙이 관여하는지, 히어로들의 활약이 음모에 얼마나 영향을 미치는지는 편집장이 결정합니다.

누크의 음모에서 위험요소는 아래와 같이 활동할 것입니다.

1) **정찰** – (a) 정찰대를 보내 가능한 한 많이 정보를 파악하고 지상을 배웁니다. 아마 지하철이나 하수도 같은 도시 주변 장소에서 정신이 완전히 고갈된 사람들이 하나 둘씩 나타날 것입니다. (b) 둔갑 능력이나 정신 조종 능력을 갖춘 지저인을 보내 도시 내의 주요 인사들로 위장하거나 이들을 조종합니다. 이들은 유명한 목사나 시장, 슈퍼히어로 한두 명 정도를 바꿔치기해서 PC들과 대립합니다. 어쩌면 PC들에 관한 정보도 캐내서 약점이나 인간관계도 알아낼 수 있습니다.

2) **준비** – (c) 지진과 해일이 일어나고, 그 외의 다른 자연재해도 한두 가지 발생합니다. 수색과 구조 작전에 들어간 PC들이 가까운 사람들과 도시 시민 중 어느 쪽을 더 중요하게 여길지 살펴보세요. (PC들의 인연을 위험에 빠뜨릴 기회입니다)

3) **공격** – 준비 단계의 결과와 상관없이 (d) 맨해튼을 차단하기 위해 다리를 공격하고, (e) 지저인의 힘을 보여주기 위해 자유의 여신상을 공격해서 사람들의 기를 꺾습니다.

4) **약화** – (f) 공영 방송국의 TV 뉴스 진행자가 시민들에게 저항하지 말고 집에서 머물라고 촉구합니다. 어쩌면 이 모든 것이 히어로들의 잘못이라고 비난하면서 분노의 방향을 돌리려고 시도할 수도 있습니다. (g) 교회 목사들을 내세워 행진하면서 히어로들에게 맞섭니다. (도시나 사법 기관과 맺은 인연이 영향을 받을 수도 있습니다)

5) **대단원** – (h) 누크가 모습을 드러내 싸웁니다. (i) 누크는 화력의 차이를 깨닫거나(군의 개입 등으로), 히어로들을 이길 수 없다고 생각하면 자신의 음모를 밝힙니다. 그는 뉴욕에 폭탄을 설치했으며, 맨해튼을 지저인들이 살 곳으로 주지 않으면 폭탄을 터뜨리겠다고 협박합니다.

음모의 단계마다 히어로들이 싸워야 할 위험요소가 있습니다. 히어로들이 위험요소를 막지 못하면 해당 단계는 완수되며, 마스터마인드의 음모 역시 점점 성공에 가까워집니다. 몇몇 위험요소는 단지 약화시키거나, 속도를 늦추거나, 일부만 막을 수 있습니다. 예를 들어 히어로들이 지저인 부하들을 격퇴하거나, 다시 힘을 되찾거나, 사람들에게 용기를 불어넣으면 마치 음모의 진행을 막은 것처럼 보일 수도 있습니다. 하지만 누크가 히어로들의 힘을 보고 계획을 재검토하지 않는 이상 공격은 멈추지 않을 것입니다. 편집장은 현재 상황이 이야기, 위험요소, 배후의 마스터마인드에게 어떤 영향을 미치는지 고려해야 합니다. 심지어 여러 마스터마인드가 각자 음모를 펼칠 수도 있습니다. 위험요소 역시 자신이 섬기는 마스터마인드에 따라서 동기가 다를 것입니다. 편집장은 음모의 규모와 범위가 얼마나 큰지, 음모에 누가 관여했는지 결정하세요.

PC가 음모를 분쇄했지만, 마스터마인드가 죽거나 잡히지 않았다면 어떻게 달라질까요? 마스터마인드는 실패하더라도 다시 음모를 꾸밀 것입니다. 마스터마인드의 동기와 야망은 한두 번 시도 정도로 사라지지 않으니까요. 아래는 마스터마인드가 패배했을 때 할만한 몇 가지 행동입니다:

동료: 마스터마인드는 자신을 도울 동료를 찾습니다. 비슷한 패배를 맛본 다른 악당들과 손을 잡으세요. 최고의 실력을 갖춘 용병을 고용하세요. 충성심을 얻기 위해 새 부하에게 특별 대우를 해 주세요.

사적인 문제: 마스터마인드는 히어로들에게 사적으로 원한을 품습니다. 무슨 음모를 계획하든, 우선 히어로들을 해결한 다음에야 다른 야망을 좇을 것입니다.

완벽한 음모: 마스터마인드는 몇 달, 또는 몇 년 동안 모습을 감추면서 완벽한 음모를 준비합니다. 모든 경우의 수와 세부사항을 준비하세요. 다시 한번 공격하기 전에 도시, 히어로, 이들의 습관과 약점을 모두 파악하세요.

자원: 마스터마인드는 히어로들을 압박하고, 자신의 계획을 진행하고, 정부나 마피아, 강력한 조직 등 다른 분야에서 튼튼한 기반을 마련하기 위해 자금과 자원을 모읍니다.

훈련: 마스터마인드는 자신이 히어로들보다 약하다는 사실을 깨닫고 악마나 암흑의 힘과 거래를 맺거나, 가르침을 받는 등의 방식으로 힘을 얻으려 합니다. 뜻대로 조종할 수 있는 마법물품이나 무기, 기술, 에너지를 찾는 것이야말로 안성맞춤일지도 모릅니다.

준비 사항 관리하기

그다음으로 위험요소 목록을 만들고 음모에 참여할 이들을 간단하게 준비하세요. 지하세계에서 등장하는 위험요소는 돌연변이 지저인 밖에 없을지도 모르지만, 같은 종류의 적 사이에서도 능력이나 강함, 특징은 서로 다양해야 합니다. 예를 들어 정찰대와 전사들은 서로 다르게 행동합니다. 또한 어떤 적은 둔갑이나 정신 조종, 은신, 원소 조종 능력 등을 갖췄을 것입니다. 어쩌면 음모의 단계마다 계획을 감독하고 상관에게 정보를 전달하는 부관이 있을지도 모릅니다. 이처럼 위험요소로 등장하는 각 개인은 편집장이 부여한 자신만의 동기와 목표에 따라 이야기를 좀 더 복잡하게 만들 수도 있습니다.

음모에 참여한 이들 하나하나를 모두 준비할 필요는 없지만, PC들에게 내보낼 경우를 대비해 갖가지 시련을 줄 위험요소 목록을 만드세요. 대다수의 평범한 졸개들은 서로 비슷하지만, 마스터마인드의 부관이나 강적은 PC들에게 어려운 전투를 선사하고 이야기를 재미있게 만들 수 있도록 몇 가지 흥미로운 능력을 갖춰야 합니다. 악당 만들기는 음모 준비 과정에서 무척 중요한 과정인 만큼 별도 항목으로 소개하지만(p.180 참조), 편집장은 세부 사항을 정하기 전에 아래 단계에 따라 마스터마인드를 포함한 각 위험요소를 간략하게 준비할 수 있습니다. 월드 인 페릴에서는 편집장이 어떤 이야기를 만들어야 할지 아이디어가 필요할 때 영감을 얻을 수 있도록 위험요소마다 가질 만한 동기를 몇 가지씩 준비했습니다. 편집장은 동기를 바탕으로 위험요소가 특정 상황에서 어떻게 행동할지 알 수 있습니다.

편집장은 음모를 만들 때 사전 준비를 얼마나 많이 해야 할까요? 처음 한두 단계만 미리 준비하는 것이 가장 좋습니다. 많이 준비할수록 실제 플레이에서 쓰지 못할 자료만 늘어날 뿐입니다. 그뿐 아니라, 준비를 많이 하면 할수록 실제 플레이에 좋지 않은 영향을 미칠 수도 있습니다. 만약 편집장이 네 번째 단계까지 미리 계획을 짰지만, 플레이어들이 두 번째 단계부터 음모를 변경할 수밖에 없도록 플레이한다면, 편집장은 플레이어들이 만든 변화를 선뜻 받아들이지 못하고 미리 준비한 내용대로 플레이를 이끌겠다고 생각하기 쉽습니다. 그러니 지나치게 준비하지 마세요. 편집장 시트를 사용해 음모의 단계마다 성공하거나 실패할 경우를 간략하게 준비하세요. 열린 마음으로 플레이어들이 이야기에 영향을 미치는 것을 받아들이세요. 플레이어들이 플레이 중에 이야기에 영향을 미치는 경우는 자주 발생하며, 이는 편집장과 플레이어 양 쪽 모두에게 유익합니다(편집장은 준비를 많이 할 필요가 없어지며, 플레이어는 PC의 행동이 이야기에 어떻게 큰 영향을 미치는지 체감할 수 있습니다). 다음은 마스터마인드나 다른 적들에 관해 아이디어를 얻고 싶을 때 참조할 수 있는 위험요소의 몇 가지 예시입니다.

위험요소의 종류를 고르세요.

- 야심 찬 조직
- 미지의 존재
- 이계의 세력
- 신화 속의 세력
- 무리
- 악당

야심 찬 조직

- 비뚤어진 선의 세력 (동기: 수단과 방법을 가리지 않고 "옳은 일"을 한다)
- 갱단 (동기: 특정한 지역이나 사업을 장악한다)
- 비밀 세력 (동기: 은밀한 술책으로 원하는 것을 탈취한다)
- 사교 (동기: 내부에서 좀먹는다)
- 종교 조직 (동기: 교리를 확립하고 지킨다, 개종시킨다)
- 부패한 정부 (동기: 기득권을 유지한다)
- 당파 (동기: 권력을 키우고 원하는 대로 세계를 재편한다)
- 비밀 결사나 가문 (동기: 비밀을 지키고 세를 불린다)
- 정부 조직 (동기: 지배하고, 착취하며, 파워를 지닌 자들을 실험 대상으로 삼고, 실험 대상으로 삼을 수 없는 자들은 제거한다)

편집장 액션 예시: 야심 찬 조직

- PC와 가까운 이를 포섭합니다. (비뚤어진 이상이나 도덕심을 심습니다)
- 누군가를 직접 공격합니다. (무리를 지어서)
- 누군가를 은밀하게 공격합니다. (납치나 독살 등)
- 강력한 기관이나 여러 사람에게 영향을 미칩니다. (법을 바꾼다거나, 교리를 뒤집는다거나).
- 자원이나 영토를 취합니다.
- 거래/협상에 임합니다.
- 적이 될 가능성이 있는 개인이나 집단을 자세히 관찰합니다.

미지의 존재

- 수수께끼의 외계인 (동기: 탐사하고 연구한다)
- 목적을 지닌 외계인 (동기: 정복한다, 노예로 삼는다, 가능한 한 많은 것을 배운다, 등)
- 다른 차원에서 온 적 (동기: 이 세계를 자신들의 땅으로 만든다)
- 다른 현실에서 온 적 (동기: 이 세계에 와서는 안 되는 공포의 존재를 부른다)
- 다른 시간에서 온 방랑자 (동기: 이 세계에서 내가 있을 곳을 찾는다)
- 질병 (동기: 증식하고 퍼진다)

편집장 액션 예시: 미지의 존재

- 상대가 못 견딜 때까지 계속 요구를 늘립니다.
- 대도시를 점령하기 시작합니다.
- 권력자와 주요 공직자들을 제거합니다.
- 더 나은 내일을 위해 무언가 소중한 것을 희생하라고 이야기합니다.
- 이방인이나 정부, 사법 기관의 조사를 방해하고, 해를 가하며, 자유를 억압합니다.

이계의 세력
- 신 (동기: 숭배자를 모은다)
- 마왕 (동기: 지옥문을 연다)
- 유배된 신 (동기: 산 자의 세계로 들어간다)
- 정령왕 (동기: 세계를 분해하여 원소로 환원한다)
- 혼돈의 세력 (동기: 질서 비슷한 것은 모두 파괴한다)
- 질서의 창조물 (동기: 판결을 내리고 제대로 되어 보이는 법과 질서를 회복한다).

편집장 액션 예시: 이계의 세력
- 조직을 흡수합니다. (부패시키거나, 침투시키거나, 포섭합니다)
- 예지몽을 꾸게 합니다.
- 저주를 내립니다.
- 산 자들의 꿈속으로 기어들어 옵니다.
- 은혜를 베푸는 대가로 약속을 받아냅니다.
- 제3자를 통하여 간접적으로 공격합니다.
- 특정한 조건 아래에서 직접 공격합니다.
- 다른 세력과 경쟁합니다.
- 원하건 거부하건, 누군가에게 진실을 밝힙니다.

신화 속의 세력
- 전사의 신 (동기: 전투에서 적의 용기를 시험하고 정복한다)
- 아틀란티스인 (동기: 바다를 더럽히고 파괴하는 자들에게 복수한다)
- 아발론의 군대 (동기: 세계를 옛 모습으로 돌린다)
- 잊힌 신 (동기: 오래 전에 잊힌 지식이나 문화를 되살린다)

편집장 액션 예시: 신화 속의 세력
- 가장 강력한 이에게 도전합니다.
- 지구에 왕국을 건설합니다.
- 지구로 도망쳐서 주변으로 숨어듭니다.
- 자연 재해를 일으켜서 육지를 사람들이 매일 더럽혀 오던 바닷속으로 가라앉힙니다.
- 천천히, 하지만 점점 빠르게 시간을 과거로 퇴보시킵니다.
- 최후의 안식을 맞이하고 소멸하여 잊히기 위해 남은 신자들을 모두 죽입니다.

무리

- 지하 종족 (동기: 고향을 지킨다, 지상으로 나간다, 인정받는다)
- 언데드 떼 (동기: 퍼져 나간다)
- 히어로 혐오자들 (동기: 히어로들을 모두 죽이거나 몰아낸다)

편집장 액션 예시: 무리

- 도시나 문명 지역을 공격합니다.
- 도망쳤다가 더 많은 위험요소를 이끌고 돌아옵니다.
- 강함을 과시합니다.
- 대중들에게 접촉해서 의견을 바꾸려 합니다.
- 집회를 열어 사람들을 불리고 히어로들을 공격합니다.
- 대표자를 임명합니다.
- 뇌를 모두 먹어 치우고 산 자들을 감염시킵니다.

악당

- 동기: 세계를 정복한다.
- 동기: 인류를 노예로 삼는다.
- 동기: 잘못된 일에 정당한 심판을 내린다.
- 동기: 힘을 키운다.
- 동기: 지식을 습득한다.
- 동기: 부를 축적한다.
- 동기: 자신을 증명한다!
- 동기: 속이고 농락한다.
- 동기: 거대한 힘에서 벗어난다.
- 동기: 앞으로 올 미래를 바꾸거나 막는다.
- 동기: 힘을 가진 자들을 모두 파괴한다.

악당 액션 예시

- 사람들의 정신을 조종하는 기계를 만들어 설치합니다.
- 주요 공직자들을 잡아 인질로 삼거나, 미래로 떠났다가 세계 정복에 쓸 수 있는 기술을 얻어서 돌아옵니다.
- 관련 인물들을 하나하나씩 뒤를 밟아 죽입니다.
- 전능한 힘을 가진 존재와 접촉합니다.
- 일해 주는 대가로 특정 세력과 계약을 맺습니다.
- 은행을 털어서 있는 대로 돈을 강탈합니다.
- 미래로 여행합니다.
- 철저히 준비한 다음, 자신을 이긴 자들에게 도전해서 승리를 거둡니다.

역할을 정하고 묘사하세요.

위험요소에서 중요한 역할을 맡을 NPC들에 관해 몇 가지 참고사항을 적은 다음, 이들이 어떤 종류의 적이며, 왜 위험요소인지 정하세요. 동기와 최종 목적은 무엇이며, 어떤 자원을 보유했고, 어떤 자원이 필요한가요? 이 중 핵심 인물은 이름을 정하고 세부사항을 한두 가지 정도 만드는 것도 잊지 마세요. 나머지는 공백으로 남겨서 이야기가 진행하는 동안 플레이어들과 함께 세부사항을 채우고 만드세요. 또한, 주저하지 말고 플레이어들에게 물어보세요. 편집장은 위험요소에 관한 정보를 플레이어들과 함께 만들어 가거나, 플레이어들의 답변을 이용해 원래 생각한 아이디어를 변경하고 수정할 수도 있습니다.

(필요하다면) 커스텀 액션을 만드세요.

위험요소를 만들 때, 앞서 설명한 액션으로는 표현할 수 없는 다른 액션이 필요하다고 생각할 수도 있습니다. 사실은 플레이 대부분에서 이러한 필요성을 느낄 것입니다. 편집장이 의도한 대로 위험요소가 이야기 속에 어울리도록 위험요소에 커스텀 액션을 추가하세요. 다들 어떻게 될지 궁금해하며 편집장을 쳐다보거나, 이야기 속에 일어난 일에 플레이어들이 아무 행동도 하지 않거나("절호의 기회"), 판정에 6-이 나왔다면 적의 액션을 발동할 좋은 기회입니다. 적의 액션은 보통 악당이나 적마다 다르며, 항상 만들 필요는 없으므로 이후에 다시 설명하겠습니다.

결말 부분을 준비하세요.

위험에는 반드시 그 결말이 있게 마련입니다. 마스터마인드가 목표를 이루고 음모가 성공한다고 해서 항상 재앙이 닥치거나 지구가 파괴되지는 않습니다. 몇 번의 플레이를 거쳐 모든 위험요소를 처리하고 음모를 마무리 지었다면, 이제 새로운 마스터마인드가 새 음모를 짤 시간입니다. 새 음모를 어떻게 만들지 몇 가지 아이디어를 적은 다음, 음모가 실현되기 위해 어떤 일이 일어나야 하는지 파헤쳐보세요. 음모의 결과로 세상을 바꿀 만한 어떤 사건이 일어나나요? 모든 것이 잘 돌아가던 세상을 종말로 몰고 갈 위험요소와 음모의 단계를 만드세요.

위협요소나 음모의 단계를 해결했을 때, PC이 체력과 인연을 회복하고 개인적인 목표를 이루거나 이를 위한 필요한 사항을 준비할 수 있도록 이따금 휴식시간을 주어야 한다는 사실을 명심하세요. 얼마나 자주 줄지는 편집장이 결정합니다. 슈퍼히어로의 삶이 험난하다는 것은 의심할 여지가 없지만, 성공할 가능성은 항상 있어야 합니다.

준비 사항을 배치하세요.

위험요소는 색인 카드에 기록해서 앞에 두는 것이 좋습니다. 바닥에 가린 아랫면에는 해당 위험요소가 음모의 어느 단계와 관련이 있는지, 동기는 무엇인지 적어서 플레이하는 동안 참조하세요. 플레이어들이 특정 음모 단계에 누가 연관됐는지, 어떤 중요 정보가 있는지 점점 알아갈 때마다 모두가 볼 수 있도록 카드 윗면에 관련 사실을 적으세요. 지금 당장 드러나지 않은 위험요소 역시 마찬가지입니다. 어떤 위협 요소가 진행 중인지, 음모가 얼마나 실현됐는지 플레이어들이 정보를 얻을 때마다 색인 카드에 적으세요. 편집장은 플레이어들이 음모에 관여한 위험요소나 배후의 흑막에 관한 정보를 얻을 때마다 플레이어들이 스스로 아는 정보를 색인 카드에 적게 해서 카드를 최신 상태로 유지할 수 있습니다.

지도 위에 색인 카드를 배치해서 지금까지 어떤 일이 일어났으며, 플레이어들이 무엇을 알았는지 보여주는 방법도 재미있습니다. 예를 들어 뉴욕을 무대로 한다면 뉴욕 지도 위에 색인 카드를 배치해서 플레이어들이 조사하고 있는 위험요소나 사건이 어디서 일어나는지 보여줄 수 있습니다. 예를 들어 정찰대가 출현한 장소에는 두뇌가 사라지고 몸의 수분이 모두 말라버린 시체가 발견되며, 지저인들의 공격 장소는 자유의 여신상일 것입니다.

위협요소를 만든 다음 각 단계와 음모에 연결하세요.

마스터마인드나 주요 적을 선택했으면 야망과 동기를 정한 다음, 이들의 음모를 준비하고 음모가 총 몇 개의 과정을 거칠지 정하세요.

음모의 각 과정은 단계라고 일컫습니다. 첫 단계는 보통 플레이와 함께 시작되지만 반드시 그럴 필요는 없습니다. 음모의 마지막 단계는 대단원입니다. 걸맞은 심각한 위험과 대가를 준비하세요.

처음 한두 단계는 성공과 실패에 따라 무슨 일이 발생할지 적으세요. 하지만 플레이어들이 개입한 순간 음모는 바뀌게 마련이므로 큰 틀만 정하세요.

두세 가지 위협요소를 선택한 다음, 동기를 정하고 스스로 알든 모르든 마스터마인드의 음모를 어떻게 진전시키는지 적으세요.

마스터마인드가 각 음모의 단계를 진행하기 위해 활용할 몇몇 위험요소와 적을 만드세요.

음모에 관여한 이들을 대략 묘사한 다음 각자 동기를 정하면 이들이 성공과 실패를 겪을 때마다 어떻게 대응할지 알 수 있습니다.

주요 악당과 적 만들기 항목을 읽은 다음 마스터마인드나 위험요소에 필요한 몇 가지 커스텀 액션을 만드세요.

주요 악당과 적 만들기

악당이란 히어로들의 앞을 막거나, 히어로들이 막으려는 자들입니다. 히어로들과 맞서 싸울 악당을 내보낼 때는 위험요소와 마찬가지로 강령과 원칙을 따르세요. 편집장은 슈퍼히어로물의 세계를 표현해야 합니다. 플레이의 모습은 악당과 적이 히어로들에게 어떻게 대응하는지 편집장이 묘사하는 방법에 따라 달라집니다. 생생하고 흥미롭게 만드세요. 어떤 악당이 서툴고 예측하기 쉬운지, 어떤 악당이 사악하고 똑똑한지 모두가 함께 이해할 수 있도록 플레이어들에 맞춰 묘사하세요. 모든 악당은 음모의 배후이든, 알게 모르게 사악한 일을 돕는 졸개이든 히어로들과 맞서 싸울 때 흥미진진한 이야기를 만들 수 있도록 각자 고유한 외형과 행태, 동기를 어느 정도 갖춰야 합니다. PC들이 성공하기 위해서 반드시 맞서 싸워야 하는 장애물은 무엇이든 악당이나 적이 될 수 있습니다.

적은 세계를 좀 더 흥미진진하게 만들고 히어로들에게 무언가 맞서 싸워 이겨야 한다는 목적을 제공합니다. 적과 싸우는 전투는 보통 플레이어들의 도전의식을 북돋고 영화처럼 흥미진진해야 합니다. 쉽게 이길 수 있는 싸움은 아무 긴장감도 줄 수 없으니까요. 반면, 악당들이 히어로들을 일방적으로 이기는 전투 역시 피해야 합니다. **경미, 큼, 심각한 상태**는 히어로가 무엇과 싸우며 무엇을 할 수 있는지를 보여주는 훌륭한 도구입니다. 일관성 있게 적용하되 때때로 플레이어들의 허를 찌르세요. 특히 플레이어들이 슬슬 전투가 너무 쉽다고 생각할 때는 더욱 신경을 쓰세요. 쉽게 쓰러뜨릴 수 있는 하찮은 악당이 좀 더 강해져서 돌아와 방심한 히어로들에게 복수하는 일은 무척 흔합니다.

싸움이 반드시 공평할 필요는 없습니다. 당장 히어로들이 이길 방법이 없는 전투도 좋습니다. 때로는 히어로들도 물러나서 전열을 가다듬고 전투 계획을 세울 필요가 있으니까요. 강한 적을 내보낸 다음 어떻게 대처하는지 지켜보세요.

적을 만드는 요소 / 적 만들기

적을 만들 때는 우선 묘사로 시작하세요. 겉모습은 어떻게 생겼으며, 무엇을 원하며, 원하는 것을 어떻게 손에 넣는지 아이디어부터 떠올려 보세요. 그다음 적을 규칙으로 나타내야 할지, 아니면 적이 무엇을 할 수 있으며 얼마나 오래 버틸지 대략적인 구상만 만들면 충분한지 결정하세요. 규칙으로 나타내야 한다면, 세부사항을 정하기 위해 다음 캐릭터 틀을 사용하세요.

이름	
동기	
외형	
상태 한계	(무리일 경우 크기 등급)
파워	

모든 적은 무엇을 할지, 어떻게 행동할지 설명하는 액션이 있습니다. 다들 어떻게 될지 궁금해하며 편집장을 쳐다보거나, 절호의 기회가 오거나, 판정에 **6**-이 나왔다면 편집장은 액션을 사용할 수 있습니다. 적 액션은 적이 이야기 속에서 활약하는 동안 편집장 액션과 더불어 함께 사용할 수 있습니다.

종류는 적이 얼마나 강하며 히어로들에게 얼마나 위협이 되는지 나타냅니다. 혼자 등장하나요, 무리를 지었나요? 무척 위험한 적이나 세계를 바꿀만한 악당은 특별한 준비와 사전 조사 없이는 히어로들이 이길 가능성이 없습니다. 악당의 종류는 다음 항목에서 더 자세히 설명합니다.

이름은 적이 어떻게 불리는지, 비밀 신분이 있는지, 여기저기에서 불리는 이름이 각각 다른지 나타냅니다.

위협 요소와 마찬가지로, 적 역시 **동기**에 따라 자신의 행동을 결정합니다. 적의 동기는 무엇이며 원하는 것을 어떻게 얻나요? 목표와 동기가 무엇인지부터 결정하면 적의 핵심 사항과 성격을 정할 때 이를 활용할 수 있습니다. 만약 적이 보수만을 바라고 마스터마인드의 부하가 되었다면, 신념과 이상을 추종하는 부하보다 일찍 도망칠 것입니다.

외형은 적이 어떻게 생겼는지 나타냅니다. 적이 누구냐에 따라 알아볼 수 있는 특징도 정해집니다. 스스로 물어보세요. 악당은 어떻게 생겼나요? 어떤 복장을 했나요? 장애가 있거나, 비현실적으로 끔찍하거나, 매력적인가요? 무언가 특유의 분위기가 있나요? 예를 들어 암흑의 군주이거나, 전기의 지배자이거나, 살인마 인형인가요? 무기는 들었나요? 정체는 감췄나요? 악당에게 외형이 중요한 비중을 차지한다면 독특한 모습으로 만드세요.

상태 한계는 적이 전투에서 완전히 쓰러지거나 더는 위협이 되지 않을 때까지 버틸 수 있는 피해나 상태를 나타냅니다. 보통 히어로는 적을 죽이지 않고 제압하지만 (히어로니까요. 그렇지요?) 플레이어가 다른 방향으로 묘사한다면 편집장은 이를 적어두었다가 이야기에 반영할 수 있습니다. 예를 들어 PC가 악당을 죽인다면 다른 NPC나 히어로와 맺은 인연이 감소할 수도 있고, 도시나 사법 기관 역시 이에 대응할 것입니다.

어떤 적은 히어로와 맞서 싸우기 위해 특수한 **파워**를 가지며, 파워를 가지지 않더라도 비행, 순간 이동 같은 능력을 발휘할 수 있는 장비인 **이점**을 사용하기도 합니다.

적은 **태그**를 가질 수도 있습니다. 태그는 이점으로 사용하거나(빼앗거나 못 쓰게 만들 수 있습니다) 역장, 최첨단 갑옷처럼 피해와 상태를 흡수하는 장비를 설명합니다.

다음은 악당을 만들 때 생각해야 하는 사항과 슈퍼히어로물에서 나오는 악당의 흔한 유형을 소개했습니다. 이 부분을 그대로 쓸지, 원하는 대로 고쳐서 재미있고 독특한 악당과 이야기를 만들지는 편집장이 선택할 몫입니다. 가능하면 몇몇 유형을 깨뜨릴 것을 권장합니다. 특히 플레이에 새로운 아이디어와 활기를 불어넣을 수 있는 부분에서는 과감해지세요. 예를 들어 종족 전체가 사악하거나 선한 일차원적인 외계인은 무시해도 될 유형입니다.

악당은 히어로 중 한 명과 관련이 있습니다: 흥미로운 악당은 보통 히어로의 정체성과 어떤 면에서든 연관이 있습니다. 어쩌면 히어로를 비추는 거울일 수도 있고, 아예 반대의 모습을 보여줄 수도 있습니다. 혹은 히어로가 사용하는 파워와 같거나 유사한 능력을 사용할지도 모릅니다. 아니면 같은 과거를 공유하거나, 무언가 사적으로 관련이 있을 것입니다.

부를 얻으려 합니다: 흔히 악당은 합법적으로든, 강제 수단을 동원하든 자신의 능력과 파워를 사용해 부나 정치적인 힘, 영향력을 얻으려 합니다.

적극적으로 힘을 추구합니다: 악당은 적극적으로 힘을 좇아 거머쥐려 합니다(초인적인 파워든, 다른 힘이든).

비살상: 시대와 슈퍼히어로물의 종류에 따라 다르지만, 악당들은 실제 시민 사상자를 내는 일이 드뭅니다. (주변 환경은 쉽게 파괴합니다). 이 유형을 바꾸면 이야기의 분위기가 크게 달라집니다. 최근 슈퍼히어로물은 이 부분을 무척 잘 다룹니다.

폭력은 이상적인 해결책입니다: 여러 슈퍼히어로물에서 악당은 보통 폭력을 사용해 문제 대부분을 해결합니다. 폭력을 행사하는 악당은 히어로들을 이야기에 끌어들여서 액션을 펼치게 하는 가장 쉬운 수단이기 때문입니다. 월드 인 페릴을 플레이할 때도 이를 똑같이 적용할 수 있지만, 다른 수단을 섞어도 이야기가 흥미진진하게 돌아갈 것입니다.

악당과 외계 종족: 때로, 외계인은 종족 전체가 유토피아에서 사는 자비로운 존재, 또는 사악하고 음흉한 존재로 묘사됩니다. 이와 같은 극단적인 설정이 아니라면, 인간하고 비슷하지만 몇 가지 면에서 더 뛰어난 종족으로 나타나는 경우도 많습니다. 편집장은 신경 쓰지 않고 편하게 기존 유형을 따라도 좋습니다. 다만 어떤 사회든 결국 복잡하고 다면적일 수밖에 없다는 사실을 명심하세요.

악당의 종류를 선택하세요

슈퍼히어로물에서 히어로들이 흔히 마주치는 악당의 종류는 **무리, 샌드백, 정예, 마스터마인드,** 이렇게 총 네 가지 태그로 나눌 수 있습니다. 악당들은 게임에서 등장할 가장 흔한 위험요소이므로 각 태그는 악당이 얼마나 활약할지에 따라 이름을 붙였지만, 짐승이나 괴물, 외계인, 그 외 다른 모든 위험요소에도 이 태그를 그대로 사용할 수 있습니다.

각 악당의 캐릭터 틀 아래에는 악당들이 사용할 액션을 묘사하는 항목이 있습니다. 악당 액션은 편집장 액션을 발동할 때 언제든지 사용할 수 있습니다. 악당의 파워는 히어로의 핵심 파워처럼 악당이 할 수 있는 일을 나타내며, 의미를 함축해서 붉은 글씨로 설명했습니다. 파워로 할 수 있는 특정한 액션은 그 아래 히어로의 파워 목록처럼 설명을 나열했습니다. 악당이 액션을 사용할 때는 액션 목록 중 하나를 선택하거나 가진 파워와 능력을 고려해 행동하도록 움직이세요.

무리는 보통 총알받이용으로 쓰이며, 대규모로 무리를 지어 나타납니다. 무리는 큰 위협이 되지 않으므로, 히어로의 발목을 붙들고 늦추기 위해 사용해야 합니다. 물론 때로는 운 좋게 히어로들에게 큰 피해를 줄 수도 있습니다. 무리는 다른 적 종류와 다르게 여러 적이 단일한 목적을 가지고 하나로 뭉친 집단입니다. 무리를 만들 때는 얼마나 쓰러뜨리기 어려운지에 따라 규모와 단위가 달라집니다. 예를 들어 규모가 1이고 단위가 10인 적은 10명이며, **제압하기**로 규모를 1 줄이면 10명의 적이 쓰러집니다. 전체 무리가 공격 한 번에 쓰러지는 셈이지요. 규모가 2이며(얼마나 공격을 버틸 수 있는지 나타냅니다), 단위가 50인 무리는(한 번 공격에 얼마나 쓰러지는지 나타냅니다) 100명이며, 규모를 1 줄일 때마다 50명씩 쓰러집니다. 규모가 0으로 줄은 무리는 더 이상 위험요소가 될 수 없으며, 뿔뿔이 흩어집니다. 다음은 무리의 예시입니다.

특이점의 갱단	
동기	두목에게 접근하는 자들은 누구든지 쓰러뜨린다.
외형	빅 배드 울프의 부하들이며, 완벽한 충성을 바친다. 얼굴에 쓴 가면에는 타원을 가로지르는 삐죽삐죽한 화살표 표식이 그려져 있다.
규모	규모 5, 단위 10 (50명)
파워	고유한 파워는 없음. 일부 장비 보유

에너지 라이플 [이점]
장애물이나 장벽을 뚫는다.
히어로들을 쏜다.
혼란을 일으킨다.
무고한 사람들을 위협한다.
방해하고, 떼를 지으며, 에워싼다.

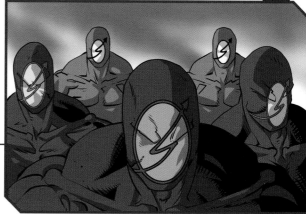

샌드백은 평범한 힘을 지닌 비중이 작은 악당으로, 일반적인 파워나 특수한 능력 한두 가지를 지닙니다. 샌드백은 이름 그대로 히어로들에게 얻어맞는 역할인 튼튼한 악당을 내보낼 때 사용합니다. 샌드백은 피해를 어느 정도 버틸 정도로 튼튼해야 하지만, 히어로에게 그다지 큰 위협은 되지 않아야 합니다. 샌드백은 정예의 지휘를 받으면서 팀으로 활동할 때 더욱 크게 활약할 수 있습니다. 다음은 샌드백의 예시입니다.

부치	
동기	보스를 보호한다, 돈을 받는다.
외형	막을 수 없는 거한, 반 인간 반 사이보그. 눈 하나와 얼굴 일부, 상반신 대부분은 기계로 덮여 있음.
상태 한계	1 x [플레이어 수]
파워	

사이버네틱, 고유한 파워.

낮은 단계의 신체 내구력

초인적인 근력. 일부 기계로 강화됨. [이점]

잡고 쥐어짜기

근처의 물건을 던지기

광폭화

무고한 사람들을 위협한다.

상태를 받을 때마다 더욱 강해진다.

정예는 강력한 힘을 지닌 주요 악당으로, 커다란 파괴를 일으켜 히어로들을 바싹 긴장시키기 위해서, 또는 직접 히어로들과 싸우기 위해 특수한 파워를 지닙니다. 정예는 무척 튼튼하며, 특정 공격에 대한 면역 능력도 한두 가지 정도 지닐 수 있습니다. 정예는 히어로들에게 큰 위협이 되어야 하며, 팀을 이룬 히어로들과 맞서 싸울 수 있을 정도로 강해야 합니다. 또한, 정예는 두고두고 등장하면서 플레이어들에게 깊은 인상을 남겨야 합니다. 다음은 정예의 예시입니다.

경예

하이잭	
동기	부사령관, 특이점을 일으킨다, 정신을 조종하는 나노봇으로 워싱턴 DC와 백악관을 뒤덮는다.
외형	거울 가면을 쓰고 있으며, 나노봇을 몸 곳곳에 숨겨두었다. 복장은 흰색.
상태 한계	2 x [플레이어 수]
파워	

기술, 태양열, 능력

자동 방어 [이점] [2]

기계 조종

기계 제어권 장악

EMP

태양열 에너지

흡수하고 되돌린다.

근처의 빛을 모두 흡수해서 칠흑처럼 어둡게 만든다.

마스터마인드는 음모와 각 음모 단계 뒤에서 일을 꾸미는 악당으로, 여러 히어로나 도시 전체에 맞서 힘들이지 않고 동등하게 싸울 수 있는 고유한 파워와 능력을 지닙니다. 마스터마인드를 쓰러뜨리는 일은 불가능에 가까울 정도로 어려워야 하며, 기발한 아이디어와 정교한 작전, 팀워크가 필요합니다. 마스터마인드와 직접 싸우는 전투는 거대한 규모로 벌어져야 하며, 히어로들의 앞마당이 아니라면 전투를 피하는 편이 낫습니다. 다음은 마스터마인드의 예시입니다.

시우디드	
동기	흑마법으로 강화한 힘으로 인류와 전 세계를 다시 처음으로 되돌린다.
외형	붉은 보석이 여러 박혀서 파워를 증폭시키는, 검정과 자주색이 섞인 헬멧을 씀. 끝부분이 검은 긴 보라색 코르셋 드레스를 입음.
상태 한계	3 x [플레이어 수]
파워	싸이오닉

미래의 계시

마음속에 환상을 주입하기

정신 조종

정신을 서로 섞기

환각 만들기

정신 차원에서 싸움을 강제로 걸기 [3]

텔레파시

염동력

떠다니는 파편 보호장 [3]

날카로운 파편을 던지기

주변 환경을 파괴하기 (파편 보호장을 보충하기 위해서)

이점과 파워

적을 더욱 독특하게 만들기 위해 생각해 볼 만한 몇 가지 사항 중에는 이점과 특수 파워가 있습니다. 태그는 악당을 만들 때 어떤 능력이나 이점을 가졌는지 상기시키는 용도로 사용합니다. [이점]은 히어로들이 이 능력을 빼앗거나 제거할 수 있음을 의미합니다. [횟수]는 적이 등장했을 때 원래 가진 상태 한계 외에 더 견딜 수 있는 상태의 개수를 나타냅니다. 예를 들어 '불 저항 [3]'은 해당 적을 불로 공격해서 피해를 줄 때, 상태 한계를 계산하기 전에 세 번의 상태를 더 견딜 수 있다는 의미입니다.

이점은 비행이나 철갑탄처럼 보통 이점 하나당 능력 하나를 제공합니다. 적은 이점을 사용해 자신이 가지지 않은 파워를 발휘하거나, 기존 파워를 강화하여 한계를 뛰어넘는 일을 할 수 있습니다. 아이언맨이나 배트맨을 모델로 한 적은 여러 장비를 이점으로 사용할 것입니다. 이러한 적들은 무척 다재다능하고 위험하지만, 타고난 파워를 갖추지 않은 이상 히어로에게 이점을 빼앗길 수 있습니다. 이점으로 얻는 능력은 [이점]으로 나타내서 빼앗길 수 있음을 명시하세요.

반면, 특수 파워는 빼앗길 수 없는 선천적인 능력입니다. 강철 피부를 가진 적은 쓰러뜨리기 어려울 것이며, 강화 감각을 가진 적은 히어로들이 언제 모습을 드러내는지 알 수 있을 것입니다. 적이 가진 능력이 플레이 내내 영향을 미친다면 상태 한계에 반영하세요. 능력이 특정한 상황에서만 발동한다면 능력 뒤에 [횟수]를 붙여 이 능력으로 몇 번이나 상태를 흡수할 수 있는지 나타내고, 능력을 사용할 때마다 체크를 해서 사용 횟수를 기록하세요. 편집장은 원하는 방식대로 기록하세요.

마지막으로, 피해를 낮추거나 흡수하는 이점 역시 사용 횟수가 정해진 능력일 수도 있습니다. 이러한 능력은 뒤에 [이점]과 [횟수]를 붙여서 재충전하거나 못쓰게 될 때까지 몇 번이나 상태를 흡수할 수 있는 이점인지 나타내세요.

적 액션

적이 사용할 액션은 플레이어들의 액션과 같은 방식으로 만들 필요가 없습니다. 그저 어떤 일을 할 수 있는지 간단한 목록만 적으면 그만입니다. 편집장은 적 액션을 사용할 때, 해당 목록에서 직접 선택하거나 적의 파워를 보고 아이디어를 얻으세요. 폭력배 무리는 단순히 "떼를 짓다"나 "둘러쌓은 다음 압도한다."처럼 간단한 액션을 가질 것이며, 샌드백 악당은 "후퇴한 다음, 더욱 강해져서 되돌아온다."거나, "환경 사용하기"처럼 플레이어와 유사한 액션을 사용할지도 모릅니다. 결국, 적 액션은 편집장에게 적의 행동에 관한 아이디어를 제공하기 위해, 적이 무엇을 할 수 있을지 본능과 연결 지어 설명하는 몇 마디 설명입니다. 더 중요한 용도로, 편집장은 액션을 발동해야 할 때 적 액션을 사용해 흥미진진한 묘사를 할 수 있습니다. 적 액션은 적이 누구인지, 편집장이 어떤 의도로 사용했는지에 따라 강력할 수도 있고 약할 수도 있습니다. 마스터마인드나 정예급 정신능력자는 "타인의 정신 속에 생각이나 제안을 심는다." 라는 액션을 가질 것이며, 신이라면 "존재를 지운다." 같은 액션이 있을 것입니다. 액션의 한계는 오직 편집장의 상상력과 묘사하는 이야기에 달렸습니다.

적에게 상태를 회복할 수 있는 액션을 주는 것도 난이도를 올리는 방법의 하나입니다. 예를 들어 어느 무리는 인원을 보충해서 규모를 늘리거나, 우두머리가 쓰러졌을 경우 새로운 우두머리를 선출하는 액션이 있을 것입니다. 샌드백은 인질을 잡고 숨을 돌릴 때마다 **경미한 상태**를 회복할 것이며, 정예는 상태를 받았을 때 특정한 능력을 개방하여 더욱 강해지는 액션이나 특수 파워를 지녔을 것입니다. 마스터마인드는 사악한 계획을 털어놓고 비밀 무기를 사용해 몸을 치료하거나 변신해서 모든 **경미한 상태**와 **큰 상태**를 회복할 것입니다. 단, **심각한 상태**는 이야기 속에서 완전히 치료할 수 있는 수단을 찾지 않는 한 회복할 수 없습니다. **심각한 상태**를 주기는 쉽지 않은 만큼, 특별한 이유 없이 쉽게 상태를 치료하거나 정도를 낮춰도 안 됩니다.

특히 강력한 적

어떤 적은 무척이나 쉽게 쓰러뜨릴 수 있어서 위협이 되지 못하는 반면, 히어로의 힘으로 맞서 싸우지 못할 만큼 강력해서 상태 한계를 기록할 필요도 없는 적도 있습니다. 예를 들어 신이나 천상의 존재들, 그와 비슷한 수준으로 강력한 적들이 이에 해당합니다. 그렇다고 해서 히어로들이 이런 강력한 적들에게 맞서 싸울 수단이 전혀 없는 것은 아닙니다. 단지 이들과 싸우려면 단순하게 힘으로 맞서 싸우는 대신 재치와 임기응변을 발휘해서 싸울 수단을 찾아야 하며, 이야기 속에서 많은 준비와 과정이 필요하다는 의미일 뿐입니다.

이러한 강적들은 상태 한계를 가지지 않더라도, 최소한 여기에 있는 동기와 이유는 가져야 합니다. 이들 역시 다른 적들과 마찬가지로 등장한 이상 어떤 식으로든 이야기에 영향을 미치기 때문입니다. 이들은 단지 히어로들이 마주치는 대부분 적과 다른 장애물일 뿐입니다.

적을 만들 때 점검할 사항

다음은 적을 만들 때 고려하면 도움이 될 질문입니다.

주요한 공격용 파워는?

적은 상대에게 어떤 방법으로 해를 입히나요? 가까이 다가와서 주먹을 마구 휘두르나요? 다른 사람들을 위험에 빠뜨리나요? 우선 상대의 약점을 캐나요? 광선이나 초인적인 근력, 정신 조종, 원소 조종 같은 파워가 있나요?

주요한 방어용 파워는?

적은 위험에 처했을 때 어떤 방법으로 몸을 지키나요? 방패나 강철 피부를 가졌나요? 자신 앞을 막아줄 졸개가 있나요? 혹은 강화된 반사신경이나 순간 이동 능력을 활용해 피하나요?

특정 요소에 면역 능력이 있나요?

면역 능력이 있는 적은 해당 요소를 사용한 공격을 당해도 상태를 얻지 않습니다. 예를 들어 PC가 불에 면역인 적에게 화염구를 던져 상태를 주려고 시도한다면, 판정에 성공하더라도 아무 효과도 없습니다)

특정 요소에 저항 능력이 있나요?

저항 능력이 있는 적은 해당 요소를 사용한 공격을 당할 때 받는 상태의 정도가 한 단계 내려갑니다. (**심각한 상태**는 큰 상태로, **큰 상태**는 **경미한 상태**로, **경미한 상태**는 아예 효과를 받지 않습니다). 다른 방법으로, 이 능력을 태그로 취급해 피해를 받을 때 몇 번이나 흡수할 수 있는지 횟수를 정해서 기록하는 방법도 있습니다.

피해를 입을 수록 더욱 강해지나요?

적이 주는 상태의 정도를 높이거나, 공격 범위를 넓히세요. (아마 넓은 범위로 여러 사람에게 동시에 상태를 줄 것입니다)

과학 기술 같은 것을 사용해서 파워나 면역 능력, 저항 능력을 얻었나요?

그렇다면 적이 가진 파워는 이점일 가능성이 높습니다. 이점은 얼마든지 빼앗길 수 있다는 점을 명심하세요.

자신을 보호하거나 남을 방해하는 파워가 있나요?

그렇다면 역장 방패나 강화복 같은 이점일 가능성이 높습니다. 얼마나 오래 가나요? 더는 사용을 못 할 때까지 상태를 얼마나 흡수할 수 있나요? 악당과 연결된 장비인가요? 자체적인 동력원이 있나요? 혹시 지성이 있나요?

심리상태는 어떤가요? 약점이 있나요?

적이 두려워하는 것이 있나요? 어떤 상황에서 쉽게 화를 내거나 짜증을 부리나요? 편집장은 플레이어들이 의도하지 않더라도 적의 심리를 자극했다면 관련 상태를 붙여서 도와줄 수 있습니다. 예를 들어 PC가 적을 불꽃 광선으로 공격했다면, 적은 비록 불에 대한 면역 능력을 갖췄더라도(그래서 물리적인 피해는 받지 않습니다), 히어로가 강력한 파워를 사용할 수 있는 것에 충격을 받아서 "그런 힘이 있다니!!" 같은 상태를 얻을 수도 있고, 행동이나 심리상태에 무언가 영향을 받을 수도 있습니다.

어떤 방식으로 싸우나요?

치사한 방법을 동원하거나, 부하들을 옆에 끼고 싸우나요? 히어로들이 적과 맞설 때 어떤 부분이 가장 큰 난관인가요? 적에게 접근하는 과정? 접근한 다음에 벌어지는 전투? 혹은 둘 다? 히어로들이 이기려면 우선 부하들을 쓰러뜨리거나 적과 떼어놓는 방법을 찾아야 할지도 모릅니다.

동기는 무엇인가요?

목적뿐만 아니라, 동기 자체가 히어로와 부딪히나요? 적은 이 도시에, 국가에, 세계에, 우주에 위협을 끼치는 존재인가요? 적의 동기가 성격에 영향을 미쳤나요? 혹은 그 반대인가요? 적은 냉혹하고 계산적인가요? 그저 정신 이상에 시달리거나, 거만하거나, 무언가 오해를 받는 것뿐인가요?

활동 범위는 얼마나 넓은가요?

활동 범위는 얼마나 넓은가요? 세계를 파괴할만한 힘을 지닌 우주적인 존재는 그저 은행을 터는 평범한 사람보다 더 광범한 장소에서 많은 일을 합니다.

기지는 어디에 있나요?

물러날 수밖에 없는 상황에서 어디로 가나요? 사악한 음모를 세울 때 어디에서 실행하나요? 부하들은 어디에서 모집하나요? 플레이에 등장하지 않을 때 무엇을 하나요?

PC들은 적을 얼마나 잘 아나요?

PC들은 적의 배경을 잘 아나요? 어떻게 아나요? 약점도 아나요? PC 중 누군가와 얽힌 과거가 있나요? 어떤 과거인가요? 앞으로의 이야기와 PC들의 행동에 어떻게 영향을 미치나요?

어떻게 생겼나요?

얼마나 자세하게 묘사를 해야 할지는 적마다 다르지만, 단어 몇 개와 한두 문장 정도의 묘사면 충분히 편집자와 플레이어 양쪽 모두 잘 기억할 수 있습니다.

PC들은 적들과 얼마나 효과적으로 싸울 수 있나요?

악당을 만들어 히어로들과 싸우도록 내보낼 때, 항상 위 질문을 명심하세요. 대부분의 전투 난이도는 플레이어들의 도전 의식을 북돋우는 수준과 불가능한 수준 사이의 가운데에서 균형을 잡는 것을 목표로 두어야 합니다. 편집장은 PC들이 성공할 수 있도록 도와주되, 처음부터는 아니더라도 어느 순간부터는 전력을 다해 싸우도록 만들 필요가 있습니다. PC들을 싸울 지점까지 인도한 다음, 악당들이 히어로에게 어떻게 대응하며 무엇을 시도할지 생각해 두세요. 어쩌면 히어로의 공격이 물리적으로 별 영향이 없더라도, 악당들을 당황하고 주춤거리게 해서 정신적인 상태를 줄 수도 있습니다. 보호막 장치를 킨 악당에게 달려들어 일격을 날리면, 허리에 부착한 보호막 생성기에 과부하가 걸려 폭발할지도 모르지요. 때로는 플레이어를 도와서 어떻게 하면 효과적으로 싸울 수 있을지 암시를 주어도 좋습니다. 적어도 플레이어들이 질문할 때는, 특히 액션을 발동해서 정보를 얻을 때는 솔직하게 답해 주세요.

편집장은 플레이어들에게 도전 거리를 제시할 뿐만 아니라, 플레이를 재미있게 즐기도록 도와야 합니다. 이 부분은 균형을 잡기 약간 어려울 수도 있으므로, 확신이 안 서면 재미 쪽을 택하세요. 악당을 등장시키고 이야기를 전개할 때 플레이어들이 반드시 따라야 할 시나리오나 전략 같은 것은 버리세요. 무슨 일이 일어날지는 플레이로 알아가야 합니다.

적을 플레이하기

월드 인 페릴의 플레이는 주로 악당들과 싸우는 이야기로 흘러갑니다. 다음은 가지각색의 적들에게 어떤 파워를 주는 것이 어울리는지, 어떻게 하면 파워를 효과적으로 사용할 수 있는지를 설명한 지침입니다.

- 일반적인 파워는 슈퍼히어로의 세계에서 흔한 능력입니다. 초인적인 근력이나 속도, 내구력, 전투 기술, 에너지 광선, 비행, 눈부신 반사신경 등은 일반적인 파워의 좋은 예입니다. 샌드백은 보통 강하고 튼튼하거나, 평균 이상의 전투 기술과 반사신경을 갖췄습니다.
- 독특한 파워는 보기 드물거나, 아예 새로운 능력입니다. 독특한 파워를 지닌 정예나 마스터마인드는 플레이어들에게 깊은 인상을 심을 수 있습니다. 정예와 마스터마인드는 반드시 자신의 파워와 연관이 있는 액션을 가져야 합니다. 예를 들어 강력한 정신능력자는 사람들을 정신조종할 수 있으며, 어둠을 조종하는 악당은 그림자 속에서 부하들을 소환할 수 있을 것입니다. 명심하세요. 파워가 독창적일수록 악당 역시 두고두고 기억됩니다.

적이 가진 특수 파워나 이점은 플레이어들이 위험요소에 맞서 할 수 있는 일을 제한합니다. 플레이어들은 이러한 적을 상대로 창의성을 발휘해 이전과는 다른 방법으로 싸워야 합니다. 적을 해칠 수 없게 만드는 이점이 있다면, 플레이어들은 이 이점을 제거하기 위해 머리를 쓸 것입니다. 예를 들어 물리 에너지를 흡수하는 파워를 지닌 악당과 싸우는 히어로들은 주먹을 날리거나 직접 공격을 하는 대신 무언가 다른 방법을 궁리할 수밖에 없습니다. 주저하지 말고 적에게 이러한 종류의 파워를 주세요. 히어로들이 무조건 싸움으로만 해결할 수 있도록 모든 적이 상태 한계를 가질 필요는 없습니다. 파워는 적이 얼마나 강한지 보여주는 좋은 수단이기도 합니다. 히어로의 공격이 적에게 통하지 않는다면, 플레이어는 적수가 매일 마주치는 흔한 상대가 아니라는 점을 깨닫고 현재 상황을 다시 돌아볼 것입니다. 다만 편집장은 플레이어들의 팬이기도 하며, 슈퍼히어로물의 세계를 표현하고 있다는 사실을 명심하세요. 플레이어들은 어떻게 해야 효과적으로 싸울 수 있는지, 어떻게 해야 적의 이점을 처리할지, 악당의 약점이 무엇인지 등 알고 싶은 정보는 무엇이든 찾을 수 있는 수단이 있습니다. 무엇보다도, 모두 플레이를 재미있게 즐겨야 합니다. 따라서 편집장은 플레이어들이 헤맨다면 암시를 주거나, 상황을 파악하도록 넌지시 알려주거나, 악당을 보호하는 이점이나 적이 드러낸 약점에 플레이어들의 이목을 집중시키세요.

편집장은 악당에게 공격용과 방어용 파워를 섞어서 주거나, 공격과 방어 양쪽 모두로 사용할 수 있는 다용도 파워를 주는 것이 좋습니다.

예를 들어, 비숍 블랙의 십자가는 "흰빛"으로 만든 장비입니다. 비숍 블랙은 십자가로 튼튼한 장갑을 찢거나 두꺼운 가죽을 뚫을 수 있습니다. 이 십자가에 베이면 무척 아플 것입니다. 따라서, 비숍 블랙은 빛의 무기로 "갈기갈기 찢다." 라는 액션을 사용할 수 있습니다. 비숍 블랙은 또한 자신의 파워로 빛의 감옥을 만들 수 있습니다. 이 감옥은 소멸 [1] 하기 전에 상태 하나를 흡수할 수 있습니다. 또한 비숍 블랙은 어느 영혼에 씌어 있습니다. 비숍 블랙이 만진 히어로는 자신이 이전에 저지른 죄를 강제로 기억해 내야 합니다.

방어용 파워는 악당이 받는 피해를 막거나 줄입니다. 예를 들어 방호복을 입은 악당이 **심각한 상태**를 주는 공격을 받으면 대신 **큰 상태**를 받을 것입니다. 방어용 파워는 보통 일종의 보호막 형태로 나타납니다. 때로는 특정 상황에서 히어로들에게 안 좋은 일을 일으키는 특수 능력이 포함되기도 합니다. (직접 만지면 폭발하는 보호막 등)

보호막은 역장이나 강철의 구체, 몸 주위를 도는 십자가의 벽 등 악당을 위험에서 막는 모든 장비나 능력을 일컬으며, 반복적으로 공격을 받으면 파괴되어야 합니다. 보호막 같은 장애물은 보통 [횟수] 태그가 있어서 플레이에서 상태를 얼마나 흡수할 수 있는지 보여주며, 편집장이 나타내려는 능력에 따라 다시 회복할 수도 있습니다. 하지만 보호막은 오직 특정한 종류의 공격만 막거나, 어딘가 약점이 있습니다. 편집장은 원하는 대로 보호막을 강하게, 또는 약하게 만들 수 있습니다. 보호막을 등장시킬 때는 횟수 제한이 있다는 것을 잊지 마세요.

예시

예를 들어, 뉴캐슬의 42호 장비는 몸 주변에 계속 역장을 생성합니다. 42호 장비는 상태 하나를 흡수하면 작동을 멈추는 [1] 태그가 있으며, 충분한 시간이 지나면 충전이 되어 역장을 재생합니다.

종합하자면

참고사항

악당이 가진 파워는 PC들이 악당을 이길 방법을 제한하고, 효과적으로 싸울 수 없도록 방해합니다. 불을 쏘는 능력을 갖춘 히어로는 불에 영향을 받지 않는 적과 싸울 때 신중하게 싸울 수밖에 없습니다. 즉, 파워는 악당에게 어떤 방법이 통하고 어떤 방법이 통하지 않는지, 악당을 어떻게 이겨야 할지 편집장이 플레이어들에게 알려주는 수단입니다.

이점 역시 파워와 마찬가지로 PC들의 전투를 좀 더 어렵게 만들고 창의성을 짜낼 수밖에 없도록 밀어붙이는 수단입니다. 하지만 파워와는 달리 이점은 빼앗길 수도 있고 영구적이지도 않은 만큼, 편집장이 플라스마 대포나 도시 한 구역을 얼리는 얼음 광선처럼 강력한 장비를 이점으로 등장시켜도 좋습니다. 이점은 또한 악당이 상황을 뒤집는 비장의 한 수나 마지막 수단으로 사용할 수도 있습니다. 편집장은 중력 수류탄, 사용자의 생명력을 짜내서 엄청난 피해를 주는 총, 급히 도망갈 수 있는 제트팩이나 로켓 신발 등을 사용해 싸움에 새로운 활기를 불어넣거나 하찮은 졸개 한두 무리를 좀 더 강력하게 만들 수 있습니다.

매력적인 마스터마인드와 악당 만들기

편집장은 몇 가지 방법을 사용해 마스터마인드나 주요한 적을 만들고 음모의 세부사항을 채울 수 있습니다. 주요한 적은 음모에 이용당하고 조종을 받는 하수인보다는 훨씬 더 자세하게 만들어야 합니다. 적이란 히어로의 앞을 가로막는 NPC와 장애물을 일컫습니다. 하지만 히어로들은 적과 마주쳐야만 어떤 음모가 도사리고 있는지, 누가 마스터마인드인지 알아차릴 수 있습니다. 악당을 얼마나 자세하게 만들지는 편집장이 선택할 사항이지만, 시간을 들여 좀 더 생각할수록 악당의 성격과 동기를 더욱 깊고 풍부하게 발전시켜 길이길이 기억에 남을 적으로 만들 수 있습니다.

플레이어들과 히어로들에게 깊은 인상을 심는 이야기를 만들려면, 히어로들의 목표와 정체성에 부딪히는 음모를 준비하는 편이 좋습니다. 즉, 모든 위험요소와 적들은 히어로들의 길을 직접 가로막는 걸림돌이 되어야 한다는 의미입니다. 이들은 배후에 있는 마스터마인드의 조종 아래 히어로들과 반대되는 계획을 세우고 세상을 뒤집으려 시도합니다. 서로 반대되는 가치를 가진 적들과 히어로는 결국 부딪힐 수밖에 없으며, 결국 마스터마인드가 부하들과 협력자들을 이끌고 무언가 음모를 꾸민다는 첫 번째 증거가 표면에 드러날 것입니다.

이런 방향에서 볼 때, 가장 좋은 음모는 단순히 마스터마인드의 목표를 진전시킬 뿐만 아니라 히어로들의 목표와 욕구를 방해하여 히어로들이 어쩔 수 없이 변화하거나 자신들을 돌이켜보게 해야 합니다. 지나치게 고민할 필요는 없습니다. 그저 히어로들을 방해하기 위해 장애물을 던지세요. 히어로들은 장애물에 부딪히면 극복하거나, 무언가 변화를 겪거나, 장애물에 부딪혀 갈등에 빠집니다. 장애물로 히어로의 참된 면모를 최대한 드러나게 하세요. 역경을 극복하는 과정에서 히어로의 강점과 취약점을 조명하고, 정신적으로나 육체적으로나 새로운 경험을 맛보게 하세요. 장애물은 더욱 큰 음모의 각 단계를 이루는 요소가 되어야 하며, 현재 상황과 어울려야 합니다. 극복하기 어려운 장애물일수록, 더욱 치열한 전투일수록 플레이어들은 자신의 PC 가 진정 어떤 히어로인지 직면할 수밖에 없습니다.

음모의 초반부에는 히어로들에게 주요 적이 누구이며, 얼마나 강력한지 어렴풋한 단서만 주는 것이 좋습니다. 강력하고, 잔인하며, 목표를 달성하기 위해 수단과 방법을 가리지 않는 적일수록 빨리 암시를 하세요. 히어로들이 초반에 겪을 가벼운 대결을 통해, 또는 편집장 액션을 쓸 기회가 왔을 때 화면 바깥의 모습을 보여주는 식으로 적의 모습을 드러내기 시작하세요.

사악한 악당이나 마스터마인드, 숙적을 만들 때는 이들의 행동과 반응을 통해 얼마나 사악한지 보여주세요. 우선, 악의 본질을 드러내는 것부터 시작하세요. 악은 희생자를 낳고, 고통을 늘리고, 사람들을 무력하게 만듭니다. 악은 누군가를 억압하고, 해치고, 속이고, 고통 주는 행동에서 나옵니다. 악은 희생자들의 육신과 정신을 해치며, 상처와 후유증을 남깁니다. 악은 누군가를 해칠 의도입니다. 따라서 악당은 어느 정도 인간성과 선한 마음이 부족합니다.

사악한 악당은 사람들에게 공포를 퍼뜨리고, 감정을 조종하거나 속이며, 고통을 주기 위해 힘을 사용하려 합니다. 이들은 세상을 자신의 입맛대로 고치기 위해 분란을 일으키기를 원합니다. 그러면서도 누군가를 탓하며, 진실을 왜곡하고 거짓을 퍼뜨립니다. 악당은 약자들을 등쳐 먹고 지배합니다. 그리고 다른 사람들의 기쁨이나 용기를 앗아 가고 두려움을 심기 위해서, 어쩌면 이런 행동을 즐기기 때문에 무언가를 파괴할 힘이나 다른 수단을 원합니다. 악은 선을 미워하며, 항상 지배하기를 원합니다. 따라서 악당이 모습을 드러내거나 본성을 나타내면 공포와 불안이 조성되어야 합니다.

악당과 히어로 사이에 무언가 닮은 점이나 연결고리가 있다면 악당을 더욱 생생하고 무섭게 만들 수 있습니다. 악당은 어쩌면 히어로 중 한 명과 개인적인 인연이 있을 수도 있고, 가족이나 강력한 지도자, 이웃, 여론 주도자처럼 히어로가 주변에서 가깝게 접할 수 있는 사람일지도 모릅니다.

매력적인 악당은 때로 공감이 갈 수도 있습니다. 하지만 이들은 언제나 부도덕한 목표를 가졌으며, 인생의 어느 순간부터 자신의 선택으로 계속 나쁜 짓을 저질렀습니다. 또한, 보통 성장 과정에서 어린 시절이나 청소년기, 혹은 다른 때에 악당의 길로 빠지게 된 결정적인 사건이나 상처를 겪었습니다.

악당은 보통 자신을 악하다고 생각하지 않습니다. 대신 이들은 약육강식이나 정글의 법칙, 특정 집단의 사람들에게만 적용할 수 있는 엇나간 명예나 권리, 정의 등 온갖 종류의 변명을 내세우며 자신이 저지른 범죄를 정당화합니다. 악당은 흔히 다른 사람의 인권을 무시하고, 목표를 위해 필요하면 희생양을 만들거나 다른 사람들을 제물로 바친 다음 변명할 수단을 찾습니다. 심지어 악당은 때로 친절이나 관용을 베풀어서 이들이 진짜 악당이 맞는지 보는 이들을 고민하게 합니다. 악당은 머리싸움의 달인이며, 언제나 다른 사람들을 조종하려 듭니다.

악당, 특히 마스터마인드는 드러내고 싶지 않은 비밀이 있습니다. 이들은 대결을 마다치 않으며, 뛰어난 지능을 갖췄습니다. 또한 능력이 뛰어나며, 논리적이고 효율적입니다. 그리고 사람을 끄는 매력이 있으며, 그 속을 짐작할 수 없습니다. 무엇보다도 악당은 히어로들을 말살할 능력을 갖췄으며, 음모가 진행되는 중 어느 시점이 되면 히어로들을 정말로 제거하기 위해 직접 모습을 드러냅니다. 악당은 결과를 최대한으로 얻기 위해 가장 끔찍한 악행을 저지릅니다. 이들은 극단적인 위험을 기꺼이 감수하고, 어떻게 공격 계획을 짜고 실행할지, 어떻게 흔적을 숨길지 집착합니다.

　　매력적인 악당은 인상적인 외모와 독특한 생각 및 말버릇을 갖추고, 현실적인 행동 양식과 복잡한 동기를 지녀야 합니다. 또한, 자신만의 독자적인 철학과 종교, 인생관, 경험을 갖췄을지도 모릅니다. 그리고 이들은 반드시 히어로들과 부딪힐 수밖에 없는 목표가 있어야 합니다. 매력적인 악당은 논리적이면서, 자신의 가치와 생각 덕분에 지금까지 득을 봤어야 합니다. 그래야 편집장은 이들이 장면 안팎 어디에 있든 무엇을 생각하는지 말과 행동으로 플레이어들에게 보여줄 수 있습니다. 악당은 어디에 거주하나요? 소굴은 어떻게 생겼나요? 그저 히어로를 쓰러뜨릴 힘 외에 어떤 독특하고 특별한 능력을 발휘할 수 있나요?

　　악당은 깊이 있고 특색을 갖춘 캐릭터여야 합니다. 악당의 배경과 특징, 버릇을 만들기 위해 우선 실제 생활 속에서 못마땅한 사람의 특징과 버릇을 적으세요. 그다음은 실제 생활 속에서 무서운 사람의 특징과 버릇을 적으세요. 마지막으로 잘 알지는 못하지만 무서운 유명인이나 가공의 캐릭터, 예를 들어 국가 지도자나 정치인, 살인범, 사이코패스 등의 특징과 버릇을 적으세요. 이제 각 목록에서 한두 가지씩 고른 다음, 이 캐릭터가 비교적 평범한 일반인에서 어떻게 무섭고 강력한 악당이 되었는지 그 과정을 만드세요. 언제부터 일탈을 시작했나요? 무슨 일을 겪었고, 어떤 후유증이 남았나요? 어떤 선택을 했나요? 가난한 집에서 태어났나요? 청소년 시절부터 조직범죄에 가담했나요? 아니면 비교적 최근에 큰 후유증을 얻어 정체성에 위기가 왔나요?

　　이제 악당이 아랫사람과 부하, 졸개들을 어떻게 다루는지 상상하세요. 충성을 어떻게 유지하나요? 돈으로? 카리스마로? 부하들은 악당의 환심을 사려고 하나요? 그저 돈과 권력을 좇나요? 때로 악당은 존경받는 사람이나 권력자의 위치에 서서 인간의 훌륭한 면과 추악한 면을 대변합니다. 편집장은 이 악당을 보고 "와, 그 정성과 노력을 좋은 일에 쏟았으면 얼마나 훌륭한 업적을 쌓았을까!" 라는 생각이 들어야 합니다.

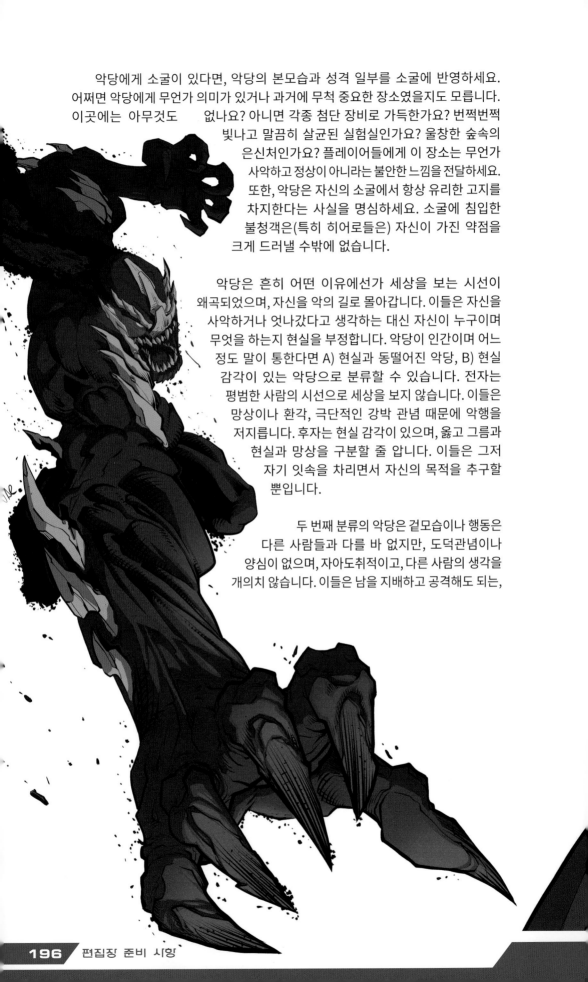

악당에게 소굴이 있다면, 악당의 본모습과 성격 일부를 소굴에 반영하세요. 어쩌면 악당에게 무언가 의미가 있거나 과거에 무척 중요한 장소였을지도 모릅니다. 이곳에는 아무것도 없나요? 아니면 각종 첨단 장비로 가득한가요? 번쩍번쩍 빛나고 말끔히 살균된 실험실인가요? 울창한 숲속의 은신처인가요? 플레이어들에게 이 장소는 무언가 사악하고 정상이 아니라는 불안한 느낌을 전달하세요. 또한, 악당은 자신의 소굴에서 항상 유리한 고지를 차지한다는 사실을 명심하세요. 소굴에 침입한 불청객은(특히 히어로들은) 자신이 가진 약점을 크게 드러낼 수밖에 없습니다.

악당은 흔히 어떤 이유에선가 세상을 보는 시선이 왜곡되었으며, 자신을 악의 길로 몰아갑니다. 이들은 자신을 사악하거나 엇나갔다고 생각하는 대신 자신이 누구이며 무엇을 하는지 현실을 부정합니다. 악당이 인간이며 어느 정도 말이 통한다면 A) 현실과 동떨어진 악당, B) 현실 감각이 있는 악당으로 분류할 수 있습니다. 전자는 평범한 사람의 시선으로 세상을 보지 않습니다. 이들은 망상이나 환각, 극단적인 강박 관념 때문에 악행을 저지릅니다. 후자는 현실 감각이 있으며, 옳고 그름과 현실과 망상을 구분할 줄 압니다. 이들은 그저 자기 잇속을 차리면서 자신의 목적을 추구할 뿐입니다.

두 번째 분류의 악당은 겉모습이나 행동은 다른 사람들과 다를 바 없지만, 도덕관념이나 양심이 없으며, 자아도취적이고, 다른 사람의 생각을 개의치 않습니다. 이들은 남을 지배하고 공격해도 되는,

심지어 그런 행동이 권장되는 환경을 찾아가거나 직접 조성합니다. 이러한 악당은 부정직하고, 자존심이 높으며, 남을 착취합니다. 또한, 악당은 위험한 상황을 즐기면서 기꺼이 위험을 떠안습니다. 이들은 누군가를 지배하고 이기려는 욕구 때문에 평범한 일꾼이 될 수 없습니다. 이들은 탐욕스럽고 방탕하지만 자신의 생활방식을 완벽히 감출 수 있는 위장과 연기의 대가입니다. 이들은 자신이 남들보다 우월하고 법 위에 사는 존재라고 믿지만, 누군가를 질투하기 시작하면 상대를 망치고, 파괴하고, 평판을 더럽히려 듭니다.

어느 분류이든, 어딘가 공감이 가고 이해할 수 있는 악당을 만들려면 지나치게 과장되거나 끔찍한 배경 이야기는 피하세요. 최소한 어느 정도는 스스로 악당이 되기로 선택했을 때 매력적입니다. 악당이 히어로와 힘겹게 싸우도록 만드세요. 너무 쉬워도, 너무 어려워도 안 됩니다. 약점을 드러내고, 괴로워하거나 당황하는 모습도 보여주세요. 결국 잘못된 길을 고르더라도, 히어로들이 악당에게 선택의 여지를 줄 수 있게 하세요.만약 현실감각이 없는 악당을 내보낸다면 이들도 친절을 베풀고 공감도 할 수 있는 존재임을 명심하세요. 그저 심각한 정신 질환 때문에 다른 사람들처럼 세상을 보지 못할 뿐입니다.

악당이 아예 인간이 아닌 괴물이나 외계인이라면, 무언가 특이하고 인상 깊은 육체적 특징을 주세요. 예를 들어 눈의 개수는 몇 개인가요? 어떤 체취를 풍기나요? 또한 사고 능력이나 이성, 논리가 있는지, 감정을 표현하는지, 그리고 무엇보다도 목적을 달성하기 위해 수단과 방법을 어디까지 동원할지 스스로 물어보세요. 독특한 악당으로 만들기 위해 생물학적인 특징과 역사, 기원 등을 곰곰이 생각하세요.

FAQ

파워 목록에서 잠재능력 수준은 왜 있나요?
왜 불사르기로만 사용 가능한가요?

우선 **잠재능력**은 히어로가 가진 파워 목록의 능력 수준을 명확하게 규정합니다(**잠재능력** 수준은 히어로의 최대 한계입니다. 이론적으로 히어로가 발휘할 수 있는 능력의 한계는 얼마나 되나요?).

　　잠재능력은 <엑스맨>의 진 그레이가 가진 피닉스 포스처럼 극한 상황이 되어야 발동할 수 있는 이론적인 한계, 또는 억눌린 힘입니다(물론 항상 강력하거나 파괴적인 필요는 없습니다). 플레이어들에게 다음 질문을 하세요: 히어로는 파워 목록에 있는 각 능력을 어떻게 터득했으며(파워 목록에 있는 능력은 모두 PC가 이전에 한 번은 사용한 능력입니다), **잠재능력**을 발휘했을 때 어떤 일을 겪었나요? 편집장과 플레이어는 이 질문에 대답하면서 파워의 각 수준을 구분 지을 수 있을 뿐만 아니라, 근사한 회상 장면도 만들 수 있습니다.

　　편집장은 답변을 활용해 히어로가 가능성을 최대한 발휘하려면 무엇이 필요한지 궁리하고 이야기에 반영하세요. 즉, **잠재능력** 단계는 히어로의 배경을 얻기 위한 좋은 수단이며, 이야기에 적극적으로 도입하면 <엑스맨: 다크 피닉스 사가>처럼 멋진 스토리 아크를 만들 수도 있습니다.

불사르기는 반드시 잠재능력 수준으로만 발휘하는 건가요?

아닙니다. **불사르기**는 어느 수준의 능력이든(불가능 수준이 아닌 한), 파워 목록에 있든 없든 자유롭게 사용할 수 있습니다. 다만 **불사르기**는 절망적인 상황에서 모든 힘을 끌어내어 사람들을 지키려는 마지막 시도입니다. 이 때문에 **불사르기**는 보통 **잠재능력**을 발휘하는 경우가 많습니다.

만일 **불사르기**로 새로운 능력을 얻었고, 수준이 **한계선** 이하라면 해당 능력은 이후 일상적으로 사용할 수 있습니다. 하지만 새로운 **잠재능력**을 얻었다면 다시 **불사르기**를 사용하지 않는 한 사용할 수 없습니다.

파워 목록의 각 수준(간단함/힘듦/한계선)은 어떤 차이가 있나요?

파워 목록의 수준 차이는 판정에 직접 영향을 주지는 않지만, 히어로가 이야기 속에서 능력을 사용하기 위해 무엇을 준비해야 하는지, 어떤 대가를 치러야 하는지를 보여주는 난이도입니다. 다음을 항상 명심하세요.

히어로가 무엇을 할 수 있는지 핵심 파워로 결정한 다음, "이야기 속에서 이 능력을 발휘하려면 얼마나 어려운가?"에 관한 답을 파워 목록으로 정하세요. (p.86)

눈앞에 닥친 위험이 없다면 히어로는 수준에 관계없이 원하는 능력을 자유롭게 사용할 수 있습니다. 하지만 편집장은 이야기 속 상황에 따라 히어로가 어려운 수준의 능력을 사용할 때 각종 난관을 던질 수 있습니다. 예를 들어…

시간: 어려운 수준의 능력은 사용하기 위해 시간이 많이 들 수도 있습니다. 히어로는 위급한 상황에서 늦지 않게 능력을 사용할 수 있나요? 혹시 발동 시간을 단축시킬 수 있나요? 줄이려면 어떤 위험을 무릅써야 하나요?

에너지: 어려운 수준의 능력은 많은 양의 에너지(연료, 정신력, 생명력, 기력 등)가 필요할 수도 있습니다. 현재 히어로의 상태는 어떤가요? 원하는 능력을 쓸 만한 여력이 남았나요? "동력이 바닥남" 상태를 가진 전투복으로 괴력을 발휘하거나 레이저 광선을 쏠 수 있을까요? "두통" 상태에 시달리는 정신능력자는 **간단함** 수준의 능력까지는 사용할 수 있어도 **힘듦**이나 **한계선** 수준의 능력을 사용하기는 어려울 것입니다.

위험 부담: 어려운 수준의 능력은 이야기 속에서 좀 더 사용하기 위험할 수도 있습니다. 히어로가 **한계선** 능력으로 "미사일을 일제히 발사해서 적들을 모두 휩쓸어 버림"을 가졌다면, 능력을 사용하기 위해 어떤 조건이 필요한가요? 혹시 미사일을 쏘기 위해 우선 적 앞에 몸을 드러내야 하지 않나요? 판정에 실패할 때 어려운 수준일수록 더욱 심한 상태를 받을 수도 있습니다.

부작용: 어려운 수준의 능력일수록 능력의 부작용 또한 심해질 수 있습니다. 불꽃을 사용하는 능력자가 간단한 수준의 능력을 사용했을 때 실패하면 바닥을 살짝 그을리는 데 그치는 한편, 어려운 수준의 능력을 잘못 사용하면 주변 일대를 불바다로 만들지도 모릅니다!

능력의 수준 차이를 항상 강조할 필요는 없습니다. 다만 필요한 순간에는 해당 능력을 쓰는 것이 얼마나 어렵고, 위험하며, 영웅적인 일인지 드러내세요.

히어로의 제한을 쉽게 정할 방법이 있을까요?

제한을 어떻게 정할지 잘 모르겠다면, 다음 요소를 고려해보세요.

- 신체 변화: 파워 때문에 신체가 어떻게 변했나요? 어떤 불편을 겪나요? 몸이 불꽃이나 공기로 이루어진 히어로는 다른 사람들과 제대로 접촉하지 못하며, 인간과 모습이 다른 외계인 히어로는 쉽게 두려움을 살 것입니다.
- 편견: 해당 파워를 가졌다는 이유만으로 사람들에게 적개심을 사지 않나요? "정상인"과 다른 탓에 탄압을 받나요? 초인이 비교적 흔한 세계라도 어둠이나 죽음의 힘을 사용하는 히어로는 의심의 눈을 살 수도 있습니다.
- 제어력 부족: 보름달이 되면 강제로 늑대로 변신하나요? 분노하면 걷잡을 수 없이 힘이 세지나요? 자신의 힘을 제대로 통제하지 못하는 히어로는 항상 주변에 해를 입힐까 봐 두려워합니다.
- 가치관: 파워를 습득하는 동안 형성한 가치관이나 명예원칙, 맹세 때문에 주변 사람들과 충돌을 빚지 않나요?
- 정신적 문제: 파워의 부작용으로 공포증이나 강박관념 같은 정신적 문제를 얻지 않았나요? 불의 힘을 사용하는 히어로는 쉽게 흥분할 수도 있고, 어둠의 파워를 사용하는 히어로는 빛을 싫어할지도 모릅니다.
- 파워 상실: 특정한 조건 아래에서 유독 파워가 약해지거나, 아예 파워를 못쓰나요? 히어로에게 약점이 있다는 것을 아는 사람들은 혹시 캐릭터를 더욱 "인간적"으로 보지 않나요?

히어로의 제한을 왜 선택하나요? 이야기 속에서 단점만 줄 뿐 아니라, 제한을 제거할 때는 인연 한계를 낮춰야 하잖아요?

편집장은 히어로가 어떤 제한을 가졌는지 살펴본 다음, 그 히어로를 어떻게 위험에 빠뜨릴 수 있는지 아이디어를 얻을 수 있습니다. 예를 들어 플레이어가 슈퍼맨이나 토르, 헐크 같은 강력한 히어로를 플레이한다면, 이런 히어로들이 위험에 빠질 상황을 만들기 어려울 것입니다. 따라서 편집장은 플레이를 재미있고 흥미진진하게 만들기 위해 플레이어들과 서로 머리를 맞대고 논의할 필요가 있습니다. 보통 히어로들의 제한을 등장시켜서 말이지요.

월드 인 페릴은 플레이어들이 모두 협력해서 함께 이야기를 만드는 게임입니다. 일부 플레이어들은 아무 이점도 없이 제한을 선택하는 것에 거부감이 들 수도 있습니다. 하지만 재미있는 이야기를 만드는 데 한몫하고 싶다면, 즉, 제한을 통해 흥미진진한 도전과 위험요소를 만들 수 있다면 당연히 히어로 자신에게 제한 사항을 부여할 것입니다.

제한을 좀 더 강조하고 싶다면 커뮤니티 팬 중 한 분이 제시한 하우스룰을 사용해 보세요 : 히어로 만들기 단계에서 모든 히어로는 아무 제한도 없으며, '사람들 대부분이 노골적으로 외면함' 단계로 시작합니다(p.89). 제한을 하나 선택할 때마다 어울리는 단계를 한 단계씩 높이세요. 즉, 약점을 두 개 가진 히어로는 '자주 어려움을 겪음' 단계가 되어 추가 인연 점수는 5점, 파워 목록에는 간단함 단계 능력 1개, 힘듦 단계 능력 1개를 얻습니다.

제한을 없애기 위해 성장 점수를 쓰고 인연 한계를 낮춰야 하는 이유는 순전히 그렇게 해야 이야기에 어울리기 때문입니다. 예를 들어 슈퍼맨이 매일 밤 크립토나이트에 스스로를 노출시켜서 저항력을 기른다고 상상해 보세요. 이를 위해서는 시간과 노력이 들 뿐만 아니라, 편집장이 히어로를 이야기 속에서 위험에 빠뜨리기도 어려워지기 때문에 히어로는 결국 강력해집니다. 같은 이유로, 히어로가 강력해질수록 주변 사람들과 멀어질 수밖에 없습니다. 사람들은 강한 파워를 가진 히어로를 두려워하며, 강한 히어로 또한 주변 사람들과 깊은 관계를 맺기 어렵습니다. 따라서, 제한을 없애고 강력해질수록 인연 한계 역시 이를 반영해서 낮아집니다.

<뉴 어벤저스>에 등장하는 히페리온을 묘사한 대사를 인용하겠습니다. "이 생물들은 공기와, 대지와, 먹을 것을 필요로 해. 하지만 넌 그런 것에 의존하지 않아. 그건 네가 받은 축복이지. 하지만 그렇다면 넌 이 세계에서 무슨 역할을 하지? 저들과 같이 함께할 이유가 있나? 아무것도 필요 없는 존재가 무엇을 꿈꾸겠는가?"

악당의 상태와 상태 한계는 플레이에 어떻게 적용하나요?

악당은 상태를 받으면 다치거나 방해를 받으며, 상태 한계가 바닥나면 더는 행동할 수 없습니다. 하지만 상태 한계는 생명점보다는 악당이 불필요할 때 허무하게 쓰러지지 않도록 막거나 언제든지 다시 활동할 수 있도록 돕는 '플롯 아머'에 가깝습니다. 상태 한계가 바닥난 악당이 어떤 모습일지는 이야기 속 상황과 편집장의 생각에 따라 다릅니다. 악당은 그저 기절한 것일 수도 있고, 죽거나 항복한 것일 수도 있으며, 협상을 시도하거나 점액질로 녹아버린 것일 수도 있습니다. 상태 한계가 바닥난 악당을 어떻게 처리할지는 플레이어들이 결정하며, 편집장은 아무 권한도 발휘할 수 없습니다.

이야기에 어울린다면 상태 한계와 관계없이 악당을 이길 수 있다는 사실을 명심하세요. 하지만 상태 한계가 바닥나지 않은 채 패배한 악당은 바닥난 적과는 다르게 언제든 기회가 왔을 때 편집장 액션으로 재등장할 수 있습니다.

모든 상태는 경미하든, 크든, 심각하든 수준과 관계없이 상계 한계를 1점씩 낮춥니다. 단지 수준마다 얼마나 쉽게 회복할 수 있는지 차이가 날 뿐입니다. 히어로와 마찬가지로 악당 역시 경미한 상태는 큰 상태보다 회복하기 쉽습니다. 심각한 상태는 악당이 유별나게 강하지 않은 한 영구적인 피해입니다.

상태는 이야기 속에서 일어난 일을 나타냅니다. 따라서 플레이어는 우선 히어로가 어떤 행동을 했는지 선언을 한 다음에야 상태를 줄 수 있습니다. 적에게 준 상태의 정도는 판정 결과와 히어로의 행동에 따라 결정되며, 상태의 묘사 역시 히어로가 무엇을 하려고 했는지에 따라 자연스럽게 결정됩니다. 예를 들어 PC가 악당의 얼굴을 주먹으로 쳤다면, 악당은 "턱뼈가 부러지다" 또는 "휘청거리다"라는 상태를 얻을 것이며, 정신 공격을 했다면 "편두통" 같은 상태를 얻을 것입니다.

편집장은 악당이 현재 얻은 상태를 보고 언제 상태 한계가 0이 될지, 현재 얼마큼 위험한지 알 수 있습니다. 또한, 상태는 이야기에 따라 모습이 결정된 만큼, 악당이 어떻게 상태를 받았는지, 상태를 가진 채로 무엇을 할 수 있는지, 이야기 속에서 어떤 모습으로 보일지, 상태를 제거하려면 어떻게 해야 하는지 역시 알 수 있습니다.

악당의 상태 한계가 너무 길지 않나요? 예를 들어 플레이어가 4명이면 마스터마인드의 상태 한계는 12인데, 전투가 너무 지루해져요! 열두 가지 상태를 일일이 주기도 어려워요!

플레이어들이 악당에게 다양한 상태를 주어 최대한 이점을 얻도록 하세요. 악당이 "눈 멂" 상태를 얻었다면, 등 뒤로 몰래 돌아가 기습할 수 있을 것입니다. 다리를 다친 악당은 빨리 뛰지 못할 것이며, 페인트에 뒤덮인 악당은 투명 능력을 사용할 수 없을 것입니다. 플레이어들이 명확하게 어떤 상태를 줄지 정하지 않은 채 그저 "때려요." 같은 선언을 반복한다면, 그냥 같은 상태를 x2, x3처럼 반복해서 붙여도 좋습니다. 다만 저는 이런 상황을 플레이어들이 전투에 지루함을 느끼기 시작했다는 신호로 받아들입니다.

저는 히어로들이 상태 한계가 높은 악당과 싸울 때, 상태를 줘서 없앨 수 있는 갖가지 이점이나 장비, 파워(투명화나 초인적 속도)을 악당에게 줍니다. 상태는 꼭 물리적인 피해일 필요도 없습니다(분노, 당황, 자괴감 등). 부하나 이점을 제거해서 악당 자신에게 상태를 줄 수도 있습니다(부하들을 쓰러뜨려서 겁먹게 하거나, 광선총을 빼앗아서 전투 의지를 빼앗거나). **제압하기 외**의 다른 방법으로 상태를 주는 방법도 있습니다. 예를 들어 환경을 이용한 작전은 언제나 유용합니다(머리 위로 건물을 무너뜨리거나, 불 속에 가두거나).

전투가 길어지거나 플레이어들이 효과적으로 싸우는 방법을 터득하지 못했다면, 적이 이야기에 차지하는 비중에 따라 전투를 일찍 끝내거나 분위기에 변화를 주는 것도 좋습니다. 편집장은 적을 일찍 패배시킬 수도 있고, 히어로들에게 붙잡게 할 수도 있으며(하지만 상태 한계가 바닥나지 않는 한 안심할 수 없습니다), 플레이어들의 이목을 특정한 요소에 주목시켜서 적을 어떻게 쓰러뜨려야 할지 암시를 줄 수도 있습니다. 혹은 편집장 액션을 사용해(예를 들어 새로운 파벌이나 새로운 종류의 적을 등장시키기 같은) 무언가 새로운 문제를 발생시켜도 좋습니다.

무엇보다, 앞에서 말했듯 적을 이기기 위해 반드시 상태 한계를 바닥낼 필요가 없다는 사실을 명심하세요. PC들이 효과적으로 적을 제압할 방법을 찾았다면 적의 상태 한계를 무시하는 것이 이야기에 더욱 잘 어울릴 수도 있습니다. 편집장은 a) 지금까지 플레이한 이야기와 모순 없이 잘 어울리는지, b) 모두가 재미있어하는지 판단한 다음 결정하세요.

상태 한계를 좀 더 생명점처럼 쓸 수 있는 변용규칙도 있습니다. 경미한 상태는 상태 한계 1점을, 큰 상태는 2점을, 심각한 상태는 3점을 줄이는 방식으로 해 보세요. 이 방법을 쓰면 전투를 훨씬 빨리 끝낼 수 있습니다.

편집장으로서 이런 파워는 어떻게 다뤄야 하나요?

일격에 적을 제압하는 능력 / 정신을 조종하는 능력

적을 일격에 제압하는 능력은 히어로가 어떤 파워를 지녔는지, 어떤 상태를 주는지에 따라 정해집니다.

우선, 상태의 정도에 따라서 상대를 얼마나 지배할 수 있는지 정하세요. **심각한 상태**를 주었다면 상대를 완전히 제압할 수 있을 것이고, **경미한 상태**라면 작은 훼방을 놓을 정도일 것입니다. 또한, 상대를 제압하는 능력이 어느 수준인지도 보세요. **간단함**인가요? **힘듦**인가요? 아니면 **한계선**인가요?

정신을 조종해서 적을 제압한다고 크게 다를 바는 없습니다. 상태의 정도는 얼마나 되나요? 얼마나 강력한 능력인가요? 모든 지성체는 어느 정도 의지력을 가졌다는 것도 명심하세요. 누군가 정신 조종을 하려 들면 당연히 저항할 것입니다. 예를 들어 히어로가 정신 조종으로 가벼운 상태를 주었다면, 저는 악당이 거세게 저항을 해서 점점 지배력이 약해진다고 선언할 것입니다. 계속 적을 묶어두려고 시도할 건가요? 꽤 고통스럽습니다. 위험 돌파하기를 판정하세요. 좀 더 강력한 상태를 주었다면 상태를 다른 모습으로 바꿀 수도 있습니다(저항하면서 코피가 흐르고, 움직임이 느려지는 식으로). 제가 편집장을 맡은 어느 플레이에서는 정신능력자 히어로가 정예급 악당에게 **심각한 상태**를 준 적이 있습니다. 저는 악당이 정신 공격을 떨쳐냈지만, 그 대가로 자신이 누구인지, 무엇을 하고 있었는지 기억을 모두 잃어버렸다고 정했습니다. 결국, 그 악당은 이후 히어로들을 도와 마스터마인드를 쓰러뜨리는 일에 도움을 주었습니다.

또 다른 플레이에서는 이렇게 처리하기도 했습니다. "좋습니다. 악당은 당신의 정신세계로 끌려 들어가서 몸을 전혀 움직이지 못하네요. 어떤 모습인가요?" 그다음 저는 악당이 정신능력자 히어로와 정신세계에서 싸움을 계속하는 동안, 다른 동료들은 악당을 마음껏 공격할 수 있다고 선언했습니다. 단, 정신능력자 히어로가 피해를 받아 집중이 풀리기 전까지 말이지요. 이때 역시 멋진 장면이 나왔습니다.

처음 전투에서는 상대를 제압하고 완벽하게 승리를 거두었다고 해도 좋습니다. 하지만 마스터마인드는 곧 히어로의 능력을 파악한 다음, 부하들에게 정신 능력 방해 장치를 제공해서(악당들은 항상 히어로들에게 위협적인 존재가 되어야 합니다) 이후에는 큰 피해를 주지 못하거나, 방해 장치를 제거하지 않는 한 소용이 없을 것입니다. 편집장은 언제나 플레이어들에게 알맞은 도전 거리와 적수를 제공해야 합니다.

슈퍼히어로물에서 적을 제압하는 능력은 보통 히어로에게 큰 부담이 간다는 사실도 명심하세요. 적을 묶어둔 히어로가 통제력을 잃어버리는 경우는 흔히 발생합니다. 적이 히어로의 집중력을 흩뜨리려고 시도할 수도 있고, 육체나 의지로 대결을 펼쳐서 벗어나려고 할 수도 있으며, 혹은 적 역시 정신능력자라서 역습을 시도할지도 모릅니다.

모방

모방 파워는 여러 가지 방법으로 표현할 수 있습니다. 팬들이 제안한 방법 중 마음에 드는 예시를 소개하겠습니다: 히어로는 모방한 대상이 가진 핵심 파워를 자신의 파워로 삼습니다. 핵심 파워를 모방한 상태에서 무언가 파워 목록에 없는 능력을 발휘하려면, 다른 히어로들과 마찬가지로 **무리하기**를 사용해야 합니다. **무리하기**로 얻은 새 능력은 파워 목록에 적어 두었다가, 이후 히어로가 다시 그 파워를 모방했을 때 익숙하게 사용할 수 있습니다.

이 경우 모방 파워의 파워 목록에는 모방 파워의 한계를 적어야 할 것입니다. 모방 파워의 한계는 지속 시간일 수도 있고(몇 초, 몇 시간, 며칠, 영구적 등등), 모방하는 데 필요한 조건일 수도 있습니다(거리, 접촉 시간 등).

시간 여행

저는 오직 초고속 능력자나 순간 이동 능력자만이 시간 여행을 할 수 있으며, 시간 이동은 언제나 **한계선**이나 **잠재능력** 수준으로 정해서 히어로가 늘 시간 여행을 하지는 못하게 막습니다.

시간 여행 파워의 가장 큰 골칫거리는 히어로의 "스포트라이트" 비중입니다. 만약 히어로가 혼자서만 시간여행을 할 수 있다면, 편집장은 이 시간과 저 시간대를 오고 가면서 이야기를 진행해야 할 것입니다.

"간단함: 30초 전/후로 이동한다." 같은 능력은 좀 더 활용하기 쉽습니다. 히어로는 마치 상대의 움직임을 읽거나 어디론가 사라졌다가 나타나는 것처럼 보일 것입니다. 초고속 능력자나 순간이동 능력자다운 능력이지요. 그리고 좀 더 높은 수준에 동료들과 함께 이동하는 능력을 집어넣는다면 재미있는 캠페인을 만들 수 있습니다. 예를 들어서 모두가 함께 시간 이동을 했을 때 판정에 실패하면 무언가 나쁜 일이 일어난다고 선언할 수도 있고, 히어로들이 현재의 시간선을 구하기 위해 과거나 미래로 시간 이동을 하는 이야기를 만들 수도 있습니다. 흥미진진할 것 같지 않나요?

재생 능력

재생 능력 역시 다른 파워와 마찬가지로 이야기 속 상황을 고려해서 묘사하세요. 재생 능력을 갖춘 히어로에게 피해를 주는 것은 어렵습니다. 일반인이라면 쓰러질 상처라도 순식간에 상처가 아물고, 어긋난 뼈가 저절로 맞춰지면서 충격에서 회복할 테니까요. 이런 히어로가 상태를 받는다면, 분명 다른 히어로라면 죽을만한 심각한 피해를 받아야 할 것입니다. 편집장은 창의력을 발휘해서 상처가 아닌 다른 방식으로 상태를 줄 수 있습니다. 히어로가 건물에 세차게 부딪힌 다음 건물이 무너져서 그 아래 깔린다면, 육체적인 피해 대신 "돌무더기에 묻히다." 라는 상태를 받았다고 묘사해도 좋습니다.

하지만 그저 재생 능력이 있다고 해서 상태를 쉽게 회복하게 놔두지는 마세요. 아무것도 안 해도 상태를 회복할 수 있는 "꼼수"로 재생 능력을 사용해서는 안 됩니다. 저는 히어로가 특정 능력 덕분에 완전히 안전할 일은 없을 것이라고 플레이어들에게 툭 터놓고 말합니다. PC가 아무 시련이나 위험을 겪지 않으면 아무런 재미도 없기 때문입니다. 다만 때때로 상태의 모습을 바꾸는 것은 좋습니다. 히어로가 전투 중에 "신장 파열"이라는 상태를 얻었다면, 시간이 지나면 "멍든 부위"정도로 바뀔 것입니다. 혹은 상태에 따라 "죄책감을 느끼다." 처럼 아예 다른 형태로 바뀔 수도 있습니다.

치료 능력

치료 능력을 갖춘 히어로를 다루기는 약간 까다롭습니다. 치료 능력만 가진 히어로는 슈퍼히어로물에서 찾기 어려우므로, 월드 인 페릴에서도 이 부분은 그다지 비중을 두지 않았습니다.

플레이 중 상태를 회복하려면 어울리기 같은 특수 액션을 사용하거나, 해당 상태를 없앨 수 있는 상황을 만들어야 합니다(예를 들어 팔에 얼음이 붙어 "얼음에 뒤덮인 팔"이라는 상태를 얻었다면, 얼음을 녹이거나 깨뜨리겠다고 선언해서 상태를 회복할 수 있습니다). 치료 능력 역시 상태를 없애는 것이 당연한 상황을 제공한다면, 핵심 파워와 파워 목록에 명시된 설명과 한계 내에서 상태를 회복할 수 있습니다.

다른 이를 치료하는 능력을 갖춘 히어로는 핵심 파워와 파워 목록에서 어떤 상처를 언제 치료할 수 있는지, 치료 난도는 얼마나 높은지를 정해야 합니다. 예를 들어 치료 능력이 핵심 파워인 히어로는 이런 식의 파워 목록을 가졌을 것입니다.

간단함 – 작은 멍이나 상처를 치료하고 출혈을 멈춥니다.

힘듦 – 환자의 병이나 상처를 내 몸으로 옮깁니다.

잠재능력 – 신경을 차단하거나 조작하여 환자가 더는 아무런 고통을 느끼지 않도록 합니다.

불가능 – 죽은 이를 살립니다.

단, 치료 능력만 가진 히어로는 플레이 중 활약할 기회가 별로 없다는 사실도 명심하세요. 다른 동료들과 악당들이 초인적인 능력으로 주변을 때려 부수는 동안, 치료사 히어로는 그저 피해 관리만 할 수밖에 없습니다. 무언가 다른 일을 하려면 창의적으로 머리를 짜내야 할 것입니다.

파워 목록에 없는 능력을 발휘하려면 무리하기를 발동해야 하는데, 파워 목록에 있는 능력을 좀 더 범위가 작거나 약하게 발휘할 때는 어떻게 하나요? 그래도 무리하기를 하나요?

마이티 맥스라는 힘센 히어로가 있다고 칩시다. 이 히어로의 핵심 파워는 "초인적인 힘과 맷집"이며, 파워 목록 중 **힘듦** 수준에 "돌벽을 부순다." 가 있습니다. 만약 마이티 맥스가 나무로 된 문을 부수고 들어간다면, 편집장은 어떻게 해야 할까요? 이 능력이 파워 목록에 있다면 **간단함** 수준일 것입니다. 그렇다면 굳이 **무리하기** 판정을 해야 할까요?

다음 두 가지 질문을 하세요.

1. 판정하면 재미있는 결과가 나오나요?

판정하면 재미있는 결과가 나올지 생각해 보세요. 큰 의미가 없다면 판정할 필요가 없습니다. 돌벽을 부술 수 있는데, 나무 문을 부수는 데 왜 판정할 필요가 있나요? 하지만 판정을 할 만큼 중요한 문제면(문을 부수고 방 안의 범인들을 제압하거나, 인질을 구출하는 등의 시도를 하려면), 특히 판정 결과가 **6-**일 때 재미있는 일이 발생할 것 같다면 판정을 해야 합니다.

2. 파워 목록에 있는 능력을 그대로 발휘하면 문제가 생기나요?

히어로가 이미 가진 능력을 그대로 발휘하면 무언가 문제가 생기나요? 예를 들어 파워 목록에 "미사일을 튕기는 강철 피부" 능력이 있다면, "총알을 막는 강철 피부"가 없더라도 총알을 막는 데는 별문제가 없을 것입니다. 하지만 "돌벽을 부수는 힘"으로 나무문을 부순다면, 지나치게 힘을 쓴 탓에 나무 파편이 튀어서 인질이 다칠 수도 있습니다. 플레이어에게 이를 알려준 다음, 힘을 제어하고 싶은지 물어보세요. 그러기를 원한다면, **무리하기**를 판정할 좋은 기회입니다. 자신이 가진 힘을 제어하는 방법을 터득하는 과정은 슈퍼히어로물의 주요한 소재입니다.

그렇다면 마이티 맥스가 **무리하기** 판정을 했을 때, 결과가 **6-면** 어떤 일이 발생할까요? 우선 **무리하기**에서 **6-**를 굴렸을 때 어떤 일이 일어나는지 보겠습니다.

"**6-면** 어떤 일이 일어났는지 편집장이 정하세요. 히어로는 시도한 능력의 수준에 따라 상태를 받을 뿐만 아니라, 편집장에게 행동 결과를 전부 맡겨야 합니다. 히어로가 성공했는지, 파워의 제어에 실패했는지, 부작용이 생겼는지, 다른 일이 일어났는지는 모두 편집장의 마음에 달렸습니다." (p.49)

마이티 맥스가 판정에서 **6-**가 나왔다고 해서 "당신은 문을 부수지 못했어요."라고 해석하는 것은 좋지 않습니다. 돌벽도 부술 수 있는 히어로니까요. 판정 결과는 항상 이야기에 어울리게 해석되어야 합니다. 마이티 맥스가 문을 부수지 못한다면 이야기에 어울리지 않을 뿐만 아니라, 원칙 "**PC들의 팬이 되세요**"에도 어긋납니다.

하지만 편집장은 **악당처럼 생각하며, 화면 밖의 일도 생각해야 합니다**. 그래서 편집장은 **6-**를 굴린 히어로에게 강한 편집장 액션을 해야 합니다.

누군가를 곤경에 빠뜨린다면 이런 식일 것입니다.

"나무문은 산산조각이 나서 활짝 열렸어요. 건물 안은 흐릿하지만, 범인이 어떤 중년 남자를 인질로 붙들고 총을 겨눈 모습이 보입니다. 인질은 겁에 질려서 벌벌 떱니다. 당신은 이 모습을 보고 **경미한 상태** "압박감"을 받습니다. 이제 어떻게 할래요?"

히어로가 가진 장비나 파워, 외모의 약점을 부각한다면 이런 식이겠지요.

"나무문은 산산조각이 나서 활짝 열렸어요. 하지만 힘을 과도하게 사용한 나머지 방 안에 있는 사람 중 일부가 산산이 튄 파편에 크게 다쳤습니다. 남은 범인들이 두려운 눈으로 맥스를 바라봅니다. 당신은 이 모습을 보고 **경미한 상태** "죄책감"을 받습니다. 이제 어떻게 할래요?"

다시 한번 강조하지만, 파워를 사용했을 때 특별히 잘못될 일이 없다면 눈앞에 닥친 위험도 없으므로 아무 액션도 발동되지 않습니다. 하지만 히어로가 파워를 잘못 사용해서 무언가 다른 위험이 생기거나 자칫 다른 사람을 위험에 빠지게 할 가능성이 있다면 편집장은 판정을 선언해야 합니다.

편집장은 판정하기 전 히어로가 어떤 위험을 무릅써야 하는지(그래서 판정에 실패하면 어떤 대가를 치러야 하는지) 분명하고 명확하게 알려주세요. 실패 결과가 심각하지도, 재미있지도 않다면 플레이어가 원하는 대로 성공하게 하세요. 트럭을 들 수 있는 히어로가 오토바이를 들 때마다 파워 목록에 그 능력이 없다고 해서 문제를 겪을 필요는 없습니다.

플레이어와 플레이어가 의견이 충돌해서 싸우는 상황은 어떻게 처리해야 하나요?

저는 PvP(플레이어 vs 플레이어) 상황을 되도록 지양하는 편이지만, 때로는 서로 대립하는 상황이 발생하게 마련입니다. PvP 상황이 발생했을 때는 최대한 짧게 끝내세요.

간단한 방법으로, 플레이어들이 PvP 상황에서 **위험 돌파하기** 액션을 쓰지 못하게 하세요. PC들이 서로 위험을 피할 수 없으므로 전투가 빨리 끝날 것입니다. 보통 둘 중 먼저 판정 결과가 잘 나온 쪽이 이기지만, **제압하기** 액션으로 **큰 상태**를 주려면 자신 또한 피해를 받아야 하므로 양쪽 모두 무사하지 못합니다.

다른 PC가 하는 일을 막으려면 보통 방해(-2 페널티를 줍니다) 액션으로 충분합니다. 물론 어떤 식으로 방해할지는 방해하는 플레이어의 마음입니다.

편집장도 PC의 인연 점수를 올리거나 낮출 수 있나요?

물론 가능합니다. 특히 사법기관이나 도시와 맺은 인연은 편집장이 적극적으로 관여할 것을 권장합니다. 하지만 저는 PC가 맺은 개인적인 인연은 편집장 액션의 결과가 아닌 이상("인연을 위협합니다.") 개입하지 않는 편입니다. 보통 플레이어들은 인연 점수를 소모하거나 **어울리기**를 통해 자신의 인연을 스스로 잘 관리하니까요. 만약 개인적인 인연을 위협한다면 이런 식일 것입니다.

(약한 액션) "만약 사우다드랑 싸운다면 오늘 샐리랑 데이트를 하지 못할 겁니다. 이번에도 데이트 약속을 어긴다면 오랫동안 화를 내겠지요. 어떻게 할래요?"

(강한 액션) "당신은 사우다드와 싸우기 위해 샐리와의 데이트를 포기했습니다. 샐리와 맺은 인연을 1점 낮추세요. 샐리는 당신 전화를 받지 않습니다."

책에 소개된 코믹스에서 퀠이 8층 높이에서 뛰어내렸을 때, 파워 목록에 없는 능력인데도 무리하기 대신 위험 돌파하기를 판정했어요. 왜인가요?

혼란을 끼쳐드려 죄송합니다! 이 부분은 소급적용한 것입니다. 마스터는 당시 퀠의 파워 목록에 능력이 하나 비어 있다고 생각해 우선 위험 돌파하기를 시킨 다음 플레이가 끝난 후 파워 목록에 "8층 높이에서 떨어지는 충격을 흡수함"을 추가하도록 요청했습니다. 퀠의 제한은 "자주 어려움을 겪음"이고, 그래서 간단함과 힘듦에 각각 한 가지 능력을 추가했습니다.

후원자 목록

사이드킥

생계요원	해삼왕러빈
셸먼	도파민
파시	오지은
믹형	서부=D4C
GloDex	이정훈
민기쁨	Ki Hyo Park
박은정	김초롱
김보영	이건호
사야	DEUS OTIOSUS
쿳	이민석
하크	ohnul
Hyeonseung Lee	뚜

Nefos	김진우
윤단비	황제욱
이종하	조현희
TOSCA	봄곰
호흡도의식하면귀찮아	安作
우엄!	파네트
아망	붉은 F
Lee Dong-Yeop	ihs0265
꾸봉이	The Kooh
고갤푸코	august21
Loki Gunyoung SO	백승우(유구무언)
습작	이동석
김현섭	시마자키파루루

슈퍼히어로

NecT	박효선
도깨비불	최원
가라간쟈	김학준/위그
김형건	루와즈
김성민	19햄
상상력자	김미이
김탄	위꼴봇
rhaTl	녹슓
o****	우영하
등층이	엔비
최가람	오천지창조
이환성	김영진
용자	qws2

임초영 초록물풀
감과나무고양이 알피지스토어
최현민 딩가
황충 김메피
madbox TIN
백광열 최민혁
안수혁 잠자는곰0104
라무와 더스크 김카란
천기덕 Vostok
ㅇㅇ 임서진
김재형 OOLONG
박민영 하창건
루스 김병욱
착한녀석(신종우) 히리리
노트북 이정민
아르카딘 17년 8월 7일 10시 25분
녹차파우더 가을(하이윈드)
아크메인 ScrapHeap
주은성 케이
에고 이의종
허소영 WizMasia
김각 아프로
초기캐릭터 먕아지
최건희 흑룡카인
신재훈 강고딩c
이코 김후일
샤론 신진우
권순모 김보라
LERI_THE_RULER 한수민

유장성	여동구
차준호	김규민
폭주몽키	유혜상
천승민	우주
김레지	최우주
한상덕	마신출
이한나	Gothmos
이루리	정일환
세균맨	2spear
Madker	샤프라
망상	율리피쉬
무주의	흑귀야차
명명 박태우	에리
늅리프	설묘
서동신	헬파이어
Gary Kim	스프롤좋아
김정혜	김명국
이기웅	사하긴
Qe	문다은
흑단현	화백
강지원	열반과 미미
ramuth	배주호
정재영	토레로르
juset****	연즈
HIROSI	아토(ATO)
실버팽	seithliw
김모조	D.Van
신호성	이화열
류세열	소년H

블루문   에이간트

Bengi   홍현기

페리   해아래글

카이 테스틴   라이언

최흉최악빌런마스터험즈님   조율자 일천

HonmaMeiko   GiganticFlag

Merchen   장냥

김민철   고창민

박지훈   신유현

Lonoa   야승이

정의선   nichtgefunden

실험체333호   myute

海仙   bbaaca1

Hyperion   홍준영(회색인간)

정재경   Suhyun Kang

디타   금승환♥김선영

안버미   LoLieL

백승훈   박수철

김태양   이준호

랑곰v   강영호

아스피스   헤카테

굿맨   파리

도요   디자인과학회장백승열

박익환   capteuan

권영준   소쩍새

Clark Kent   카마르

강동수   일시휴재

k_sion   정유진

하진하   penachoi

아낭이

ViRyu

은희민

아보크다

지승현

김냐핫

신교진

최우경

LK

고영준

염선일

키노사지

kadin

ALTar

Nein

임힘찬

박준서

송은영

참치마요마요

Zihan Cho

윤은진

정재훈

월팡

호련

미경♡서진♡종욱

조메디

시하랑

도바

김바퀴

현개

신훈희

박지선

K9CRPS

김재웅

유피안

The_체크메이트

전영균

빈페이지

루루팡

권대혁

부셈이

손재승

신홍기

일요목수

이재혁

역설

허성우

창작집단 우유용

이경수

임지현

히어로명	센티넬

기교	+1
관찰	+2
보호	+1
영향	0
무력	-1

현재 추구하는 열망
성취

과학의 한계 뛰어넘기

기원	사명
숙적	세티아

상태

경미함
무시하면 악화될 수 있습니다.

큼
상태와 관련한 행동에 -1 페널티

심각함
모든 행동에 -1 페널티 (최대 -3)

파워 목록

간단함 (+1)
- 고주파수 소리 폭발파로 적을 충격에 빠뜨림
- 총알을 무시함

힘듦
- 음속 장벽 돌파

한계선
- 표적 컴퓨터와 범위 공격 무기로 360도 반경 내 졸개 여러 명을 쓰러뜨림

잠재능력
- 강화복을 태양광선에 계속 노출해 강화복의 꺼진 핵융합로를 가동함

불가능
- 태양 중심의 온도를 견딤

인연
6+
한계

도시	
사법 기관	
처리할 인연	

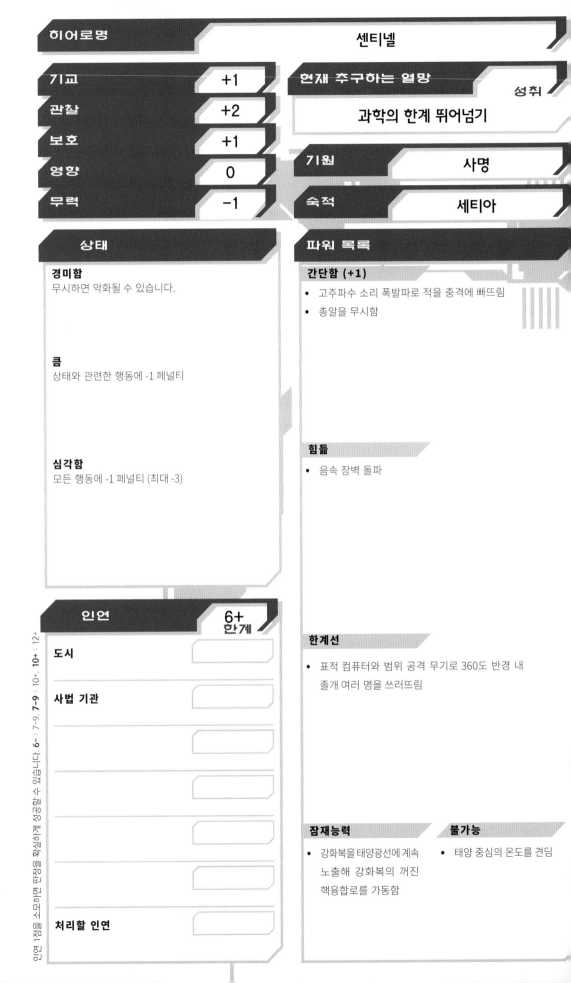

인연 1점을 소모하면 판정을 확실하게 성공할 수 있습니다. 6- :: 7-9 :: 10+ :: 12+

어로 소개

서 복무한 이후, 사람들을 구하고 정의로운 활동을 하
고 다짐하면서 옛 전우와 함께 연구 개발 회사를 꾸
니다.

소개

침공 후 막 창설된 B-팀의 일원입니다.

위

로 단련한 신체 조건, 최고의 전략가이자 기술의

한

넬은 주위 사람들을 월등히 능가하는 천재라서
로 평범한 사람들과 관계를 맺는데 어려움을
니다.

이점

각종 장비와 장치를 가득 탑재한 최첨단 강화복 (비행, 비
살상 무기, 방호능력, 감각 강화, 정보 수집 능력 부여)

심리 프로필

기원 액션

열망 액션

칸논

기교	+1
관찰	-1
보호	+2
영향	0
무력	+1

현재 추구하는 열망

성취

탐구

기원 외계 혈통

숙적 세티아

상태

경미함
무시하면 악화될 수 있습니다.

큼
상태와 관련한 행동에 -1 페널티

심각함
모든 행동에 -1 페널티 (최대 -3)

파워 목록

간단함 (+2)
- 작은 건물을 뛰어넘음
- 주먹으로 벽을 뚫음
- 차를 들어올림

힘듦 (+2)
- 사지를 몸 여기저기로 이동시킴
- 고층 건물을 뛰어넘음
- 친구가 위험에 처하거나 정신적으로 괴로울 때 알아차림

인연

3+ 한계

도시	
사법 기관	
처리할 인연	

한계선
- 몸 전체를 원래 형태와 전혀 다른 무언가로 바꿈.

잠재능력
- 중력을 사용해 시공을 조작함

불가능
- 시간을 멈춤

WORLDS IN PERIL

어로 소개

고중력 행성 출신의 외계인으로, 고향별에서 쫓겨난 후 우
견히 지구에 왔습니다.

소개

누욕 침공 후 막 창설된 B-팀의 일원입니다.

워

신체 변형, 잠재된 초능력, 초인적인 힘과 민첩성, 내구력

한

외계인인 칸논은 지구인들과 오랜 관계를 맺기 거의
불가능합니다.

이점

심리 프로필

기원 액션

열망 액션

히어로명	마나트

기교	0	**현재 추구하는 열망**		성취
관찰	-1	고취		
보호	+1			
영향	+2	**기원**	가족의 죽음	
무력	+1	**숙적**	리토스트	

상태

경미함
무시하면 악화될 수 있습니다.

큼
상태와 관련한 행동에 -1 페널티

심각함
모든 행동에 -1 페널티 (최대 -3)

파워 목록

간단함 (+1)
- 긴 거리를 뛰어넘음
- 힘이 충전된 묵직한 주먹으로 적을 때려눕힘

힘듦
- 작은 차 크기까지의 금속, 또는 자기력을 띈 물체를 끌어들임

한계선
- 도시 구역 한군데의 전기를 모두 흡수해 정전시킴

인연	6+ 한계
도시	
사법 기관	
처리할 인연	

잠재능력
- 미래를 예지함

불가능
- 도시 전체 4분의 1 이상의 전기를 몸에 축적함

어로 소개

라엘군에서 복무한 후 미국에 이민을 오던 중, 공중납치를
비행기 내에서 수수께끼의 방사능이 퍼져 탑승자 전원이
되었습니다. 탑승자 중 마나트의 가족과 테러리스트인
스트를 포함한 많은 이들이 초인이 되었습니다.

소개

욕 침공 후 막 창설된 B-팀의 일원입니다.

워

인적인 힘과 민첩성, 내구력. 전기와 자기력을 소량
들어 조종할 수 있음. 약간의 예지력을 갖춤.

한

에서 발생하는 미세전류와 자기력 때문에 때때로
람들과 관계를 맺는데 어려움을 겪습니다.

이점

축적한 전기를 증폭하고 흘릴 수 있도록 제작한 장갑,
축적한 에너지를 흘러나가지 않게 보존하고 마나트의
몸을 보호하는 특수복.

심리 프로필

기원 액션

열망 액션

히어로명	파일라

기교	+1
관찰	0
보호	+1
영향	-1
무력	+2

현재 추구하는 열망	
과거와 화해하기	성취

기원	일깨우는 부름
숙적	빅 배드 울프

상태

경미함
무시하면 악화될 수 있습니다.

큼
상태와 관련한 행동에 -1 페널티

심각함
모든 행동에 -1 페널티 (최대 -3)

파워 목록

간단함 (+1)

- 눈에 드러나지 않고 동물의 특성 한 가지를 몸에 씌움
- 동물의 유전물질을 몸에 지니는 동안 해당 동물로 변신하기

힘듦(+1)

- 인간 형태를 유지한 채로 두 동물의 특성을 한 번에 몸에 씌움
- 비축한 에너지를 소비해 몸에 씌운 특성 한 가지를 증폭시킴

한계선

- 인성을 잃거나 몸의 형태를 변화하지 않은 채 세 가지 동물의 특성을 몸에 씌움

인연 · 5+ 한계

도시

사법 기관

처리할 인연

잠재능력

- 세 가지 이상의 유전 정보를 조합시킨 후 초인 동물로 변신

불가능

- 인성을 온전히 보존한채 동물의 힘을 사용함

어로 소개

동물과 친하게 지내던 파일라는 16세가 되기 직전,
한 동물로 변신하는 능력을 터득했습니다. 그러나 동물
으로 오래 있을수록 동물의 본능 역시 증폭되었기 때문에, 파
는 자주 곤란한 상황에 빠졌습니다.

소개

욕 침공 후 막 창설된 B-팀의 일원입니다.

워

인적인 힘과 민첩성, 내구력. 접촉한 동물의 특성을
에 씌우거나 해당 동물로 변신하고, 능력을 서로 짜
추는 능력. (하늘을 날면서 동물의 강화 감각이나 특성
사용하는 등)

한

일라는 점점 동물의 본능이 강해지면서 사람들과
계를 맺는데 자주 어려움을 겪습니다.

이점

심리 프로필

기원 액션

열망 액션

히어로명		퀠

기교	+2
관찰	+1
보호	0
영향	+1
무력	-1

현재 추구하는 열망

성취

보호

기원 가족의 죽음

숙적 사우다드

상태

경미함
무시하면 악화될 수 있습니다.

큼
상태와 관련한 행동에 -1 페널티

심각함
모든 행동에 -1 페널티 (최대 -3)

파워 목록

간단함 (+1)
- 작은 양의 에너지를 흡수함
- 몸속에 흐르는 작은 양의 에너지를 충격파로 전환함

힘듦(+1)
- 한 가지 종류의 에너지를 다른 종류로 바꿈
- 8층 높이에서 떨어지는 충격을 흡수함

인연 | 5+ 한계

도시

사법 기관

처리할 인연

한계선
- 주위의 모든 에너지를 흡수함

잠재능력
- 흡수한 모든 에너지를 방출해 하나의 거대한 충격파로 발사함

불가능
- 순수한 에너지 형태로 변신

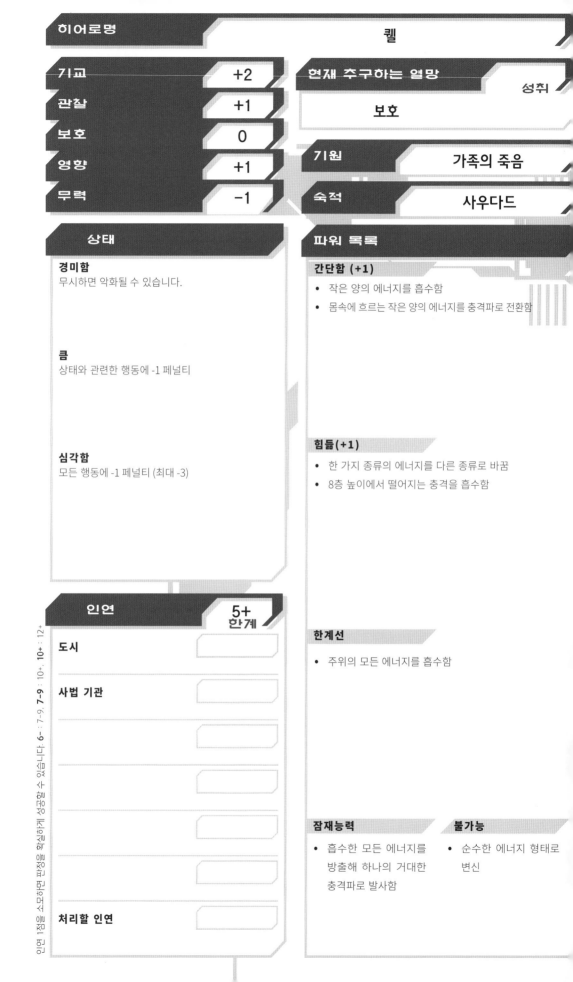

인연 1점을 소모하면 판정을 확실하게 성공할 수 있습니다: 6- : 7-9, 7-9 : 10+, 10+ : 12+

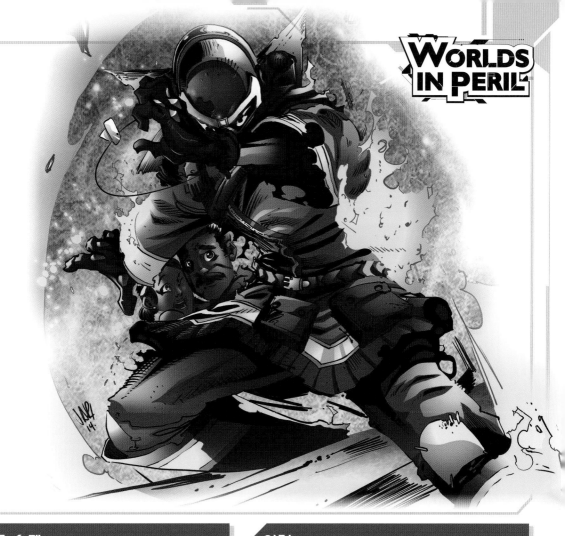

어로 소개

은 힘을 각성한 날, 화재 때문에 부모를 잃었습니다.
후 그녀는 소방관이 되어 오빠와 주위의 모든 사람을
겨주겠다고 결심했습니다. 업무가 없는 때면 퀠은 몰래
히어로 일을 하러 갑니다!

소개

족 침공 후 막 창설된 B-팀의 일원입니다.

워

력과 열을 흡수해서 더욱 많은 양의 에너지를 흡수할
록 강하고 튼튼해짐. 에너지의 형태를 조종하고, 몸 속에
적하고, 다른 곳으로 흘리는 능력도 갖춤.

한

은 자신의 능력이 폭주할까 봐 사람들과 늘 거리를
으로 관계를 맺는데 자주 어려움을 겪습니다.

이점

정체를 감추고 몸을 어느 정도 보호해주는 소방관 복장.

심리 프로필

기원 액션

열망 액션

히어로명	집

기교	+2
관찰	+2
보호	+1
영향	0
무력	−1

현재 추구하는 열망

성취

자기파괴

기원	사고
숙적	스피드 킹

상태

경미함
무시하면 악화될 수 있습니다.

큼
상태와 관련한 행동에 -1 페널티

심각함
모든 행동에 -1 페널티 (최대 -3)

파워 목록

간단함 (+1)
- 건물을 달려서 오름
- 총알 빠르기로 움직임

힘듦
- 분자구조를 건드리지 않고 물체를 통과함

한계선
- 몸을 초고주파로 진동시켜 완전히 투명하게 만듦

인연	6+ 한계
도시	
사법 기관	
처리할 인연	

잠재능력
- 과거나 미래의 사건을 봄

불가능
- 빛의 속도보다 빠르게 달림

인연 1점을 소모하면 판정을 확실하게 성공할 수 있습니다. 6− : − 7−9, 7−9 : 10+, 10+ : 12+

어로 소개

은 형에게 회사를 빼앗긴 후 연구원이 되어 전 세계를
돌아다니던 중, 초월적인 종교체험을 겪고 여러 면에서
화했습니다.

소개

욱 침공 후 막 창설된 B-팀의 일원입니다.

워

적으로 빛의 속도만큼 움직일 수 있는 속도. 집은
의 힘을 바탕으로 물리 법칙을 깨뜨리고 육체를 완벽
제어합니다.

한

지나친 속도 때문에 가끔 사람들을 놀라게 하거나
은 상황에 빠집니다. 그래서 때때로 사람들과 관계를
데 어려움을 겪습니다.

이점

각종 주파수와 파장을 볼 수 있는 고글, 불안정한 분자로
만들어 착용자의 속도를 높이고 에너지를 축적할 수
있도록 돕는 특수복.

심리 프로필

기원 액션

열망 액션

히어로명

기교

관찰

보호

영향

무력

현재 추구하는 열망

성취

기원

숙적

상태

경미함
무시하면 악화할 수 있습니다.

큼
상태와 관련한 행동에 -1 페널티

심각함
모든 행동에 -1 페널티 (최대 -3)

파워 목록

간단함

힘듦

한계선

잠재능력

불가능

인연

한계

도시

사법 기관

처리할 인연

인연 1점을 소모하면 판정을 한 단계 높여 성공할 수 있습니다. 6- : 7-9, 7-9 : 10+, 10+ : 12+

어로 소개

이점

소개

심리 프로필

기원 액션

워

열망 액션

한

편집장

마스터마인드

조직

1	본능	
2	본능	
3	본능	
4	본능	

전체 음모의 최종 목표

단계 1

실패시

성공

단계 2

실패시

졸개 1

본능

규모

동기/연결고리

액션/파워

졸개 2

본능

규모

동기/연결고리

액션/파워

샌드백

본능

상태 한계

동기/연결고리

액션/파워

정예

본능

상태 한계

동기/연결고리

액션/파워

기본 액션

7 | 본 액션은 모든 플레이어가 가장 많이 발동하는 액션입니다. 게임 속에서 히어로들이 처하는 상황은 대부분 기본 액션으로 해결할 수 있습니다.

제압하기

눈앞에 닥친 위험을 제압하려고 **시도하면,** 어떻게 대처할지 설명하고 판정하세요. 편집장은 플레이어가 어떤 특성을 굴릴지 결정합니다. **10+면** 다음 중 세 가지를 선택합니다. **7~9면** 두 가지를 선택합니다.

- 상태를 줍니다(선택 1: **경미**, 선택 2: **큰**, 선택 3: **심각**).
- 이점을 제거합니다(선택 2 필요).
- 장소를 강제로 바꿉니다(선택 1: 편집장이 장소를 선택합니다, 선택 2: 플레이어가 장소를 선택합니다).
- 무리 규모를 1 줄입니다.
- 피해를 받지 않습니다.

장악하기

다른 캐릭터와 특정한 목표나 물건을 두고 겨루면, 머리로든, 힘으로든, 속도로든, 그 외의 어떤 방법으로든 상대를 어떻게 이길지 설명하세요. 편집장은 플레이어가 어떤 특성을 굴릴지 결정합니다. **10+면** 다음 중 두 가지를 선택합니다. **7~9면** 한 가지를 선택합니다:

- 겨루는 목표나 대상을 손에 넣습니다.
- 피해를 받지 않거나 불리한 처지에 놓이지 않습니다.
- 상대를 불리한 상황에 빠뜨립니다.

무리하기

파워 목록에 없는 능력을 무리해서 발휘하면, 간단함, 힘듦, 한계선 중 어느 수준의 능력을 발휘하려는지 확인한 다음 수정치 없이 판정하세요. **10+면** 능력을 사용한 다음 파워 목록에 추가합니다. **7~9면** 능력을 사용할 수 있지만 파워 목록에 추가할 수는 없으며, 편집장은 불리한 거래나 어려운 선택을 제시합니다. 또한, 히어로는 사용한 능력의 수준이 **간단함**이면 **경미한 상태**, **힘듦**이면 **큰 상태**, **한계선**이면 **심각한 상태**를 얻습니다. **6-면 7~9**와 같이 상태를 받을 뿐만 아니라 편집장이 액션을 합니다.

보호하고 지키기

눈앞에 닥친 위험에서 사람이나 물건, 장소를 지키면, **+보호**로 판정하세요. **10+면** 예비를 3점 받습니다. **7~9면** 1점 받습니다. 보호 대상을 지키는 동안 **예비**를 사용하면…

- 보호 대상 대신 자기가 공격을 받습니다.
- 공격의 효과나 상태의 정도를 줄입니다(**예비** 1점을 소모할 때마다 한 단계씩 낮춥니다)
- 공격자에게 빈틈을 만들어 지정한 아군이 그 공격자에 대한 다음 판정에 보너스를 받습니다(**예비** 1점을 소모할 때마다 보너스 +1 씩 받습니다)
- 지키는 대상과 새로운 인연을 맺습니다. 이미 인연이 있다면 1점 올립니다.

주변 환경 이용

목적에 맞게 주변 환경을 이용하면, 편집장은 다음 중 한 가지 이상을 플레이어에게 알려주세요.

- 곧 부서집니다. 사용할 수 있을 때 얼른 사용하세요.
- 위험합니다. 편집장은 어떻게 위험한지 알려주세요.
- 효과가 무척 강력합니다. 편집장은 어떻게 유용한지 알려주세요.
- 사용할 수는 있지만, 부작용이 따릅니다. 편집장은 어떤 부작용인지 알려주세요.

위험 돌파하기

눈앞에 닥친 위험을 감수하고 행동하거나 버티면, 어떻게 대처할지 설명하고 판정하세요. 편집장은 플레이어가 어떤 특성을 굴릴지 결정합니다. **10+면** 히어로는 플레이어가 선언한 대로 위험을 피하거나 견딥니다. **7~9면** 위험을 모면하지만 편집장은 덜 좋은 결과, 불리한 거래, 또는 어려운 선택을 제시합니다.

돕기/방해하기

인연을 맺은 다른 사람을 돕거나 방해하면, **+인연**으로 판정하세요. **10+면** 다음 목록에서 두 가지를 선택합니다. **7~9면** 한 가지를 고르지만 우선 극복해야 할 문제가 생깁니다. 또한, 히어로는 위험에 처하거나, 보복을 당하거나, 편집장이 제시하는 어려운 선택에 부딪쳐야 합니다.

- 위험한 상황이나 경로를 안전하게 만듭니다.
- 히어로는 해를 입지 않습니다.
- 상대의 다음 판정에 +1이나 -2를 줍니다.

살피기

상황이나 사람을 세심히 살펴보면, **+관찰** 판정을 하세요. **10+면** 다음 목록에서 세 가지를 선택해 편집장에게 질문하세요. **7~9면** 한 가지만 선택해서 묻습니다. 살피기로 얻은 대답에 의지해서 행동하면 다음 판정에 +1보너스를 받습니다.

- 여기서 최근 무슨 일이 일어났나요?
- 무슨 일이 일어나려 하나요?
- 어떤 위험에 주의를 기울여야 하나요?
- 여기서 나에게 유용하거나 값진 것은 무엇인가요?
- 이 상황을 누가 지배하나요?
- 여기서 겉보기와 다른 것은 무엇인가요?

특수 액션

특수 액션은 기본 액션만큼 자주 사용하지 않으며, 좀 더 특수하고 한정된 상황에서만 쓰는 액션입니다. 히어로들은 보통 전투와 모험이 끝난 다음 자신들이 벌인 행동의 결과를 수습하고 일상생활로 돌아가야 할 때 특수 액션을 사용합니다.

불사르기

절박한 상황에서 누군가 목숨의 위기에 처했을 때, 상대를 구하기 위해 파워를 쏟아 마지막 시도를 하면, +인연으로 판정하세요. **10+면** 이전에 하지 못했던 무언가에 성공할 수 있지만, 자신의 파워로 가능한 일이어야 합니다. 히어로가 무슨 능력을 발휘할지 다른 사람들에게 이야기한 다음, 해당 능력을 알맞은 파워 목록에 추가하세요. 히어로는 파워를 끌어올린 후 기진맥진하게 되어 휴식을 취하고 회복할 때까지 간신히 움직이면서 몇 마디 하는 것 외에 아무 행동도 하지 못합니다(히어로는 심각한 상태 3개를 받습니다). 또한, 히어로는 자신이 구조한 사람과 인연을 1점 올립니다(구조한 사람과 인연이 0 미만이었을 경우, 0으로 초기화합니다). **7~9면** 10+과 같지만, 파워를 쏟아낸 다음 **마지막 기회** 판정을 합니다. **6-면** 히어로는 원하는 대로 성공하지만 당분간 죽습니다(당분간 죽음 판정을 합니다)

정보 수집

실마리가 모두 바닥났을 때, 어떤 방안이든 자유롭게 내놓고 판정하세요. 만약…

- 사람들을 강제로 수색하고 손봐주는 등 무력을 행사한다면, **+무력**으로
- 갈 수 없는 장소로 들어가 몰래 정보를 얻는다면, **+기교**로
- 조사하고, 생각을 정리하고, 토의와 분석을 한다면, **+관찰**로
- 개인의 매력과 사교술을 동원한다면, **+영향**으로
- 연줄을 사용해서 부탁을 한다면, **+인연**으로

10+면, 아래에서 하나를 선택해 묻습니다. **7~9면** 첫 번째로 동원한 방안은 실패합니다. 다른 PC의 도움을 받거나 다른 방안으로 해결해야 합니다. **6-면** 문제를 파헤칠 필요 없습니다. 문제가 히어로를 덮치니까요. 편집장은 히어로가 무엇을 하려 했는지 질문한 다음, 어떤 문제가 발생했는지 알려줍니다.

➤ 내가 알고 싶은 것을 누가 말해줄 수 있나요?

➤ …를 어디에서 찾을 수 있나요?

➤ …에 관해 어떤 소문이 도나요?

➤ …를 가장 언짢아하는 사람은 누구인가요?

➤ …덕분에 가장 이득을 보는 사람은 누구인가요?..?

어울리기

휴식 시간을 갖고 일상생활로 돌아가 새로운 인연을 만들거나 기존 인연을 더욱 굳게 다지면, 히어로가 집중할 인연을 선택한 다음 **+인연**으로 판정하세요. **10+면** 상대와 맺은 인연 점수만큼의 상태를 제거한 다음 해당 인연을 1점 올립니다. **7~9면** 10+과 같지만, 해당 인연과 보내는 일상생활을 위협하는 문제를 해결해야 합니다. 우선 장면을 구상하고 평상시처럼 플레이하세요. 편집장은 선택한 위험요소를 장면에 곧장 등장시킵니다.

마지막 기회

마지막 심각한 상태를 받은 다음에도 계속 싸우려면 수정치 없이 판정하세요. **10+면** 계속 싸울 수 있습니다. 히어로는 비록 많이 다쳤지만 여전히 싸울 수 있으며, 방금 얻은 **심각한 상태**를 취소합니다. **7~9면** 히어로는 계속 싸울 수 있지만 가까운 사람이 위험에 처하거나, 적과 계속 대화를 나누어야만(아래 질문 중 한 가지를 질문해서 답을 얻어야 합니다) 버틸 수 있습니다. **6-면** 운명의 시간이 옵니다. 히어로는 눈앞이 어두워지며 더는 싸울 수 없습니다. 편집장은 무슨 일이 일어나는지 말합니다. 히어로는 **당분간 죽습니다.**

➤ 어떻게 해서 악당의 길로 빠져들었나요? 어떤 상처를 받았나요?

➤ 왜 일반인과 다른 왜곡된 세계관을 가지게 되었나요?

➤ 왜 현 상황에 분개하나요?

➤ 음모가 성공한다면, 머릿속에 그리는 세계는 어떤 모습인가요?

➤ 지금 대화를 나누는 히어로나 다른 히어로와 어떤 연결점이 있나요?

당분간 죽음

마지막 심각한 상태를 받아 죽으면 수정치 없이 판정하세요. **10+면** 히어로는 어떻게든 살아남거나 부활해서 다음 이슈에 돌아옵니다. **7~9면** 몇 이슈 뒤에 돌아오지만 아래 목록에서 문제점을 하나 선택합니다. **6-면** 편집장이 원하는 대로 문제점을 선택해 언제 돌아올지 선택합니다. 문제점은 다음과 같습니다

- 골칫거리를 안고 부활합니다.
- 모든 파워를 잃어버립니다.
- 파워가 이전과는 조금 다릅니다.
- 파워가 강해지거나 약해졌습니다.
- 이전에 몰랐던 파워를 발현합니다.
- 원래의 그 자신이 아닙니다.
- 숨겨온 비밀이 드러납니다.
- 역사나 기원이 새로 바뀝니다. 새 기원을 선택하세요.
- 다른 시간선이나 평행 세계에서 왔습니다.
- 특별한 목적이나 임무를 띠고 부활했습니다.
- 아무것도 기억하지 못합니다.
- 자신이 싫어하는 누군가에게 빚을 집니다.
- 부활의 대가로 육체가 영구히 변형되었습니다.
- 알던 사람이 모두 떠났습니다(모든 인연을 초기화합니다).
- 파워와 감정을 조절하는데 어려움을 겪습니다.

편집장 액션

원칙

- ▶ 플레이어가 아니라 히어로에게 말을 거세요.
- ▶ 기이하고, 색다르며, 낯설고, 환상적인 것을 받아들이세요.
- ▶ 앞에서부터 이어지는 액션을 하고, 이야기에 맞추세요.
- ▶ 액션의 이름을 밝히지 마세요.
- ▶ 모든 적을 생생하게 표현하세요.
- ▶ 모든 사람에게 이름을 붙이세요.
- ▶ 질문을 하고 답변을 활용하세요.
- ▶ 히어로들의 팬이 되세요.
- ▶ 악당처럼 생각하세요.
- ▶ 이야기에서 시작해서 이야기로 끝내세요.
- ▶ 화면 밖의 일도 생각하세요.
- ▶ 히어로에게 어려운 선택을 제시하세요.
- ▶ 악당의 동기를 항상 염두에 두세요.

액션은 언제 사용하나요?

편집장은 다음 경우에 액션을 사용합니다.

- 다들 어떻게 될지 궁금해하며 편집장을 쳐다볼 때.
- 히어로들이 절호의 기회를 제공할 때.
- 판정에 **6-** 가 나왔을 때.

액션 선택하기

액션을 선택할 때는 이야기 속에서 액션을 일으킨 명백한 원인을 찾으세요. 이미 품고 있는 생각이 있으면, 강령과 원칙에 어울리는지 먼저 고려하세요. 우선 약한 액션으로 경고를 한 다음 강한 액션을 사용하세요. 액션은 눈덩이처럼 불어나야 합니다. 히어로들이 벌인 액션의 성공과 실패, 그리고 편집장이 앞서 사용한 액션 위에 액션을 계속 쌓아간다고 생각하세요.

당장은 히어로들에게 위험하지 않지만, 나중에 문제를 일으키는 액션을 보이지 않는 곳에 펼쳐 두는 것도 좋습니다. 그것도 원칙 중 하나입니다(화면 밖의 일도 생각하세요). 기록해 놓고 때가 되면 드러내세요.

액션 사용하기

액션을 사용할 때는 항상 원칙을 염두에 두세요. 액션의 이름을 밝히지 않고, 플레이어가 아니라 히어로에게 말을 거세요.

이야기를 각 액션과 장면, 히어로에 맞춰야 한다는 점도 잊지 마세요. 히어로들의 강점과 약점을 활용하고, 히어로들마다 가진 독특한 특징을 항상 염두에 두세요. 특히 히어로의 파워는 이야기에 큰 영향을 미치니 꼭 알아두세요. 예를 들어 재생 능력을 갖춘 히어로는 아무런 보호나 방어 수단이 없는 히어로에 비해 훨씬 쓰러뜨리기 어려울 것입니다.

액션을 쓰고 나면 항상 "어떻게 할래요?"라고 질문하세요.

적의 액션을 사용하세요

히어로들이 모험을 펼치면서 마주치는 적들은 편집장이 얼마나 준비했는지에 따라 모두 한 가지 이상 쓸 수 있는 액션이 있습니다. 적 액션은 그저 적이 할 수 있는 일을 정해 놓은 것에 지나지 않습니다. 예를 들어 조무래기 악당이라면 "무고한 사람들을 위험에 빠뜨린다", 사교도나 괴물 무리의 일부라면 "심연 깊숙한 곳에서 지원 세력을 부른다." 같은 액션일 것입니다.

- 반갑지 않은 사실을 드러내세요.
- 다가오는 위험의 징조나 음모의 진전을 보이세요.
- 알맞은 상태를 주세요(경미, 큰, 심각한 상태).
- 자원을 소비시키고 물품을 빼앗으세요.
- 적의 이점을 하나 드러내거나 회복시키세요.
- 히어로들의 액션을 역이용하세요.
- 사람들을 떼어놓으세요.
- 히어로의 능력에 어울리는 기회를 제공하세요.
- 히어로가 가진 장비나 파워, 외모의 약점을 부각하세요.
- 대가를 요구하는, 또는 대가 없는 기회를 제공하세요.

- 누군가를 곤경에 빠뜨리세요.
- 조건이나 대가를 내걸고 의향을 물으세요.
- 인연을 위협하세요.
- 히어로의 제한을 이용하세요.
- 비밀을 위협하세요.
- 적의 이점으로 시범을 보여서 파워를 창의적으로 사용하도록 독려하세요.
- 상태를 이용하세요.
- 풍경을 바꾸세요.
- 도사린 위험의 징조를 드러내세요.
- 새로운 파벌이나 새로운 종류의 적을 등장시키세요.
- 기존의 파벌이나 이미 있는 종류의 적을 활용하세요.
- 왔던 길을 돌아가게 하세요.
- 히어로 중 한 명이 넘을 난관을 제시하세요.

적을 만들 때 점검할 사항

- 주요한 공격용 파워는?
- 주요한 방어용 파워는?
- 특정 요소에 면역 능력이 있나요?
- 특정 요소에 저항 능력이 있나요?
- 피해를 입을수록 더욱 강해지나요?
- 과학 기술 같은 것을 사용해서 파워나 면역 능력, 저항 능력을 얻었나요?
- 자신을 보호하거나 남을 방해하는 파워가 있나요?
- 심리상태는 어떤가요? 약점이 있나요?
- 어떤 방식으로 싸우나요?
- 동기는 무엇인가요?
- 활동 범위는 얼마나 넓은가요?
- 기지는 어디에 있나요?
- PC들은 적을 얼마나 잘 아나요?
- 어떻게 생겼나요?

적의 기본 요소

이름	
동기	
외형	
상태 한계	(무리일 경우 크기 등급)
파워